이중톈, 정치를 말하다

세상을 구하는 지혜를 담은 고전 강의

이중톈

정치를 말하다

治

원제
『아산지석 我山之石』

이중톈 지음 유소영 옮김

중앙books
JoongAng Ilbo

옛 사람이 이르길, "다른 산의 돌이라도 내 산의 옥을 갈 수 있다他山之石, 可以攻玉."라고 했다. 허나 '아산지석我山之石, 내 산의 돌'이라 해서 어찌 그렇게 할 수 없을까? 모든 민족의 생존, 발전은 자신의 전통과 관련이 있다. 민족의 뿌리와 바탕이 없다면 아무리 좋은 것을 들여온다 해도 본토의 물이나 풍토에는 맞지 않을 수 있다水土不服. 전 세계가 점차 지구촌이 되어가는 시대에 현대화를 실천하기 위해서는 서구의 선진 이념을 귀감으로 삼는 한편, 민족 자체의 사상유산을 계승해야 한다. 필자의 『비성풍운費城風雲』은 전자를 위한 것이었고, 이번 『이중텐, 정치를 말하다』 집필은 후자를 위한 것이다. 그래서 이 책의 원제가 '아산지석我山之石'이다.

본 저서는 언론매체와 계약을 맺고 집필하게 된 것이다. 당시 책을 집필하려고 했던 목적은 '세상을 구하기 위한 선진제자의 논쟁'과 그들이 남긴 소중한 사상유산을 사람들이 좀 더 직접적이고 쉽게 이해할 수 있도록 하기 위한 것이었다. 이전에 출간한 『선진제자 백가쟁명先秦諸子 百家爭鳴』은 다소 학문적이었기 때문에 일반 독자들이 가볍고 편하게 읽을 수 있는 책이 아니었다.

이번 책은 언론과 대중의 취향에 맞춰서 좀 더 읽기 쉽게, 직접적인 대화 형식으로 엮었다. 그런데 이런 방식으로 집필하는 과정 중에 뜻밖에 많은 것을 얻을 수 있었다. 간명하고 핵심적인 글을 위해서는 내용을 더 다듬고 총괄해야 했다. 결과적으로 수많은 문제에 대해 좀 더 깊게 대화하고 토론하는 셈이 됐으니 나중 나온 자가 앞서 나온 자를 능가한 셈이 됐다.

중국의 일간지 〈경제관찰보經濟觀察報〉와 〈남방도시보南方都市報〉에 이 글이 예정된 대로 연재되고 나니 많은 독자들이 책으로 출간되길 원했다. 그 독자들 중 많은 이들이 또한 중국중앙텔레비전방송CCTV 〈백가강단百家講壇〉 프로그램의 시청자들이거나 『선진제자 백가쟁명』의 독자들이었다. 필자로서 매우 고무적인 일이 아닐 수 없었다. 출판사에서 이런 마음을 헤아리고 책으로 출간할 수 있도록 해주어서 참으로 감격스럽다. 이 책을 통해서 독자 여러분의 비판과 가르침을 받게 된다면 지극한 영광일 것이다.

천하권세 天下權勢 ;
누가 이 세상을 다스릴 것인가

3장

어떻게 세상을 구할 것인가

춘추시대부터 전국시대에 이르기까지 날이 갈수록 신의, 명예와는 거리가 먼 사회가 됐습니다. 신념도, 믿음도, 신임도 사라졌습니다. 앞날을 볼 수 있는 사람들도 적었으며, 그 사람들조차 과연 세상이 어떻게 변할지 예측할 수 없었습니다. 사람들 모두 사회가 왜 이렇게 혼란스러울까, 이런 식으로 흘러가다 대체 어떤 세상이 될까, 대체 언제 이런 세상이 끝날까 생각했습니다. 그래서 구시할 이들이 필요하게 된 것입니다. 선진제자들이 바로 그런 역할을 한 사람들입니다.

01
난세를
구원하려는
목소리

"가장 성공적인 것이라고 해서
반드시 가장 정확한 것은 아니다.
또한 효과적이지 않다 해서
영향력이 전혀 없다고 말할 수 없다."

현대사회의 문제는 많은 이들이 자기 자신을 관리할 능력도 없으면서 타인을 간섭하기에 급급하기 때문에 발생한다. 스스로를 구제할 수 없는데 세상을 구제하려 한다. 관여하는 일이 많아질수록 일은 더욱 많아지고, 시장을 구제하려 할수록 상황은 더욱 악화된다.

선진시대의 제자諸子는 그들의 '시市'를 구원할 수 없었다. 『논어』, 『장자』 등을 읽었다 하여 금융위기를 버텨내고 위기를 넘길 것이라는 생각은 버려야 한다. 더더욱 선진제자先秦諸子의 '어록', '격언'으로 반짝 효과를 기대하려고 생각하지 말라.

우리 인류는 비극적인 역사 속을 걸어갈 수밖에 없는 운명이다. 전진하면 후퇴할 수 있고, 승리하면 실패할 수 있다. 성공하면 좌절할 수 있고, 휘황찬란하면 암담함이 찾아올 수 있다. 위기는 영원히 존재하며 폭풍은 또다시 올 것이다. 우리는 안정 속에서도 위기를 생각해야 한다. 그러므로 마음의 준비를 하는 것이 준비하지 않는 것보다 좋다. 마음의 무기는 없는 것보다 있는 것이 낫다.

선진제자가 남긴 유산은 모든 문제를 해결할 수 있는 만병통치약이 아니다. 물론 사상思想이 있으면 변혁에 대응할 수 있다. 이러한 사상을 통해 위기가 닥쳤을 때 문제를 파악하는 방법이나 생각하는 방법, 해결하는 방법을 찾을 수 있다. 선진제자가 위대한 까닭은 그들의 쟁명爭鳴이 세상을 구제하기 위해 시작됐지만 그들의 사고는 이러한 화제를 뛰어넘어 더욱 깊이, 더욱 멀리 나아갔기 때문이다.

선진제자를 이야기할 때 절대 금해야 할 세 가지가 있다. 첫째, 눈앞의 이익과 성과에 급급하지 말 것. 둘째, 흑백이론을 펼치지 말 것. 셋째, 오직 하나만 위대하다고 생각하지 말 것이다. 가장 성공적인 것이라 해서 반드시 가장 정확한 것은 아니다. 쓸모가 없는 것이라고 해도 영향력이 없다고 할 수 없다. 사상문화유산 계승에 '승리하면 왕, 패배하면 역적'이라는 논리는 펼칠 수 없다.

선진제자의 백가쟁명

선생께서 최근에 선진제자에 대해 많은 이야기를 하고 계신 것은 '구시' 때문이 아닌가요?

——— 구시救市, 시장을 구제한단 뜻으로 말씀하셨습니까? 그럼 여기서 말하는 시장이란 무슨 시장을 말하는 겁니까? 증권 시장입니까, 부동산 시장입니까? 아니면 분유 시장? 공자孔子가 "천하가 태평하면 내가 무엇 때문에 쓸데없이 참견하겠느냐天下有道, 丘不與易也."라고 하긴 했습니다. 바꿔 말하면, 사회에 문제가 있기 때문에 내가 간여하지 않을 수 없다는 뜻이죠. 당연히 공자는 사회 문제에 간여했습니다. 그렇다면 이는 적어도 다음 두 가지를 설명한다고 말할 수 있습니다.

첫째, 당시 세상에 문제가 있었다. 둘째, 공자가 자진해서 나섰다.

그러니 '구시'가 아니라 '구세救世'라고 해야겠죠. 물론 이런 식으로 따옴표를 붙여 말한다면 '구시'도 말이 안 되는 것은 아닙니다. 그러나 구제한다고 해봤자 효과가 별로 없을걸요? 먼 곳에 있는 물을 가져다 불을 끌 수 있겠습니까? 선진제자들이 소방차나 소방대원들도 아닌데요.

이런 식으로 구시를 주장한 사람은 공자가 최초입니다. 예를 들어 덕치나 극기복례, 세상을 사랑으로 충만하게 만들어야 한다는 등의 주장이 나온 후에야 사람들이 이를 지지하거나 또는 반대했기 때문입니다. 사실 이 주장을 반대한 사람들이 더 많은 것 같군요. 처음에는 묵가가 반대했고, 다음에는 도가, 그리고 마지막으로 법가도 반대했죠. 유가 쪽에서 맹자와 순자가 지지했습니다만 맹자와 순자는 관점이 완전히 같지 않았기 때문에 논쟁이 있었습니다.

구시를 최초로 언급한 사람이 공자라고 말씀하셨는데, 그 전에 노자가 있지 않나요?

—— 적어도 두 명의 '노자'가 있었을 것입니다. 공자가 예禮에 대해 물었다는 '노자'는 아마도 공자 이전 또는 동시대 사람이겠죠. 그러나 『도덕경』(『노자』)을 쓴 노자는 분명 공자 이후 사람일 것입니다. 이 문제는 『노자』와 『논어』 두 책을 비교해보면 어렵지 않게 결론을 낼 수 있습니다. 간단히 말해서 『논어』는 공자 자신이 한 말을 주로 적었을 뿐, 대립하는 누구와 논쟁을 벌인 내용이 아닙니다. 이에 비해 『노자』는 많은 부분에서 유가를 비판하고 있죠. 유가가 일종의 표적인 셈입니다. 비판자는 당연히 비판당하는 이의 뒤에 있기 마련입니다. 이는 당연한 이치입니다.[1]

춘추전국시대에 그처럼 많은 위대한 사상가들이 출현한 것은 아마도 당시 천하에 도가 없었기 때문이겠죠. 사회에 여러 가지 문제가 속출하니 사람들이 이를 구하기 위해 구시를 주장했을 것입니다. 이렇게 해서 선진제자들이 출현했지만 구체적으로 무엇을 어떻게 구할 것이며, 문제는 어디에 있는가에 대해 각기 관점이나 논점과 방안이 달랐

---

1 이 점에 대해 좀 더 연구하려면 현대 중국의 철학자 펑유란(馮友蘭) 선생의 『중국철학간사(中國哲學簡史)』와 베이징대학교 중문과 교수 리링(李零)의 『낮은 곳으로 가다(人生低處走)』, 그리고 필자의 책 『선진제자 백가쟁명』을 읽어볼 것을 권한다.

죠. 그래서 백가쟁명百家爭鳴의 시대가 됐고요.

선진제자의 백가쟁명을 당시 사회의 "시장 구원을 위한 대 변론"이라고 말한다면 어떻겠습니까?

―――― 맞는 말이기도 하고 그렇지 않기도 합니다. 천하에 도가 없으니 당연히 구시가 필요했죠. 그러나 이는 백가쟁명의 직접적인 원인일 뿐 전체는 아닙니다. 그들이 토론했던 문제가 모두 이와 관련된 것은 아니라는 말입니다. 그러나 구시가 백가쟁명의 초점이었던 것만은 분명합니다.

핵심은 '무엇으로 너와 나의 세계를 구원할 것인가'이겠죠?

―――― 단순히 '무엇'을 '어떻게'의 문제가 아니라 과연 "구할 수 있는가."라는 근본적인 문제도 포함됩니다. 실제로 어떤 이는 "구할 수 없다."고 주장했으며, 또 어떤 이는 "구한 적이 없다."라고 말하기도 했습니다. 그들이 보기에 당시 사회가 이미 완전히 부패하고 타락하여 근본적으로 구제불능이라고 여겼기 때문입니다. 구제불능이란 공자 시대의 은사들의 관점입니다.

그들은 '도가 이전의 도가'들로, 간단하게 '전도가'[2]라고 부르기도 합니다. 공자가 "천하유도, 구불여역야天下有道, 丘不與易也."라고 말한 것은 어떤 은사가 공자의 제자인 자로에게 다음과 같은 질문을 했기 때문입니다. "지금 천하가 온통 도도한 물결로 뒤덮여 있으니 이를 누가

―――――

2 전도가(前道家). 도자(道者)라고 칭하기도 한다.

바꿀 수 있는가? 또한 당신들은 누구와 더불어 세상을 바꾸겠는가?" 공자처럼 '사람을 피하느니' 차라리 우리처럼 '세상을 피하는' 편이 낫다는 뜻이었습니다.

'사람을 피한다'는 것은 나쁜 이들과 함께할 수 없다는 뜻이고, '세상을 피한다'는 것은 사회 전체와 함께할 수 없다는 뜻입니다. 그렇다면 그들은 왜 사회와 협력하기를 기피한 것일까요? "천하가 모두 물이 넘쳐 도도하게 흐르는 것滔滔者, 天下皆是也" 같기 때문이죠. 바로 이 때문에 근본적으로 사회를 구원할 수 없다고 여긴 것이죠. 천하를 구할 수 없다면 어떻게 합니까? 구원할 수 있는 대상은 오직 자기 자신뿐이라는 말입니다.

그것은 또 누구의 관점인가요?

—— 묵자 시대에 살았던 양주楊朱입니다. 양주는 선진 도가道家 가운데 첫 번째 인물이죠. 두 번째가 노자, 그리고 세 번째가 장자입니다.

이들 세 사람은 관점이 서로 다르지만 같은 점이 하나 있습니다. 천하를 구원하려면 먼저 자신을 구원해야 한다고 생각한 부분입니다. "자신을 구원할 수 없다면 천하도 구원할 수 없다." 반대로 "모든 이들이 자신을 구원할 수 있다면 굳이 천하를 구원할 필요가 없다."라는 의미입니다. 바로 이것이 그들의 공통된 주장입니다.

구시하기 전에 '자신을 구제救己'해야 한다는 말이군요?

—— 그렇게 말할 수도 있습니다. 그뿐만 아니라 양주나 노자, 장

자 등은 당시 사회에 온갖 문제가 속출하는 까닭은 자신도 돌보지 못하는 사람들이 타인을 간섭하고, 자신조차 구원하지 못한 이들이 세상을 구원하겠다고 설치기 때문이라고 생각했습니다. 결국 간여하는 일이 많아질수록 할 일도 점점 많아지고, 사람들이 너도나도 세상을 구하겠다고 나서면 나설수록 세상은 혼란스러워진다는 이야기입니다.

사실 도가도 죽어가는 자를 보면서 아예 모른 척하겠다는 말은 아닙니다. 다만 유가나 묵가처럼 구원하지는 않겠다는 것이죠. 유가나 묵가, 법가는 구시를 주장했습니다. 도가는 진정한 '구시'란 그런 것이 아니라고 생각했습니다. 오히려 혼란만 가중시킬 뿐이라고 생각했죠. 그래서 '무엇을 하는가?'가 아니라 '무엇을 하지 말아야 하는가?'가 중요하다고 주장했습니다. 심지어 아무것도 하지 말라고 주장하기도 했으니, "아무것도 하지 않음으로써 오히려 세상을 구원할 수 있다不救之救."고 믿었기 때문입니다.

눈앞의 이익에 조급해하지 마라

선진제자를 '구시론자救市論者**'라고 부른다면 그들이 남긴 사상은 '구시론자의 유산'이라고 부를 수 있지 않겠습니까?**

── 대충 그렇게 부를 수 있겠지만 보다 정확하게 말할 필요가 있습니다. 선진제자는 매우 다양한 문제들에 대해 논쟁을 벌였고 매우 풍부한 사상 유산을 남겼죠. 그렇기 때문에 단순히 구시 문제로 국한하기 어렵습니다.

사상이나 문화유산을 계승하는 일은 절대로 조급하게 눈앞에 보이는 이익에 급급해서는 안 됩니다. 자칫하면 지나치게 세속적이고 저속해질 수도 있습니다. 또한 선진제자의 '어록'이나 '격언'으로 마치 즉시 효과를 볼 수 있는 것처럼 오인해도 안 됩니다. 절대로 불가능한 일입니다. 이처럼 조급하게 눈앞의 이익만 바라보는 관념은 전형적인 미신적 사유라고 할 수 있습니다.

인류는 비극적인 역사 발전과정 속에 살아갈 수밖에 없는 운명입니다. 전진이 있으면 후퇴가 있고, 승리가 있으면 실패가 있기 마련이며, 성공이 있으면 좌절이 있고, 찬란함이 있으면 암담함이 있기 마련입니다. 그러니 잠시 편안하다 해서 다가올 위기나 위험을 대비하지 않을 수 없습니다. 이런 전제하에서 사상적으로 준비하는 것이 그렇지 않은 것보다 좋습니다. 사상적 무기를 지니고 있으면 그렇지 못한 것보다 훨씬 강하기 때문입니다.

사방에 위기가 도사리고 있는 지금, 마음을 가다듬고 선진제자를 읽어보라고 권하는 이유가 여기에 있습니다. 머지않은 장래에 풍파가 찾아들고 다시 태평시절이 찾아올 것입니다. 그렇기 때문에 더더욱 선진제자를 읽어야 합니다.

그 이유는 간단합니다. 선진제자가 남긴 것이 모든 병을 치료하는 특효약이 아니라 변혁에 대응하는 사상이기 때문입니다. 이런 사상이 있어야만 위기를 만났을 때 어떻게 문제를 보고, 생각하며, 해결할 수 있을지 알 수 있습니다. 적어도 옥을 갈 수 있는 '타산지석他山之石'[3]이 될 수 있다는 말입니다. 당시 그들이 무엇으로 자신들의 세계를 구하려고 했는지를 볼 수 있습니다.

솔직히 말해, 현재 우리가 해결해야 할 문제가 이처럼 산재한 원인 가운데 하나가 바로 너무 조급하게 눈앞의 이익만 바라기 때문인지도 모릅니다. 무슨 이야기를 하든지 시장경제나 기업관리, 인사나 승진 등과 연결을 시키죠. 그렇지 않으면 아무도 귀를 기울이지 않으니 더욱 그렇습니다.『주역』, 선종禪宗, 선진제자,『수호지』,『삼국지』,『홍루몽』 등에 이르기까지 모든 것을 마치 '회사를 잘 다니기 위한 36계'인 양 생각하고, 여기에 '국학國學'이란 미명까지 달아놓았어요. 그러나 아무리 사돈에 팔촌까지 동원하는 식으로 연결을 지어본다 한들 항상 이것으로 문제가 해결되는 것은 아닙니다. 양의 탈을 뒤집어쓴 늑대라고나 할까요. 기껏해야 그저 '술수術'에 불과합니다. 선진제자가 남긴 것은 결코 그런 것이 아닙니다.

그렇다면 선진제자들이 무엇을 남겼다고 생각하십니까?

——— '도道'죠. 그들이 남긴 것, 또한 당시 세계를 구원하기 위해 동원한 것 역시 도입니다. 천하에 도가 없으니, 오직 도만이 세상을

---

3 『시경·소아(小雅)·동궁지십(彤弓之什)·학명(鶴鳴)』, "즐거운 저 동산에 박달나무 심으니, 그 아래 닥나무만 있네. 다른 산의 돌이라도 옥을 가는 데 사용할 수 있으리(樂彼之園, 爰有樹檀, 其下維穀. 他山之石, 可以攻玉)."

구원할 수 있지 않겠습니까? 그래서 실용주의를 표방한 법가도 도를 남겼어요. 물론 법가는 술수에 대해서도 언급했습니다. 유가와 묵가, 도가와 법가 가운데 술수를 가장 많이 이야기하고 또한 좋아했던 이들이 법가입니다. 그러나 그들은 단순히 술수만 이야기한 것이 아니라 도에 대해서도 많은 이야기를 남겼습니다. 그들이 남긴 유산 가운데 가장 귀한 것이 바로 도입니다. 비록 그들의 쟁명이 '구시'에서 시작한 것은 분명하지만 실제 선진제자가 위대한 까닭은 그들이 그런 사고나 화제話題를 초월하여 더욱 심오하고 원대한 것을 생각했기 때문입니다. 얼마나 어떻게 심오하고 원대할까요?

구원이 필요한 당시 세상을 바라보며, 선진제자들은 적어도 다음과 같은 문제들을 생각했을 것입니다. '어떤 사회를 만들어야 하는가? 어떤 제도를 만들어야 하는가? 어떤 생활을 해야 하는가? 어떤 문화를 만들어야 하는가? 도대체 어떤 가치 관념을 지녀야 하는가?' 이런 모든 질문은 그들 나름의 반성이었습니다. 당시 사람들은 사방에 불길이 치솟는 급박한 정치, 사회적 위기에 직면했습니다. 그러나 그들은 황급하게 물 한 동이를 들고 이리 뛰고 저리 뛰어다니지 않았습니다. 오히려 그들은 차분하게 생각했습니다. 왜 불길이 치솟았고, 이렇게 불길이 번진 까닭은 또 무엇인가? 어떻게 하면 화마火魔의 근원을 찾아 없앨 수 있는가? 없앨 수 있다면 그 이후에는 어떻게 해야 하는가? 과연 천하는 영원히 평안을 되찾을 수 있을까? 백성들은 대대손손 행복을 누릴 수 있을까? 바로 이것이 그들이 진정으로 고민하고 애써 해결방법을 찾고자 했던 문제들입니다. 그리고 이러한 문제에 대한 해답이 바로 그들이 남긴 가장 고귀한 유산이죠.

승자의 관점에서 논하지 마라

그렇다면 선진제자는 당시 급박한 구시 문제에 대해 어떻게 대답했습니까?

—— 구시로 인해 상황이 발생한 이상 당연히 먼저 "시市를 왜 구해야 하는가?"를 분명히 밝힐 필요가 있었습니다. "대체 사회의 문제가 어디에 있는가?" 다시 말해 "왜 불이 났는가?" "불길이 왜 끊임없이 이어지는가?"라는 문제라는 것입니다.

문제는 어디에서 시작하는 것인가요?

—— 선진제자들의 관점이 각기 다릅니다. 도가는 근본적으로 '시'가 존재해서는 안 된다고 생각했습니다. 시가 없으면 구시를 할 일도 없다는 뜻입니다. 도가 이외에 유가는 대체로 인심人心에 문제가 있다고 생각했고, 법가는 제도, 묵가는 인심과 제도에 모두 문제가 있다고 여겼습니다.

그렇다면 그들의 구시 방안 역시 서로 다릅니까?

—— 물론입니다. 유가는 문제가 사람의 마음에 있다고 생각했기 때문에 '안심安心', 즉 마음을 안정시켜야 한다고 주장했습니다. 이에 비해 법가는 문제가 제도에 있다고 여겼기 때문에 '개제改制', 즉 제도를 바꾸어야 한다고 주장했습니다. 그러나 묵가는 문제가 사람의 마음에도 있고 제도에도 있다고 믿었기 때문에 '안심'과 더불어 '제도

개혁'까지 주장했습니다. 묵가가 다른 선진제자들보다 좀 더 총체적이고 깊이도 있죠. 제도의 문제나 인심의 문제가 어디에 있는지 그들은 나름의 해답을 내놓았는데, 상당히 수준이 있습니다. 그러나 선진제자들 가운데 가장 성공하지 못한 이들이 또한 묵가입니다. 그들의 방법이 가장 비효율적이었으니까요. 쓸모가 없었던 것이죠.

그럼 가장 성공한 사람은 누구인가요?

──── 법가입니다. 진한秦漢 이후의 정치 제도는 모두 법가가 설계한 것입니다. 법가가 성공한 이유는 법가의 방법이 가장 유용했기 때문입니다. 최후의 일가一家를 이룬 진秦나라 진시황이 여섯 나라를 겸병하여 천하를 통일했을 때 가장 의존한 것이 바로 법가의 주장입니다. 아시다시피 당시 가장 절박한 문제는 바로 '구시'였습니다. 누구든 이 문제를 해결하면 만인의 환영을 받을 수 있었습니다. 그래서 진나라 시황제가 천하를 통일한 후 법가의 학설을 국가의 이데올로기로 수용했던 것입니다.

그렇지만 한 무제 이후로 국가의 이데올로기는 유가가 아닙니까?

──── 일종의 유가와 법가, 두 학파의 공동 집정執政이었죠. 유가가 공개적인 집정당이라면 법가는 비공개적인 집정당이라고 말할 수 있습니다. 그렇다면 유가의 학설도 당시에 유효했다는 뜻일까요? 그렇지 않습니다. 유가학설은 묵가학설과 마찬가지로 '시'를 구할 수 없었습니다. 공자가 열국을 주유하고, 맹자가 여러 제후들에게 유세했으며, 순자가 저서를 통해 학설을 세웠지만 아무도 그들의 말을 들어주

지 않았습니다. 왜일까요? 역시 유용하지 않았기 때문입니다. 흥미로운 점은, 그럼에도 불구하고 후세에 가장 큰 영향을 끼친 학파는 유가라는 사실입니다.

그러면 도가는 어떻습니까?

────── 진시황 이후이자 한 무제 이전에, 도가는 한동안 집정당이었습니다. 그 후에 재야당在野黨이 되었죠. 그러나 '합법적인' 재야당이었으며, 때때로 '참정당參政黨'으로서 역할을 했습니다. 그들의 영향력은 유가에 버금갔죠.

그러나 도가 역시 그다지 유용하지 않았습니다. 근본적으로 구시를 반대했는데 어떻게 유용하겠습니까? 그러나 시장이 완전히 무너지고 나자 오히려 유용했습니다. 예를 들어 서한 초기에 통치자들은 "황로의 학설을 귀하게 여기고 무위를 숭상했습니다貴黃老, 尙無爲". 이를 통해 이른바 '문경지치文景之治'[4]를 만들어냈습니다. 그러나 만약 '긴급' 상황이었다면 전혀 쓸모가 없었겠죠.

묵가는요? 묵가 역시 '정당'이라고 할 수 있나요?

────── 묵가는 신세가 가장 비참했습니다. 아예 '지하당地下黨'이 되고 말았죠. 물론 영향력도 가장 적었습니다. 그렇다고 묵가가 선진제자 가운데 가장 떨어진다는 말은 전혀 아닙니다. 오히려 묵가는 당시 사회의 병증에 대한 서술이나 진단이 가장 정확했으며, 수준도 가장

───────────
4 전한(前漢) 문제(文帝)와 경제(景帝)의 통치. 태평시대를 의미함.

높았습니다. 또한 구시 방안에 담겨 있는 그들의 이상이나 가치판단 또한 대단히 귀한 내용들입니다. 묵자의 이상이 가장 아름다웠다고 말할 수 있습니다. 이와 달리 가장 성공했다는 법가는 오히려 문제가 가장 많았죠.

다시 정리하면 이렇습니다. 묵가는 가장 정확한 진단을 내렸지만 방안이 쓸모가 없었고, 이상은 가장 아름다웠지만 별로 영향을 주지 못했습니다, 유가의 방법 역시 마찬가지로 유용하지 않았지만 후세에 가장 큰 영향을 끼쳤고, 도가의 방법은 때로 유효했으나 유가에 비해 영향력이 뒤떨어졌습니다, 법가의 방법은 가장 유효하여 최고의 성공을 이루었지만 문제는 더 많았고, 영향력 역시 유가에 비해 떨어졌습니다.

무슨 말인지 잘 이해가 되지 않습니다.

────── 사람들에게 익숙해진 사유방식을 따르면 당연히 잘 이해가 되지 않을 것입니다. 사실 신문이나 방송매체에서 제게 자주 하는 질문이 있습니다. "선진제자에 대해 이야기하는데, 당신이 가장 좋아하는 학파는 무엇이며, 누구의 학설에 대해 가장 동의하는가? 어떤 학파가 지금 우리들에게 가장 큰 의미가 있는가?" 그러면 저는 이렇게 대답하죠. "근본적으로 이런 질문은 타당하지 않다."고요.

선진제자에 대해 이야기할 때 가장 기피해야 할 세 가지가 있습니다. 하나는 조급하게 눈앞의 이익을 도모하지 않는 것이고, 다른 하나는 이것 아니면 저것이라는 식으로 양자택일하지 않는 것이며, 마지막 하나는 일가독대一家獨大, 즉 오로지 한 학파만 존중하지 않는 것입니다.

가장 성공적이라고 해서 반드시 가장 정확하다고 말할 수는 없으며, 유용하지 않다고 해서 영향력이 전혀 없는 것도 아닙니다. 마찬가지로 설사 '지하당'이 되어버렸다고 해서 전혀 이치나 도리에 맞지 않다는 것을 의미하는 것은 아닙니다. 사상문화유산을 계승할 때는 승자는 왕이 되고, 패자는 역적이 된다는 식으로 승자의 관점에서 논하면 절대 안 됩니다.

그렇다면 어떻게 하는 것이 좋을까요?

──── 옳은 것은 옳다고 말하고, 그른 것은 그르다고 말해야죠. 실사구시實事求是, 일시동인一視同仁. 사실에 근거하여 진리를 찾고, 누구나 차별 없이 대해야 한다는 뜻입니다.

백가쟁명의 직접적인 원인이 구시인만큼 이제 당시 사회에 왜 이렇게 여러 가지 문제들이 속출했는지부터 이야기하겠습니다.

02

먹고 먹히는
혼돈의 시대

"정치 고리가 끊어지면
천하가 크게 혼란해진다."

'예괴악붕禮壞樂崩', 예악의 붕괴는 정치적 고리가 끊어졌다는 의미이
다. 천하와 국國, 가家는 서로 정치적 고리로 연계되어 있다. 그 고리
가 일단 끊어지면 사회에 문제가 발생한다. 고리가 끊어진 것은 바로
당시 사회가 자산 재편성에 들어갔기 때문이다.

자산 재편성으로 인해 본사는 해산되고, 오히려 지사가 막강해졌다.
자회사도 막강해져 지사를 멸망시킬 정도가 됐다. 변혁의 대가는 컸
다. 우선 일반 백성들의 고통이 이루 말할 수 없을 정도였다. 회사 간
의 합병이나 겸병이 주로 전쟁을 통해 이루어졌기 때문이다. 매년 수

많은 백성들이 직간접적으로 전쟁에 의해 희생됐다. 수많은 노동자들이 실업의 고통에서 허덕여야만 했고, 심지어 통치 계급도 하루하루를 보내기가 결코 쉽지 않았다. 자산 재편성으로 인해 자신들이 소유하고 있던 회사가 날이 갈수록 축소됐기 때문이다. 춘추전국시대에는 일단 '기업 파산'에 이른 제후나 대부들은 기반을 모두 잃고 목숨마저 내놓아야만 했다.

그래서 초강대국을 포함한 여러 나라들은 강대국이 되기 위해 부정한 수법도 마다하지 않았다. 재산이나 권력을 빼앗기 위해서는 어떤 수단이나 방법도 가리지 않았다는 것이다. 그래서 '구시'할 이들이 필요하게 된 것이다. 그리고 선진제자들이 바로 그런 사람들이었다.

천하와 국, 가의 관계

춘추전국시대에 대체 어떤 사회 문제들이 일어난 것이죠?

―― 이 점에 대해서 묵자는 "국상공, 가상찬, 인상적國相攻, 家相纂, 人相賊."이라고 했습니다. 국國(방국)끼리 서로 침략하고, 가家(대부)끼리 서로 약탈하며, 사람끼리 서로 상대를 해친다는 뜻입니다. 결론적으로 말해 인간관계나 국제관계 모두 심각한 문제에 봉착했다는 이야기입니다.

물론 당시에도 국제 관계라는 것이 존재했죠. 우리가 지금 '중국'이라 부르는 곳을 당시에는 '천하'라 불렀습니다. 천하는 말 그대로 '하늘 아래'라는 뜻이니, '전全 세계'를 의미합니다. 전 세계, 또는 하늘 아래로 부르던 이곳은 제齊, 초楚나라 등 여러 국가國家로 구성되어 있었습니다. 이들 나라는 모두 독립 또는 반半독립 국가였습니다. 서주西周 시대에는 반독립 국가였다가 전국시대에 이르러 완전 독립을 이루었죠. 이들 국가는 모두 자신들의 영토와 주권, 군대와 군주를 소유하고 있었습니다. 그들의 군주를 국군國君 또는 제후라고 불렀습니다. 그래서 그들 국가를 제후국이라고 불렀죠. '국상공'이란 바로 이런 제후국들이 하루가 멀다 하고 전쟁을 일으켰다는 뜻입니다. 그러니 당연히 국제관계에 문제가 생기지 않겠습니까?

'가상찬'은 조금 복잡합니다. 먼저 분명히 짚고 넘어가야 할 부분이 있습니다. 당시 '가家'라는 개념은 지금 우리가 말하는 의미와 다릅니다. 지금의 '가'는 사회학적 개념으로 '가정'의 의미입니다. 하지만 당시 '가'는 정치학적 개념으로 특수한 정치적 실체를 의미합니다. 구체적으로 말하면 대부大夫의 영지이죠.

당시 대부는 진한시대 이후 대부와 다른 개념입니다. 진한시대 이후의 대부는 관리를 뜻합니다. 진한시대 이전의 대부는 영주領主의 개념입니다. 영주라면 당연히 영지領地가 있겠죠. 대부의 영지가 바로 '가'입니다. 대부는 '가'라는 특수한 정치적 실체의 군주로 가군家君이라 부릅니다. 그는 가 안의 땅에 대해 독립(또는 반독립)적인 재산권을 가지고 있으며, 가 내부의 백성에 대해서도 독립(또는 반독립)적인 통치권을 가지고 있었습니다.

그렇다면 국과 가, 또는 제후와 대부는 어떤 관계였습니까?

—— 군신 관계였습니다. 제후는 군주이며, 대부는 신하였습니다. 국은 가의 상급 단위이고, 제후는 대부의 상급 지도자였죠.

하나의 천하에 두 급수의 정치적 실체가 있었다는 말씀인가요?

—— 모두 세 개의 급수가 있었습니다. 제후 위에 천자, 즉 왕王이 있었기 때문이죠. "넓은 하늘 아래 왕의 영토가 아닌 곳이 없다. 바다에 이르는 땅의 끝까지 왕의 신하가 아닌 이가 없다溥天之下, 莫非王土. 率土之濱. 莫非王臣."라고 했습니다. 모든 토지가 이미 천자의 것이고, 그 토지에서 살고 있는 인민들 역시 모두 그의 신하가 아닐 수 없습니다. 이렇듯 천자는 천하 토지의 영주이자 천하 백성의 군주로 '천하공주天下共主'라고 불렀습니다. 그는 당시 전체 세계의 최고 영도자였습니다. 적어도 명목상으로는 말이죠.

그렇다면 세계의 왕(천자)과 각국의 원수(제후)는 어떤 관계입니까?

—— 이 역시 군신 관계입니다. 천자는 '군', 제후는 '신'인 셈이죠. 제후의 '국'도 명목상으로는 '천하'에 예속되어 있습니다. 대부의 '가'가 제후의 '국'에 예속되어 있는 것과 같죠.

이런 관계는 또 어떻게 형성됐습니까?

—— 봉건封建입니다. 여기서 말하는 봉건의 '봉'이나 '건'은 모두 동사로 쓰였습니다. '봉'은 영역이나 범위를 확정 짓는다는 뜻이고, '건'은 새롭게 수장을 세운다는 뜻입니다. 보다 구체적으로 말해서 천

자가 천하를 나누어 약간의 영지를 만든 것이 '국'입니다. 모든 국에는 세습 군주를 지정하게 되는데, 그들이 바로 제후, 즉 국군인 것이죠. 이를 일러 '봉토건국封土建國'이라고 하며, 이를 약칭해서 봉건이라 합니다. 제후는 '국'을 얻은 후에 다시 봉건하여 자신이 받은 국을 약간의 영지로 나누는데, 이를 '가'라고 합니다. 가 역시 세습 군주를 지정하는데, 그들이 바로 대부, 즉 가군입니다. 이를 일러 '봉토입가封土立家'라고 하며 이것이 바로 '봉건'입니다. 이렇게 천자, 제후, 대부 세 가지 등급이 권력을 나누어 갖는 제도를 일러 '방국제도邦國制度'라고 합니다.

예를 들면 '천하'는 본사에 해당하고, '국'은 지사, 그리고 '가'는 자회사에 해당한다는 말씀이시죠.

—— 독자 여러분의 이해를 돕기 위한 것이라면 그렇게 비유할 수도 있겠죠. 그러나 이는 그저 비유일 뿐입니다. 본사와 지사 또는 자회사는 자금 고리 또는 경제적 고리로 이어져 있죠. '천하', '국', '가'는 서로 고리로 연계되어 있지만 그 관계가 경제적인 것이 아니라 정치적입니다. 일단 그 고리가 끊어지면 사회에 문제가 발생합니다.

고리가 끊어졌습니까?

—— 끊어졌죠. 당시 사람들은 이를 예악이 무너졌다는 의미로 "예괴악붕禮壞樂崩"이라고 했습니다. 예악의 붕괴는 '정치적 고리'가 끊어졌다는 의미입니다. 그런 고리가 끊어졌으니 천하에 큰 혼란이 발생한 것입니다.

자산 재편성에 의한 천하대란

당시 정치 고리가 끊어진 이유는 무엇입니까?

──── 말하자면 상당히 깁니다. 하나씩 다시 이야기하기로 하죠. 하지만 한 가지, 정확하게 짚고 넘어가야 할 것이 있습니다. 당시 '천하'와 '국', '가'는 지금의 본사, 지사, 자회사와 완전히 같은 개념은 아니라는 점입니다. 사실, 천하라는 본사는 실질적인 것이 아니었습니다. 천자 역시 그저 제후로부터 상징적으로 약간의 관리비 정도를 받는 이에 불과했죠. 이에 비해 '국'과 '가'는 실체였습니다. 토지와 백성, 재물과 세금, 군대와 군주까지 있으니 당연한 일이죠.

다시 말해 '국'과 '가'는 독립채산제[1]로 운영됐다고 말할 수 있습니다. 이익이 나든 아니면 손해가 나든 법인 대표가 모든 책임을 졌습니다. '국'의 법인 대표는 바로 제후인데, 제환공齊桓公, 진문공晉文公처럼 '××공公'이라고 불렀습니다. '가'의 법인 대표는 대부로, 일반적으로 '××씨氏'라고 불렀고요. 예를 들어 영씨寧氏(위나라), 계씨季氏(노나라)가 그러합니다. 그러나 '국'이든 '가'든 모든 법인은 세습됐습니다. 완전히 족벌회사나 다름없죠. 그러나 '국'은 동시에 주식회사라고 말할 수도 있습니다. 그렇다면 제후는 대주주大株主, 대부는 중소주주라고 할 수 있겠죠.

---

1 산하기관의 재정을 모기관의 재정으로부터 분리해 운영하는 제도.

중소주주(대부)는 어떤 사람들입니까?

—— 원칙적으로 제후의 형제, 자식이나 조카를 비롯한 친족들입니다. 족벌회사라고 말하는 것이 딱 맞죠. 대부 역시 지사 관리에 참여하여 부사장이나 또는 한 분야의 지배인을 맡는 식입니다. 이것이 바로 대부가 결국 영주에서 관원으로 바뀌게 되는 원인 가운데 하나입니다. 관원이 되면 대부는 주식을 잃게 되며, 동시에 더 이상 자회사를 가질 수 없습니다. 이런 대부는 자신의 친족이 아닌 다른 성姓의 사람들이 맡을 수 있었습니다.

그렇다면 당시 제도로 볼 때 대부는 지사의 중소주주이자 간부이며,
또한 자회사의 주인이자 회장인 셈이네요?

—— 맞습니다. 또한 지사의 간부로서 대부가 지니고 있는 주식은 그가 주인인 자회사의 자산과 일치합니다. 바꾸어 말해 자회사의 자산이 많을수록 지사의 간부인 대부의 주식이 많아진다는 뜻입니다. 동시에 그의 발언권이나 결정권도 강해지겠죠. 그래서 대부의 자산이나 주식이 제후보다 많을 경우 회사에 문제가 발생할 수밖에 없습니다.

예를 들어 공자가 살았던 노나라의 경우 주주권株主權의 태반을 삼가三家가 장악하고 있었습니다. 그중에서 계손씨季孫氏가 최대 주주로 거의 절반을 차지하고 있었으며, 숙손씨叔孫氏와 맹손씨孟孫氏가 각기 4분의 1씩을 차지하고 있었습니다. 이에 비해 노나라 제후는 자산이 거의 없는 소주주가 되고 말았습니다. 그 결과 계손씨가 집정하게 됩니다.

어떻게 그럴 수 있나요?

—— 당연히 그렇게 될 수 있죠! 지사가 처음 생겨났을 때는 아마도 제후의 지분이 가장 많고 대부는 그저 중소주주에 불과했을 가능성이 높습니다. 그러나 대부 역시 독립채산제로 운영하는 자회사를 가지고 있다는 점을 상기할 필요가 있습니다. 모든 책임을 대부 자신이 지고 있으니 당연히 잘만 운영하면 더욱 크고 강하게 키울 수 있습니다. 마음만 먹으면 결코 어려운 일도 아닙니다. 잘하면 자력갱생할 수 있고, 나쁜 짓을 하면 권력으로 사리사욕을 채울 수 있죠. 여하튼 대부는 자회사의 고위 경영자니까요! 그러니 수단을 부리는 데 무슨 어려움이 있겠습니까?

여기서 말한 '수단'에는 두 가지 방법이 있습니다.

하나는 공공의 이익 대신 사리사욕을 채우는 것으로 국유자산을 집어삼키는 것이 대표적이라고 할 수 있죠. 제후의 토지나 백성 군대를 법적으로 자신의 소유로 바꾸는 것을 말합니다. 노나라 대부인 계손씨, 숙손씨, 맹손씨가 바로 이런 방법을 사용했습니다. 두 번째는 자신의 이익을 위해 남에게 해를 입히는 것으로, 타인의 재산을 약탈하는 행위가 그것입니다. 다시 말해 다른 대부의 자회사를 먹어 삼키는 것이죠. 이런 예는 더욱 많습니다. 예컨대 진晉나라는 대부들 간에 전쟁이 벌어져 결국 여섯 가家였던 대주주가 세 개의 가로 줄고 말았습니다.

이런 것이 바로 묵자가 말한 '가상찬'이로군요. 그렇다면 '국상공'은 어떤 경우인가요?

——— 지사가 강대해지려고 하는 것이죠. 그러나 제후들은 대부들의 방식을 취할 수가 없었어요. 천하라는 본사가 이미 속 빈 강정이나 마찬가지여서 집어삼킬 만한 자산이 제대로 없었으니까요. 결국 제후들은 남은 단 한 가지 방법을 취할 수밖에 없었습니다. 침략 전쟁을 일으켜서 다른 나라의 토지와 백성들을 빼앗고, 심지어 다른 사람을 집어삼키는 것이죠. 그래서 국과 국, 가와 가 사이에 분쟁이 일어나기 시작한 것입니다.

신용위기, 통화팽창이 일어나자 자회사와 자회사, 지사와 지사 간에 예금을 찾느라 서로 밀치고, 겸병하고 시장 쟁탈전이 벌어지게 된 것입니다. 가상찬은 국내 모순으로 인한 것이지만 국상공은 이미 국제적인 수준의 충돌이었습니다.

그런 상황에서 세계의 군주인 천자는 나 몰라라 하고 있었나요?

——— 간여할 수가 없었죠. 사상누가이나 마찬가지 상태인데 어떻게 참견할 수가 있었겠습니까? 원래가 허수아비 같은 존재였는데요. 그렇다면 누가 상황을 통제할까요? 바로 슈퍼 대국이죠.

'국상공'의 결과 이른바 최강대국이 탄생했습니다. 그런 나라의 국군을 일러 '패주覇主'라고 합니다. '세계를 제패한 군주'라는 뜻입니다.

---

2 제후들의 회맹에서 맹주가 된 자를 패자라 한다. 춘추시대 5인의 패자를 춘추오패라고 하며 제(齊)나라 환공(桓公), 진(晉)나라 문공(文公), 초(楚)나라 장왕(莊王), 오(吳)나라 합려(闔閭), 월(越)나라 구천(勾踐)이 춘추오패란 설과 함께 제나라 환공, 진나라 문공, 초나라 장왕, 송나라 양공(襄公), 진(秦)의 목공(穆公)을 일컫기도 한다.

3 전국시대 진(秦)·초(楚)·연(燕)·제(齊)·조(趙)·위(魏)·한(韓)의 일곱 제후국.

춘추시대 제환공, 진문공 등 다섯 패주를 일러 '춘추오패春秋五覇'[2]라고 합니다. 전국시대에 이르면 작은 나라들은 모두 멸망하고 채 열 개도 안 되는 대국大國만 남게 되는데, 그들을 일러 '전국칠웅戰國七雄'[3]이라고 합니다.

주나라 천자는 어떻게 됐습니까?

——— 소국小國의 제후로 몰락했다가 결국 멸망하고 말았습니다. 본사는 해산되고, 오히려 지사가 막강해진 셈이죠. 자회사도 막강해져 지사를 멸망시킬 정도가 됐습니다. '삼가분진三家分晉'이 그 예입니다. 자회사에 불과한 삼가三家의 대부가 진나라를 나누어 가지고, 자신들 스스로 지사로 승격시킨 것이죠. 그들은 나중에 독립적인 자산을 갖춘 큰 회사로 발전하여 왕王이라 칭했습니다. 바로 조趙, 위魏, 한韓나라입니다.

이것이 바로 '자산 재편성'이란 것이로군요?

——— 그렇습니다. 천하가 크게 혼란스러워진 것은 바로 당시 사회가 자산 재편성에 들어갔기 때문입니다.

크고 작은 변혁의 대가

그렇다면 자산 재편성의 결과는 또 무엇입니까?

―― '독점 경영'입니다. 과정은 대략 다음과 같습니다. 우선 큰형님 자리를 두고 다투기 시작합니다. 그 결과 춘추오패가 탄생하죠. 다음으로 겸병이 시작됐고, 그 결과 전국칠웅이 나타났습니다. 마지막에는 제나라나 초나라까지 모두 멸망하면서 본사 한 곳만 남았으니 그곳이 바로 진秦 왕조, 다시 말해 진 제국입니다.

그럼 진의 천하통일이 겸병의 결과라는 것입니까?

―― 맞습니다. 그래서 저는 진시황이 "중국을 통일했다."고 말하지 않고 단지 "천하를 겸병兼幷했다."고 말합니다. 실제로 "진나라가 천하를 겸병했다秦兼天下."라는 옛 사람의 말이 사실에 부합하는 과학적인 주장입니다.

진나라가 천하를 겸병한 것은 사실 역사적 필연입니다. 진나라와 진시황이 겸병하지 않았다면 아마도 다른 나라의 누군가가 그리했을 것입니다. "백 대에 걸쳐 진나라 정치를 행했다百代皆行秦政."[4]는 말이 있다시피, 진나라 이후 역대 왕조는 거의 모두 독점 경영을 했습니다. 원칙적으로 하늘 아래 오직 하나의 국가와 한 명의 원수, 하나의 정권

---

4 마오쩌둥(毛澤東)이 궈모뤄(郭沫若)에게 준 시에 나오는 말이다. 원래 시구는 "백대유행진법정(百代猶行秦法政)"이다.

과 하나의 정부만 존재했습니다. 여기서 제가 '원칙적'이라는 표현을 한 것은 사실은 그렇지 않다는 것을 뜻합니다. 분열의 시기에 주변 소수민족들이 세운 정권은 예외입니다. 사실 몇몇 소수민족이 세운 정권은 본사 아래 지사나 자회사를 두지 못하고 그저 서로 다른 등급의 관리부서만 두고 있었습니다. 예를 들어 성省, 부府, 군郡, 현縣 등이죠. 결론적으로 말해 "가게는 한 곳만 있고 별도로 분점이 없다."는 뜻입니다. 이런 제도를 '제국제도帝國制度'라고 합니다.

제국제도는 딱히 좋다고, 나쁘다고 말씀드리기 어렵습니다. "성공도 소하蕭何 덕분이고, 실패 또한 소하 탓이다."[5]라는 말이 딱 어울리는 것 같습니다. 제도가 좋든 나쁘든 간에 제국제도가 중화 대지에서 2천여 년 가까이 지속됐다는 것은 분명한 사실입니다. 진 제국이 천하를 겸병한 후부터 신해혁명까지 중화민족은 이 제도를 유지했다는 말입니다. 이 제도가 나름 일정한 합리성과 필연성을 지니고 있다는 뜻이겠죠.

그렇다면 당시에 천하가 크게 혼란스러웠던 것은 사회가 변혁기에 있었기 때문이라고 말할 수 있을까요?

—— 그렇습니다. 우리가 알고 있다시피 변혁기에 처한 사회는 여러 가지 '병증'이 있기 마련입니다. 춘추전국시대도 마찬가지죠. 따라서 당시의 사회병은 '변혁병'이라고 해도 무방합니다.

---

5 송대 홍매(洪邁)가 지은 『용재속필·소하태한신(容齋續筆·蕭何給韓信)』에 나오는 말이다.

치러야 할 대가도 엄청났습니다. 우선 일반 백성들의 고통이 이루 말할 수 없을 정도였습니다. 회사 간의 합병이나 겸병이 주로 전쟁을 통해 이루어졌기 때문입니다. 매년 수많은 백성들이 직간접적으로 전쟁에 의해 희생됐습니다. 수많은 노동자들이 실업의 고통에서 허덕여야만 했고, 심지어 통치 계급도 하루하루를 보내기가 결코 쉽지 않았습니다.

통치 계급은 왜 힘들었을까요? 자산 재편성으로 인해 자신들이 소유하고 있던 회사가 날이 갈수록 점차 축소됐기 때문입니다. 며칠에 한 곳씩 회사가 파산하고, 기업이 문을 닫는데, 자신이 다음 차례가 아니라고 어느 누가 장담할 수 있겠습니까? 지금은 회사가 도산할 경우 사장이 경제사범으로 몰려 구속되거나 기껏해야 빈털터리가 되면 그뿐입니다. 그러나 춘추전국시대에는 일단 '기업 파산'에 이르면 제후나 대부들 모두 국가를 잃고 목숨마저 내놓아야만 했습니다.

그래서 초강대국을 포함한 여러 나라들은 강대국이 되기 위해 부정한 수단이나 방법을 마다하지 않았습니다. 재산이나 권력을 빼앗기 위해서는 어떤 수단이나 방법도 가리지 않았다는 것이죠. 예를 들어, 월왕越王 구천句踐은 오나라 왕 부차夫差에게 당한 치욕과 멸망의 원한을 갚기 위해 오나라로 보내야 하는 곡식을 모두 쪄서 익힌 상태로 보냈습니다. 결국 누가 그 재앙을 고스란히 당해야만 했습니까? 오나라 백성 아닙니까? 구천 같은 인간이 분유를 팔지 않았으니 망정이지 그랬다면 분명히 분유 안에 멜라민을 잔뜩 넣었을 것입니다.[6] 아예 비상砒霜, 독약을 넣었을지도 모르죠. 이처럼 부도덕한 일이 도처에서 일어났습니다. 이미 모든 이들이 재물과 이익에 눈이 멀었으니 각국의 군주나 대부들 역시 도덕이나 신의 등을 모두 내팽개쳤습니다.

예를 들면 초나라의 경우가 그러합니다. 원래 초나라는 제나라와 연합하여 진나라에 대항하기로 했습니다. 그러나 기원전 313년, 순자가 탄생한 바로 그 해에 초나라 회왕懷王은 제나라와 맺은 동맹관계를 일방적으로 파기하고 진나라에게 붙습니다. 신의를 저버렸죠. 이유는 간단합니다. 당시 진나라 국상國相인 장의張儀가 회왕에게 이렇게 속삭였거든요. "만약 당신이 제나라와 관계를 끊고 멀어진다면 우리 진나라가 당신에게 6백 리 땅을 주겠소." 회왕이 생각하기에 이거 장사가 되는 일이거든요. 그래서 그 즉시 안면을 바꾸어 제나라와 단교했습니다.

이번에는 장의가 안면을 바꾸어 시치미를 뗐죠. "언제 6백 리라고 했냐? 6리라고 했지!" 그러자 회왕이 발끈했어요. 그래서 병사를 동원하여 진나라를 쳤는데, 오히려 물에 떨어져 떠내려가는 꽃잎처럼 우수수 참패하고 말았습니다. 한나라와 위나라가 이 소식을 듣고 초나라를 습격했습니다. 기회를 틈타 뭐라도 건져보겠다는 속셈이었어요. 결국 회왕은 사리사욕에 눈이 어두워 의리마저 저버렸고, 장의는 남을 교묘하게 속여 사취했으며, 한나라와 위나라는 불난 틈을 타서 도적질을 한 셈이죠. 너나할 것 없이 도덕이나 도의는 아랑곳하지 않

---

6 2008년 중국에서 화학유기물인 멜라민을 잔뜩 넣은 이른바 가짜 분유 사건이 터졌다. 우유에 물을 섞어 단백질 함량이 줄어들자 단백질 농도를 주로 질소 함량으로 검사한다는 것을 악용하여 질소가 풍부한 멜라민을 우유나 분유에 섞었다. 이로 인해 어린아이들이 신장 결석에 걸리는 등 부작용이 발생했다. 이후에도 멜라민 파동은 그치지 않았다. 본문은 이를 풍자한 것이다.

고 오로지 자신들의 이익과 욕망에 따라 행동한 것입니다.

하나같이 모두 흑심을 품었으니 '인상적'이란 말이 딱 맞는군요.

—— 또 하나의 심각한 변혁의 대가입니다. 춘추시대부터 전국시대에 이르기까지 날이 갈수록 신의, 명예와는 거리가 먼 사회가 됐습니다. 신념도, 믿음도, 신임도 사라졌습니다. 앞날을 볼 수 있는 사람들도 적었으며, 그 사람들조차 과연 세상이 어떻게 변할지 예측할 수 없었습니다. 사람들 모두 사회가 왜 이렇게 혼란스러울까, 이런 식으로 흘러가다 대체 어떤 세상이 될까, 대체 언제 이런 세상이 끝날까 생각했습니다.

그래서 구시할 이들이 필요하게 된 것이고, 선진제자들이 바로 그런 사람들이었습니다. 어쩌면 그들 스스로 자신들이 그런 사람이라고 생각한 것일 수도 있겠네요. 그렇다면 선진제자들은 구시를 위해 어떤 계획을 세웠는지 알아보겠습니다.

03

최초의
구시론자이자
실패자

"천하가 혼란스러운 것은
각자가 명분을 지키지 않고
규칙을 준수하지 않기 때문이다."

서주에서 실행한 제도 가운데 봉건, 종법, 예악은 삼위일체의 것으로
이를 합하여 '가천하제家天下制'[1] 또는 '방국제邦國制'[2]라고도 부른다.
그중 봉건은 정치제도이며, 종법은 사회제도이고, 예악은 문화제도
이다. 봉건제는 국가의 형태를, 종법제는 사회구조를, 예악제는 문화
적 심리를 통제했다. 천하, 국, 가 및 사람과 사람간의 관계가 모두 이

---

1 천하를 한 가족으로 유지하기 위한 제도.
2 천자를 주인으로 모시는 제후국들이 연방제식으로 존재하던 제도.

세 가지 고리를 통해 연결됐다.

'예악붕괴'는 예가 더 이상 질서를 유지할 수 없고, 악이 조화를 보장할 수 없다는 것이다. 그래서 당시 공자는 구시 방안으로 '극기복례克己復禮'를 주장했다. 본사와 지사, 지사와 자회사는 모두 부자관계이니, 만약 효를 중시하고 강구한다면 자회사가 지사보다 커질 수 없을 것이며, 지사가 감히 본사보다 강해질 수 없는 것이다. 또한 자회사와 자회사, 지사와 지사는 형제관계이다. 제悌를 강조한다면 서로 겸병하느라 혈안이 될 수 없는 것이다. 효제인애孝悌仁愛를 중시하고 추구한다면 골육상잔骨肉相殘은 있을 수 없다. 물론 자산 재편성도 불가능하다. 이것이 유가의 구시 방안이었다.

시장을 구원자하고자 나선 공자

이제 선진제자의 구시 방안에 대해 이야기해주시겠습니까?

────── 우리가 알다시피 구시의 발단이 '자산 재편성'이었기 때문에 구시에 관한 쟁론도 그 문제를 둘러싸고 벌어졌습니다. 유가, 묵가, 도가, 법가 등 여러 제자들은 각기 나름의 방안을 갖고 자신들의 학설을 열심히 주장했습니다. 대체적으로 볼 때 공자는 확실히 '재편성 반대'를 외쳤죠. 특히 자회사가 지사보다 커진다거나 지사가 본사

보다 강해지는 것에 반대했습니다.

공자의 제자 가운데 염유冉有라는 인물이 있습니다. 나중에 노나라 대부인 계손씨 집안의 재상을 맡았는데, 지금 식으로 이야기하자면 계손씨 자회사의 총지배인 정도라고 할 수 있죠. 앞서 말한 바대로 공자가 살아 있을 당시 계손씨는 이미 노나라에서 가장 큰 가족이었습니다. 그들이 차지하고 있는 자산이나 주식은 노나라 제후의 것을 훨씬 초과했죠. 그런데 염유가 계손씨 집안의 재상이 된 후에 계손씨를 위해 경영 확대에 힘쓰면서 재부를 늘리기 시작했죠. 이에 공자가 크게 화를 내며 다른 제자들에게 이렇게 선언했습니다. "염유, 저 녀석은 내 제자가 아니다. 너희들은 북을 울려가며 성토해도 괜찮다."[3]

공자가 주장한 내용은 뭐였습니까?

—— 자산 재편성 이전의 계획경제 모델로 돌아가서 '삼급분권三級分權' 구조를 유지하자고 했습니다. 구체적으로 말하면 '삼급분권이 제대로 운영되고 있던' 서주西周시대(기원전 11세기~기원전 771년)로 돌아가자는 것입니다. 현실적으로 불가능하다면 좀 양보해서 동주東周시대라도 그렇게 해보자는 것이죠. 하지만 비현실적이어서 효과를 거

---

3 염유는 이재에 밝은 재정 전문가였는데, 계강자의 집사가 된 후에 전무세(田畝稅)와 병역법 개혁을 추진하다가(양보쥔(楊伯峻)의 『춘주좌전주(春秋左傳注)·애공십삼년(哀公十一年)』 참고) 공자의 진노를 샀다. 『논어·선진』에 따르면, 공자는 "계씨가 주공(周公)보다 부유한 것부터 이미 참월(僭越)인데, 어찌 또다시 재화를 거두어들여 더욱더 부자가 되려고 하는가(季氏富於周公, 而求也爲之聚斂而附益之)."라고 역정을 내면서 다른 학생들에게 이렇게 말했다. "염구는 내 제자가 아니니, 너희들이 북을 울려가며 성토해도 괜찮다(非吾徒也. 小子鳴鼓而攻之, 可也)." (이중톈, 『선진제자 백가쟁명』 제2장 2절 참조)

둘 수가 없었죠.

모든 이들이 그를 반대한 것이 아닙니다. 단지 법가만 반대했어요. 묵가나 도가의 방법도 비현실적이긴 마찬가지였습니다.

묵자는 어떻게 주장했나요?

────── 묵자도 재편성에 반대했습니다. 그는 제후나 대부들이 자산을 재편성하고 있기 때문에 '국상공, 가상찬, 인상적'의 상황이 벌어졌다고 생각했습니다. 또한 국영기업 개혁을 주장했는데, 인사와 분배 제도에 대한 개혁이 주를 이루었습니다.

구체적으로 말해서, 간부이든 직공이든 누구든지 유능하면 높이고, 무능하면 아래에 두며, 능력이나 작업, 공헌에 따라 보수를 지급한다는 것입니다. 묵자의 말을 빌리면 "관리라고 해서 항상 귀한 존재는 아니고, 백성이라고 해서 항상 천한 것은 아니다官無常貴而民無終賤."(『묵자·상현 상』)라는 것이죠.

묵자가 '개혁파'라면 공자는 '수구파'인 셈이네요?

────── 아닙니다. 공자나 묵자 모두 개혁파에 속하죠. 그들은 모두 현실, 현상에 대해 불만이 많았습니다. 다만 공자는 현재를 개혁하여 이전으로 돌아가자는 것이었습니다. 그래서 원래의 제도를 약간만 조정하면 된다는 식이었죠. 그러나 묵자는 대대적인 개혁이 필요하다는 쪽이었습니다. 자산 재편성은 필요하지도 않고 옳지도 않다는 생각이었죠.

도가는 어땠습니까?

── 현실에 불만을 품은 것은 도가도 마찬가지였습니다. 오히려 그들이 더 불만이 많고 훨씬 일찍부터 불만을 토로했죠. 그들은 자산 재편성도 옳지 않지만 그 이전의 삼급분권 제도도 옳지 않다고 생각했습니다. 가장 좋은 모델은 천하에 오직 '개체호個體戶(자영업자)'나 '소규모 회사'가 각기 독립 경영으로 통해 자급자족하며, 서로 관계를 맺지 않고 경쟁이나 합병도 하지 않는 것이었습니다. 노자의 말로 하자면 '소국과민小國寡民'이라고 할 수 있습니다. 다시 말하면, "이웃 나라가 서로 바라보이고, 닭 울음소리, 개 짖는 소리를 서로 들을 수 있지만 백성들이 늙어 죽을 때까지 서로 왕래하지 않는다鄰邦相望, 雞犬之聲相聞, 民至老死不相往來."는 것입니다.

법가는요?

── 법가만 자산 재편성을 찬성했습니다. 그뿐만 아니라 자산 재편성을 통해 독점 경영을 실현해야 한다고 주장했죠. 그래서 법가만 성공한 것이죠. 유가, 묵가, 도가의 방법 모두 유용하지 않았지만 나름대로 일리가 있었습니다.

공자는 어떤 논리였나요?

── 자산 재편성 때문에 문제가 생겼으니 재편성하지 않는 것이 가장 좋은 방법이라고 했습니다. 문제가 어디서 비롯됐는지에 초점을 맞춘 것이죠.

사람들이 재편성하지 않기를 원했나요?

────── 원하는 이도, 그렇지 않은 이도 있었습니다. 겸병이 된 작은 회사나 실권을 잃은 최고 경영자는 원하는 쪽이었습니다만, 애석하게도 그들은 발언권이 없었습니다. 발언권을 지닌 이들은 모두 자산 재편성을 통해 이익을 얻는 쪽이었기 때문에 당연히 공자에게 반대했죠. 예를 들어 노나라에서 국유 재산을 집어삼킨 삼가의 대부들은 모두 공자의 말을 듣지 않았습니다. 공자는 달리 방법이 없자 어쩔 수 없이 다른 나라로 가서 자신의 주장을 펼쳤지만 가는 곳마다 난관에 부딪쳤죠(『사기·공자세가孔子世家』). 당시 사람들이 그를 어떻게 묘사했던가요? "풀이 죽은 모습이 마치 상갓집의 개와 같았다累累若喪家之狗."라고 했어요. 이렇듯 정치적으로 공자는 실패의 연속이었습니다. 그는 역사상 최초의 '구시론자'였지만 동시에 최초의 실패자였던 것이죠.

공자는 자신의 방법이 통하지 않는다는 것을 알고 있었나요?

────── 분명히 알고 있었을 거예요. 그의 제자들도 모두 알고 있었으니까요. 앞에서 말한 것처럼 당시 적지 않은 은사들이 공자의 구시 방안을 마땅치 않게 생각했습니다. 자로가 뭐라고 이야기했던가요? "도가 행해지지 않고 있다는 것은 이미 알고 있습니다道之不行,已知之矣."라고 대답했었죠. 제자들도 알고 있는데, 스승이 어찌 모르겠습니까? 사실 당시 천하 사람들이 모두 다 알고 있는 사실이었습니다. 성문에서 일하는 하급 관리조차 자로에게 이렇게 말한 적이 있죠. "아! 할 수 없는 일인 줄 뻔히 알면서도 하려는 사람 말이구려是知其不可而爲之者與." 이렇듯 당시 사람들 태반이 그런 사실을 알고 있었는데, 공자 자신이 몰

랐을 리가 없죠. 불가능하다는 것을 알면서도 왜 굳이 시행을 했을까요? 세 가지 이유가 있다고 생각합니다. 첫째는 책임감 때문이었고, 둘째는 그래도 희망이 있다고 생각했기 때문입니다. 마지막 셋째는 반드시 고수할 필요가 있었다는 점입니다. 이 가운데 세 번째가 가장 중요합니다. 다시 말하면 공자는 자신처럼 해야 시市를 구하고 진정한 구시 또는 구세를 할 수 있다고 생각한 것입니다. 그렇기 때문에 통하든 통하지 않든 자신의 방식을 고집할 수밖에 없었습니다.

당연한 이치죠. 공자가 왜 '구시'를 위해 노력했다고 생각하십니까? 세상의 도가 크게 어지러웠기 때문입니다. 어지럽다는 것은 무슨 뜻입니까? 질서가 없다는 뜻이죠. 왜 질서가 없을까요? 원래의 질서가 무너졌기 때문이죠. 왜 무너졌나요? 자산 재편성 때문이죠. 그렇다면 어떻게 하면 어지럽지 않을 수 있을까요? 원래 상태로 돌아가면 됩니다.

원래의 질서와 조화를 회복해야 한다

서주나 동주시대에는 질서가 있었습니까?

──── 있었죠! 천하는 본사, 국은 지사, 가는 자회사였습니다. 천자는 천하를 갖고, 제후는 국, 대부는 가를 소유했죠. 그리고 '사士'는 나름의 직무를 가지고 있으니 어찌 질서정연하지 않았겠습니까?

여기서 사는 천자, 제후, 대부 아래 네 번째 귀족입니다. 앞서 말한 것처럼 천자가 제후에게 봉건하여 제후는 지사를 소유하고, 제후는 다시 대부에게 봉건하여 대부는 자회사를 소유하게 됩니다. 그러나 그 아래로는 더 이상 분배가 이루어지지 않고, 그래서 대부의 형제나 자식, 조카 등 친족은 자회사의 중간 또는 기층 간부가 되죠. 그들이 바로 '사'입니다.

그들은 대략 두 가지로 구분됩니다. 하나는 관리 간부입니다. 예를 들어 공자의 제자인 염유나 자로가 재상宰을 맡은 것과 같습니다. 다른 하나는 일종의 기술 간부입니다. 문사文士나 무사武士가 그런 예입니다. 그들의 직무는 초기에는 세습됐는데(나중에 임명직으로 바뀌었다) 이를 '세직世職'이라고 했으며, 그들이 받는 보수는 '식전食田'이라고 불렀습니다. 대부가 일정한 토지의 전조田租와 부세賦稅를 그들에게 월급으로 주는 것이죠. 만약 그 토지를 어떤 사에게 영원히 줄 경우 이를 상전賞田이라고 합니다. '사' 아래는 서민庶人인데, 그들은 귀족이 아닌 평민입니다. 대략 천자는 최고경영자, 제후는 중간관리자, 대부는 하급관리자이고, 사는 화이트칼라, 서민은 그냥 직원이라고 할 수 있죠.

그들은 불평등했습니까?

—— 물론 불평등했죠. 천자의 지위가 가장 높고, 권력도 가장 컸죠. 규정에 따르면, 당시 천하 각국의 국경선이나 영토의 구역은 모두 천자가 정합니다. 첫 번째 제후도 천자가 지정하죠. 물론 나중에는 세습이지만. 천자는 자신의 말을 듣지 않는 국가를 손볼 권한도 가지고 있습니다. 또한 전쟁이 발생한 지역에 '평화 유지군'을 파견할 수도

있습니다.

천자 아래 제후나 대부도 평등하지 않았습니다. 제후가 대부에 비해 지위나 권력이 훨씬 높고 자산이 많았습니다. 이에 비해 대부는 지위도 낮고 권력도 적으며 자산 역시 많지 않았습니다. 그래서 제후는 군君, 대부는 신臣이라고 하는 것입니다. 마찬가지로 대부와 '사'도 불평등한 관계였습니다. 제후는 국에, 대부는 가에 자신들만의 재산권과 통치권을 지니고 있었지만 '사'는 그런 것이 없었습니다.

그렇게 불평등했는데 어떻게 질서를 유지했나요?

──── 두 가지 수단을 활용했습니다. 하나는 '예禮'이고 다른 하나는 '악樂'입니다. 예의 작용은 주로 등급을 명확하게 하여 질서를 유지하는 것입니다. 등급은 모두 엄격한 규정과 분명한 표지를 지니고 있습니다. 예를 들어 평민(서민)은 모자冠를 쓸 수 없으며 단지 두건幘만 쓸 수 있습니다. 사는 관冠을 쓸 수 있지만 면冕은 쓸 수 없습니다. 천자나 제후, 대부만이 '가관加冠'이나 '가면加冕', 즉 관이나 면을 쓸 수 있었습니다. 허울 좋다는 뜻으로 사용되는 '관면당황冠冕堂皇'은 바로 여기에서 나온 말입니다. 천자부터 대부까지 모두 면을 쓸 수 있었지만 그렇다고 다 똑같은 것은 아니었습니다. 우선 면에 달린 '유琉(꿴 구슬)'가 달랐죠. 천자는 12개의 유를 달았고, 제후는 구류九琉, 상대부는 칠류七琉, 하대부는 오류五琉였습니다. 물론 사 계급은 면을 쓸 수 없으니 유가 있을 수 없죠. 이처럼 종류나 명칭이 상당히 많아 의식주나 행동거지 전반에 걸쳐 나름의 규정이 존재했습니다. 이를 위반하는 것이 바로 '비례非禮'입니다.

누가 그 많은 것을 다 기억하고 있습니까?

——— 그래서 이를 관리하고 책임질 전문 인력이 필요했습니다. 공자를 대표로 하는 '유儒'가 바로 이를 전문으로 하는 예학가禮學家들이었습니다. 비록 규정이 지나치게 많고 복잡했지만 가장 핵심적인 것은 역시 등급과 규격이라고 할 수 있습니다. 높은 등급에 속하는 이가 낮은 규격의 예의禮儀를 사용한다면 이는 위신과 체면을 깎는 일이고, 낮은 등급에 속하는 이가 높은 규격의 예의를 누린다면 이는 분수에 벗어나 주제넘는 행동을 하는 참월僭越입니다. 이 모두 공자가 용인할 수 없었던 것들이죠. 예를 들어 노나라 대부인 계손씨가 천자만이 누릴 수 있는 '팔일八佾(팔일무)', 즉 가로 세로로 8명씩 64명이 동원되는 무용을 즐기자 공자는 "이를 할 수 있다면 무엇인들 차마 하지 못하겠느냐是可忍也, 孰不可忍也."고 일갈하면서 노발대발했죠.

그렇다면 또 다른 수단인 '악'은 또 뭔가요?

——— 악樂에는 두 가지 뜻이 있습니다. 하나는 음악이고 다른 하나는 쾌락입니다. 이를 합치면 '음악과 같은 쾌락'이 되죠. 그 작용은 조절과 평형입니다. 등급과 규격만 강구하고 강조한다면 불편하지 않겠습니까? 음악을 한번 들어보세요. 현대 음악은 보통 칠음계를 기본 음계로 합니다. 높이도, 길이도, 강세도 다 다르죠? 게다가 음색도 매우 다양합니다. 서로 다르기 때문에 음악이 가능한 것입니다. 음이 높고 낮으며, 길고 짧고, 강하고 약하여 음색이 서로 다르기 때문에 이를 합치면 듣기 좋은 음악이 되는 것입니다. 듣기 좋은 음악은 사람의 마음을 유쾌하게 만듭니다. 왜 그럴까요? 조화! 조화롭기 때문입니

다. 이것이야말로 모든 이들의 바람입니다. 조화를 원한다면 모든 음악을 똑같이 만들어서는 안 된다는 것입니다.

이것은 누구의 이론이고 주장입니까?

—— 주공周公입니다. 예로 질서를 유지하고, 악으로 조화를 담보하겠다는 것인데, 참으로 위대한 발명이 아닐 수 없습니다. 구체적으로 말해서 예는 등급을 보호하고 규격을 제정하는 것이고, 악은 정서를 조절하여 심리적인 균형을 유지하자는 뜻입니다. 그래서 "음악은 동일한 마음을 이끌고, 예의는 차이를 분별한다樂統同, 禮辨異."(『예기·악기』)는 말이 나오게 된 것이죠. 이러한 제도를 예악제도라고 합니다. '예악붕괴'는 예가 더 이상 질서를 유지할 수 없고, 악이 조화를 보장할 수 없다는 뜻입니다. 그래서 공자는 구시 방안으로 '극기복례克己復禮'를 주장했던 것이죠.

공자의 극기복례와 정명

그럼 극기복례는 무슨 의미입니까?

—— 여기에는 두 가지 해석이 있습니다. 하나는 "자신을 극복하고 주례周禮로 돌아간다."는 뜻이고, 다른 하나는 "친히 실천하여 주례

를 이행한다."는 뜻입니다. 두 가지 모두 서주 또는 동주시대로 돌아가자는 것이죠. 예악의 붕괴는 곧 '정치 고리'가 끊어졌다는 것을 의미합니다. 그에 따른 처방전은 고리를 다시 잇는 것이겠죠. 그러기 위해서는 고리가 본래 어떻게 연결되어 있었으며, 무엇에 의지했는지 정확하게 알아야 합니다.

무엇에 의지했나요?

—— 혈연관계와 종법제도입니다. 간단하게 말해서 천자와 제후, 제후와 대부 이외에도 제후와 제후, 대부와 대부는 모두 명목상으로나 실질적으로 혈연관계 또는 친척관계로 맺어져 있습니다. 예를 들어 형제, 자식이나 조카, 외숙이나 생질, 장인과 사위 등등으로 관계를 맺고 있다는 뜻입니다. 서주 봉건시대, 춘추전국 이전에는 기본적으로 이런 관계가 유지됐습니다. 이른바 '군주'는 동시에 종족의 수장이자 가장이 되는 셈이죠. 당연히 제후는 국족國族의 족장이고, 대부는 가족家族의 족장이 되는 것입니다. 이런 족장의 지위는 세습되는데, 원칙적으로 적장자가 계승합니다. 차자次子와 서자는 그 아래 귀족이 됩니다. 예를 들어 천자의 차자나 서자는 제후가 되고, 제후의 차자나 서자는 대부가 되며, 대부의 차자나 서자는 사士가 된다는 것이죠. 이른바 봉건은 바로 이런 서열에 따라 진행됩니다.

그렇다면 봉건제와 종법제는 서로 통합되어 있었나요?

—— 거기에다 예악제를 더해야죠. 서주시대의 제도 가운데 봉건, 종법, 예악은 삼위일체라고 할 수 있습니다. 이를 '가천하제家天下制'

또는 '방국제邦國制'라고 말하죠. 그 가운데 봉건은 정치제도이고, 종법은 사회제도, 예악은 문화제도입니다. 봉건제는 국가의 형태를 관장하고, 종법제는 사회 구조, 예악제는 문화심리를 관장한다고 생각하면 됩니다. 천하, 국, 가, 그리고 사람과 사람의 관계가 모두 이 세 가지 고리에 의해 유지됐다는 것이죠. 이후에 두 가지 고리는 끊어졌습니다. 봉건제와 예악제가 더 이상 유효하지 않게 되었죠.

왜 그런 일이 생겼나요?

——— "군자의 은택도 5대가 지나면 끊긴다君子之澤, 五世而斬."라는 맹자의 말처럼 아무리 위대한 인물의 덕이라고 할지라도 시간이 흐르면서 점점 희박해지기 마련입니다. 마찬가지로 시간이 흐름에 따라 피血 안에 물이 많아지게 되죠. 게다가 서로 이해가 상충할 경우 문제는 더욱 심각해집니다. 이해가 끼어들면 혈연이나 혼인, 친척관계도 전혀 힘을 쓰지 못합니다. 그래서 유가는 거듭 공리功利가 아니라 인의가 중요하다고 강조했습니다. 그러나 듣는 사람이 없었습니다. 자산 재편성 과정에서 권력을 지닌 이들은 어떻게 하면 한몫 챙길 것인가에 혈안이 되어 있었고, 제대로 실력을 갖추지 못한 이들은 인의나 예악이 자신들을 재앙에서 구해줄 것이라는 믿음이 없었습니다.

그런데 왜 공자는 이에 대해 일말의 희망을 품고 있었던 것일까요?

——— 종법제가 아직 무너지지 않았거든요. 천자의 '왕족', 제후의 '공족', 대부의 '씨족' 내부에 여전히 종법제가 가동되고 있었다는 뜻입니다. 사실 진한시대 이후에도 종법제도는 여전히 중국 전통사회

의 중요한 제도였습니다. 또한 유가학설이 이후 크게 성행할 수 있었던 원인 가운데 하나이기도 합니다.

공자는 그런 지푸라기 같은 것으로 어떻게 '구시'를 하려고 했죠?

—— 공자는 종법제, 그리고 예악제와 봉건제를 위해 심리적 근거를 찾고자 애썼습니다. 그것이 바로 친친지애親親之愛입니다. 모든 이들이 자신의 가족이나 친족을 사랑한다는 뜻입니다. 부모는 자녀를, 자녀는 부모를 사랑하며, 형제나 자매 역시 서로 사랑하니, 이는 절대로 바뀔 수 없는 불변의 진리, 바로 천경지의天經地義입니다. 만약 이런 사랑이 없다면 그건 사람도 아닙니다.

사람이라면 어떻게 해야 한다는 뜻입니까?

—— 사람이라면 먼저 효孝가 있어야 하며, 두 번째로 제悌가 있어야 한다는 뜻입니다. 효는 부모를 공경하고 사랑하는 뜻이니 종적인 사랑이고, 제는 형제간에 우애가 있어야 한다는 뜻이니 횡적인 사랑입니다. 이렇게 종횡의 사랑을 합한 것이 바로 인애仁愛입니다.

그것이 자산 재편성과 무슨 관계가 있죠?

—— 당연히 관계가 있습니다. 본사와 지사, 지사와 자회사는 모두 부자관계 아닙니까! 만약 효를 중시하고 강구한다면 자회사가 지사보다 커질 수 없을 것이며, 지사가 감히 본사보다 강해질 수 없지 않겠습니까? 생각해보십시오! 과연 어떤 아들이 아버지 것을 능가할 수 있겠습니까? 자회사와 자회사, 지사와 지사는 형제관계입니다. 제

를 강조한다면 그들이 어찌 서로 겸병하느라 혈안이 되겠습니까? 효제인애孝悌仁愛를 중시하고 추구한다면 골육상잔骨肉相殘은 있을 수 없죠. 물론 자산 재편성도 불가능합니다.

그러나 그들은 이미 자산 재편성에 들어갔잖습니까? 그렇다면 어떻게 해야 바로잡을 수 있죠?

────── 정명正名입니다. 공자는 이렇게 말했습니다. "만약 집권하게 되면 반드시 가장 먼저 정명을 해야 한다必也正名乎." 위나라 군주가 선생님을 초청하여 정치를 맡긴다면 제일 먼저 무엇을 하시겠느냐는 자로의 질문에 공자가 대답한 말입니다.

공자는 구체적으로 무엇을 정명이라고 한 걸까요? "군군, 신신, 부부, 자자君君, 臣臣, 父父, 子子." 임금은 임금답고, 신하는 신하다우며, 아비는 아비답고, 자식은 자식다워야 한다는 뜻입니다. 또 이렇게 말할 수도 있겠죠. "본사는 본사답고, 지사는 지사다우며, 자회사는 자회사다워야지 제멋대로 뒤죽박죽되어 소란을 일으키면 안 된다. 천하가 혼란스러운 것은 각자가 명분을 지키지 않고 규칙을 준수하지 않기 때문이다. 따라서 이와 반대로 모든 이들이 엄격하게 명분과 규범을 지킨다면 천하는 구원할 수 있다." 바로 이것이 정명이자 공자가 정명을 주장한 근본적인 이유입니다.

실제로 적극적으로 찬성한 이들도 있습니다. 예를 들어 제경공齊景公은 공자에게 이렇게 말했습니다. "만약 임금이 임금 노릇을 하지 못하고 신하가 신하 노릇을 하지 못하며, 아비가 아비 노릇을 하지 못하고 자식이 자식 노릇을 하지 못한다면, 비록 곡식이 있다고 한들 과인이 어찌 그것을 먹을 수 있겠습니까?"

그런데 왜 실제로 실행에 옮기지 않았습니까?

—— 모두 다른 속셈을 갖고 있었기 때문입니다. 그들이 볼 때 "군군, 신신, 부부, 자자"와 같은 말은 신하들이나 중시하면 그뿐이지 굳이 자신에게는 필요 없다고 여긴 것이죠. 또 이렇게 말할 수도 있습니다. 만약 자신이 군주라면 당연히 지켜야 한다고 말하겠지만, 신하라면 굳이 그럴 필요가 없다는 것입니다.

예를 들어서 대부는 자회사에서 사장이나 마찬가지이지만 지사에서까지 제후를 굳이 사장으로 모실 필요는 없다는 것입니다. 제후도 마찬가지입니다. 자신은 지사에서 사장과 마찬가지지만 굳이 본사를 안중에 둘 필요가 없죠. 게다가 자신의 회사는 다른 이들이 겸병할 수 없지만, 다른 회사는 자신이 몽땅 먹어치우는 것이 좋겠죠. 이것이 그들의 심산이었습니다. 결국 여전히 임금은 임금답지 못하고, 신하는 신하답지 못한 상황이 지속됐던 것이죠.

그래서 공자의 거듭된 권고가 결국 쇠귀에 경 읽기 꼴이 되고 만 것이군요.

—— 맞습니다. 게다가 당시 천하는 이미 극도로 혼란스러운 상태로 구시가 절실하게 필요할 때였습니다. 그러나 공자는 오히려 여유를 부리며 무슨 정명이나 말하고, 인애나 주장했으니 당장 치료해야 할 중환자가 굼벵이 의사를 만난 꼴이었죠. 이것이 바로 공자가 실패한 원인 중에 하나이죠. 근본적인 원인은 자산 재편성이 이미 대세였

기 때문에 아무도 막을 수 없었다는 것이죠.

그래서 묵자 등이 공자를 비판한 것인가요?

—— 아닙니다. 묵자가 공자를 비판한 것에는 또 다른 원인이 있
습니다.

04 풀뿌리 계층은
이 사회가 힘들다

"묵자는 중국 역사상 최초로
풀뿌리 민중을 위해 입을 열었다."

실제로 진정한 사상가라면 자신의 계급적 입장과 무관하게 독립적인 사고를 해야 한다. 좀 더 정확하게 말하면 입장은 치우침이 있으되 사고는 독립적이어야 한다.

묵자는 중국 역사상 첫 번째 '초근(풀뿌리)'을 위해 입을 연 사상가이다. 천하대란에 대해서 공자는 '질서에 문제가 생겼다'고 여겼고, 묵자는 '질서 자체에 문제가 있다'라고 했다. 공자는 '모두 규칙을 지키지 않는다'고 여긴 것이고, 묵자는 '규칙 자체가 필요 없다'고 여긴 것이다. 묵자는 당시 사회가 천하대란에 빠졌기 때문에 구제가 필요한데 조정을 거스르고 반란을 꾀했기 때문이 아니라 '약육강식'이 그 직접적인 원인이라고 했다. 즉 공평과 정의가 없기 때문이라는 말이다. 구체적으로는 사람 사이에 인격이 불평등하고, 분배가 불공평하다고 했다. 이에 세상을 구제하기 위해서는 인간관계와 분배방법부터 착수하여 공평하고 정의로운 새 질서를 마련하여 공평하고 정의로운 새 사회를 건설해야 한다고 주장했다.

봉건주의의 공자, 사회주의의 묵자

공자가 자신의 구시 방안을 내놓고 난 후 묵자가 상반된 의견을 제시했죠. 이것을 두고 묵자의 비판이라고 말씀하시는 것입니까?

—— 맞습니다. 묵자는 선진제자들 가운데 처음으로 유가를 비판한 사람입니다. 게다가 베이징대학교 리링李零 교수가 말한 것처럼 그는 마치 작심한 사람처럼 사사건건 공자에 맞서 트집을 잡았습니다. 두 사람 모두 성공하지 못했으면서 말입니다.

묵자는 자신이 성공하지 못했다는 것을 알고 있었나요?

—— 물론 알고 있었죠. 한 번은 묵자가 무마자巫馬子라는 유가 사람과 변론을 벌인 적이 있습니다. 그가 말했습니다. "선생은 천하를

두루 사랑했지만 이렇다 할 좋은 일을 한 적이 없습니다. 저는 천하를 사랑하지 않았지만 그렇다고 해로운 일을 한 것도 없습니다. 선생이나 저나 성공한 것도 없고, 그렇다고 백성들을 이롭게 한 것도 없는데 어찌 선생은 옳고 저는 그르다고 합니까?" 묵자 앞에서 아예 노골적으로 "성공한 것이 없다功皆未至."라고 한 것을 보면, 묵자도 그렇게 생각하고 있었음을 알 수 있죠.

이에 대해서 묵자는 무마자에게 이렇게 반문했습니다. "지금 불이 났다고 하자. 한 사람은 물통을 들고 끼얹으려고 하는데, 다른 한 사람은 횃불을 들고 와서 던지려고 한다. 두 사람 모두 불을 끄는 데 성공하지는 못했지만 그대가 생각하기에 누구의 생각이 귀하다고 보는가?"

무마자는 당연히 물통을 들고 있는 사람이라고 대답했습니다. 그러자 묵자가 다시 "그래서 나는 내가 주장하는 것처럼 두루 사랑하는 것이 옳으며, 자네의 뜻은 그르다고 생각하는 것일세吾矣是吾意, 而非子之意也."라고 말했습니다.

여기서 우리는 다음과 같은 두 가지를 생각해볼 수 있습니다. 첫째, 묵자가 보기에 유가의 주장은 사회를 구할 수 없을뿐더러 오히려 불을 끄겠다고 횃불을 내던지는 것처럼 잘못됐다는 것입니다. 둘째, 유가와 묵가는 물과 불처럼 병존할 수 없다는 것이죠. 왜 병존할 수 없는 걸까요? 도道가 다르기 때문입니다. 공자는 봉건주의, 묵자는 사회주의라고 할 수 있습니다. 보다 정확하게 말하자면, 공자는 봉건제도를 옹호하여 서주시대로 돌아갈 것을 주장했고, 묵자는 사회 형태에 주목하여 개량할 것을 주장했다는 뜻입니다. 그들 두 사람의 입장이나 관점, 방법은 물론이고 태도 역시 서로 달랐습니다.

구체적으로 어떻게 달랐죠?

—— 공자는 귀족, 심지어 통치 계급의 입장을 고수했습니다. 그는 주로 통치 계급의 입장에서 통치 계급이 생각하는 것을 생각했으며, 그들이 급박하게 생각하는 일을 급선무로 삼았습니다. 또한 그들을 위해 장기적인 치안책을 강구했으며, 천하태평의 청사진을 제시했습니다. 이는 공자가 오랫동안 고심했던 문제들이기 때문에 통치자가 질문하면 언제든지 인내심을 갖고 정확한 답변을 제시할 수 있었죠. 예를 들어 노나라 애공은 "어떻게 하면 백성들이 복종할 수 있겠느냐?"고 물었고, 정공定公은 "군신 관계를 어떻게 처리하는 것이 좋겠느냐?"고 물었죠. 또한 제경공이나 계강자 등도 "어떻게 다스려야 하는가?"에 대해 질문한 적이 있습니다. 공자는 그 모든 질문에 거침없이 답변했습니다.

그렇다면 공자는 통치 계급의 '어용御用 문인'이거나 '어용 사상가'인가요?

—— 천만에요! 절대 그렇지 않습니다. 공자는 독립적인 입장과 독립적인 사상을 갖춘 민간 사상가(재야 사상가)라고 할 수 있습니다. 그래서 그는 통치자들의 질문에 답할 때도 상대의 안색을 살피는 일이 없었죠. 때로 상대가 듣기 거북한 발언도 마다하지 않았습니다. 『논어·안연』에 보면 이런 대목이 나옵니다. 하루는 노나라의 정치 실권자 가운데 한 사람인 계강자季康子가 공자에게 도적들이 창궐하니 어떻게 처리하면 좋겠냐고 물었습니다. 그러자 공자는 이렇게 대답했죠. "그대께서 욕심을 부리지 않으면 설사 상을 준다고 해도 훔치지

않을 것입니다苟子之不欲, 雖賞之不竊." 정권을 차지하고 있는 당신들이 탐욕을 부리지 않는다면 백성들은 상을 준다고 해도 남의 물건을 훔치지 않을 것이라는 뜻입니다. 이런 인물을 '어용 문인'이라고 할 수 있겠습니까? 「헌문憲問」에 보면 자로가 공자에게 '사군事君', 즉 군주를 어떻게 모셔야 하느냐고 묻는 대목이 나옵니다. 공자는 이렇게 말했죠."군주를 속여서는 안 되지만 직언할 수 있어야 한다勿欺也, 而犯之." 범犯은 말 그대로 대드는 일입니다. 거리낌 없이 이렇게 말할 수 있는 사람을 어용 사상가라고 할 수 있을까요?

방금 공자는 민간 사상가라고 말씀하시면서 또한 그의 입장은 통치 계급에 속한다고 하시지 않았습니까? 서로 모순되는 것 아닐까요?

—— 전혀 그렇지 않습니다. 잊지 말아야 할 것이 있습니다. 그것은 공자 자신이 귀족이기 때문에 그도 통치 계급의 일원이라는 점입니다. 그러나 다만 그는 귀족이기는 하지만 그중에서 가장 낮은 '사'에 속했습니다. 물론 대부大夫를 한 적도 있지만 녹봉만 받았을 뿐 영지는 없었죠. 따라서 영지도 있고 통치권도 가지고 있는 계손씨와 같은 이들과 한데 섞어 논할 수는 없습니다. 또한 대부인 적이 있었으나 집정執政 기간이 매우 짧았으니 대부분의 시간을 재야에서 보낸 셈입니다. 따라서 신분이나 직위, 대우는 귀족적이었지만 통치자는 아니었습니다.

통치 계급 중에서도 비통치자였다는 말씀이시군요.

—— 맞습니다. 통치 계급의 일원으로 통치 계급을 위해 사고를

보태는 것은 전혀 이상한 일이 아닙니다. 마찬가지로 비통치자이기 때문에 백성들의 관점에서 문제를 생각하는 것 역시 기이한 일이 아닙니다. 실제로 진정한 사상가는 독립적인 사고를 하며 계급 입장과 무관하기 마련입니다. 좀 더 명확하게 말하자면, "일정한 입장에 서 있지만 사고는 틀림없이 독립적이어야 한다."는 뜻이죠.

그렇다면 공자는 민간 사상가로서 통치 계급을 위해 문제를 독립적으로 사고했다고 이해하면 되겠습니까?

—— 매우 정확합니다. 그래서 공자의 도는 봉건주의가 될 수밖에 없습니다. 당시 통치 계급이 서주 봉건을 통해 생겨났기 때문입니다. 공자는 바로 그들의 이익을 대변했죠.

묵자는 어떻습니까?

—— 묵자는 평민, 그것도 노동하는 인민의 입장입니다. 노동하는 인민들의 편에 서서 노동 대중이 생각하는 것을 고민했으며, 그들에게 절박한 문제를 급선무로 삼았습니다. 또한 그들을 위해 돌아다니고 소리치며, 그들의 권리를 찾기 위해 애썼습니다. 이를 위해 묵자는 유명한 열 가지 주장(겸애兼愛, 상현尚賢, 상동尚同, 비공非攻, 절용節用, 절장節葬, 비악非樂, 천지天志, 명귀明鬼, 비명非命)을 펼쳤습니다. 모두 그의 입장과 관련이 깊습니다.

묵자가 노동자의 편에 섰다는 것을 증명하는 것이 있습니다.

예를 들어 묵자는 웅장하고 화려한 대형 버라이어티 쇼를 반대했습니다. 이를 '비악非樂'이라고 하는데, 왜 그랬을까요? 일반 노동 대중들에게 도움이나 이익이 전혀 안 된다고 여겼기 때문입니다. 묵자는 당시 사회가 지닌 가장 큰 문제는 다음 세 가지라고 말했습니다. "배고픈 자가 먹을 수 없고, 헐벗은 자가 입을 수 없으며, 고달픈 자가 쉴 수 없다飢者不得食, 寒者不得衣, 勞者不得息." 이것이 바로 "일반 백성들의 가장 큰 걱정거리이다民之巨患也."라는 것이죠. 그런데 이른바 대형 버라이어티 쇼는 도움이 되기는커녕 막대한 인력, 재력, 물력을 소비할 뿐입니다. 생산을 저해하고 치국에도 전혀 도움이 되지 않으니 결국 나라와 백성을 패망으로 몰고 갈 뿐입니다. 이런 면에서 묵자야말로 중국 역사상 풀뿌리 백성들을 위해 발언한 첫 번째 사상가라고 할 수 있을 것입니다. 그 이전에는 그처럼 생각한 사람들이 없었습니다. 이처럼 대중의 편에 섰기 때문에 사회주의를 주장했다고 할 수 있습니다.

자산 재편성의 실체는 약육강식이다

묵자는 자신의 사회주의를 이용해 어떻게 구시를 했나요?

────── 이는 근본적인 문제부터 이야기해야 합니다. 여기서 근본이라고 말한 것은 당시 천하가 도대체 어디에서 문제가 발생하기 시작했는지, 다시 말해 문제가 어디에 있는지를 지적하자는 뜻입니다. 공자는 귀족 계급이 내적으로 효제孝悌를 중시하지 않고 규칙을 무시했

으며, 가신이나 대부, 제후 등도 자신의 분수를 벗어나 참월僭越을 예 사롭게 생각한 것이 문제라고 여겼습니다. 그래서 예악이 붕괴되고 천하에 큰 혼란이 일어났다는 것이죠. 당연히 이를 해결하기 위한 방 법은 '내부를 정돈'하는 것입니다. 그래서 그는 정명을 통한 '복례復禮' 를 주장했습니다. 이것이 앞서 말한 봉건주의식 구시 방안입니다.

묵자의 관점은 어떠했나요?

────── 묵자는 혼란이 일어난 근본적인 원인이 질서의 붕괴가 아니 라고 생각했습니다. 오히려 질서 자체가 온갖 악의 근원이라고 생각 했죠.

나름의 이치가 있습니다. 공자처럼 병인病因을 "윗사람을 거스르고 반 역했기 때문"이라고 단정 지으면 논리적인 문제가 생깁니다. 당시 천 하에 지사國가 많았겠습니까 아니면 자회사家가 많았겠습니까? 또한 자회사 안에 화이트칼라士가 많았겠습니까? 아니면 주인大夫이 많았겠 습니까? 굳이 세어보지 않아도 분명하게 알 수 있죠. 천하에 국國은 겨 우 수십 개에 지나지 않습니다. 그러나 가는 수백 수천에 달하죠. 가신 이나 사인士人의 경우는 거의 수천 수만에 달했을 것입니다. 만약 문제 가 윗사람을 거스르고 반역했기 때문이라고 한다면 수만에 달하는 화 이트칼라가 주인보다 우쭐거리고 수백 수천에 달하는 자회사가 모두 지사보다 크다는 말이 되지 않겠습니까? 과연 이런 것이 가능할까요? 당연히 가능하지 않죠. 그래서 윗사람을 거스르고 반역한 것이 천하 대란의 원인이 될 수 없으며, 설사 원인이 된다고 할지라도 그저 표면 적인 원인일 뿐이라는 말입니다.

그렇다면 묵자가 생각한 근본적인 원인은 무엇인가요?

────── 약육강식입니다. 막강한 실력을 갖춘 제후나 대부, 가신들만이 '참월'이 가능하기 때문이죠. 제후가 막강한 재력과 군사력을 지니게 되면 천자가 눈에 들어올 리가 없습니다. 마찬가지로 힘이 막강한 대부는 제후를 안중에 둘 리가 없죠. 결론적으로 말해서, 가장 결정적인 역할을 하는 것은 역시 무기와 자금입니다.

그럼 이들은 어떻게 주인보다 더 강한 실력을 지니게 됐을까요?

────── 권세를 이용해 강압적으로 먹어치운 것이죠.
예를 들어보겠습니다. 주공의 설계에 따르면, 천자가 용이라면 제후는 큰 물고기, 대부는 작은 물고기, 가신은 작은 새우 정도에 비유할 수 있습니다. 정상적인 질서가 유지되고 있다면, 물고기는 당연히 물고기가 다니는 길이 있고, 새우는 새우 나름의 길이 있기 때문에 크고 작은 물고기든 아니면 새우든 간에 각기 나름의 지위와 역할에 충실하면서 조화롭게 공존할 수 있습니다. 설사 아무리 먹고 싶어도 새우가 작은 물고기를 먹거나 작은 물고기가 큰 물고기를 먹는 법은 없습니다. 그러나 공자 때부터, 아니 그 이전부터 이미 새우가 작은 물고기를 먹고 작은 물고기가 큰 물고기를 먹기 시작했습니다. 작은 물고기 중에는 큰 물고기를 잡아먹을 수 있을 정도로 커진 것들도 있고, 큰 물고기 중에는 플라테오사우루스처럼 거대한 공룡과 같은 녀석도 있었을 것입니다.
결국 겉으로 보기에 윗사람을 거스르고 반역하여 혼란이 일어난 것처럼 보이지만 실제는 '약육강식'인 셈이죠. 이것이 바로 당시 이른바 자산 재편성의 본질입니다. 이것이 바로 묵자가 간파한 문제의 핵심입니다.

묵자는 당시 사회의 문제를 15글자로 총 정리했습니다. "강자가 약자를 공격하고, 다수가 소수를 압박하며, 부자가 가난한 자를 무시하고, 귀한 자가 천한 자를 멸시하며, 영악한 자가 어리석은 자를 속인다強執弱, 衆劫寡, 富侮貧, 貴傲賤, 詐欺愚." 결국 약육강식이라는 말입니다.

이는 주공이 창립하고 공자가 유지하려고 애썼던 봉건질서와 무슨 관계가 있습니까?

────── 말하자면 가장 총체적인 뿌리이자 근본적인 원인이라고 할 수 있습니다. 봉건제도는 어떤 제도라고 생각하십니까? 등급제도입니다. 그럼 봉건질서는 어떤 질서입니까? 당연히 등급질서입니다. 봉건제도에서 정치 실체는 천하, 국, 가 세 가지로 나뉘고, 사람 역시 귀족, 평민, 노예 세 등급으로 나뉩니다. 그리고 귀족은 다시 천자, 제후, 대부, 사로 구분되며, 제후는 공公, 후侯, 백伯, 자子, 남男 다섯 등급으로 구분됩니다. 이외에도 남자와 여자, 적자와 서자, 장자와 차자, 군자와 소인 등은 모두 불평등한 관계입니다. 결론적으로 말해서, 하늘은 해와 달, 별로 구분되고, 사람은 온갖 등급으로 구분된다는 것입니다. 이런 것들이 이미 주공이나 공자 시절에 절대불변의 철칙처럼 정해졌으니 정말 말도 안 되는 일 아니겠습니까?

그래서 묵자는 평등을 주장했나요?

────── 그렇습니다. 묵자는 사람은 누구나 태어나면서부터 평등하

며, 마땅히 평등해야 하고, 반드시 평등해야 한다고 믿었습니다. 천하가 이처럼 혼란스러운 것은 세상의 도가 태평하지 않기 때문이며, 이는 이전의 제도가 불평등하기 때문이라는 것이죠.

예를 들어 유가의 봉건질서 규정에 따르면, 남자와 아비, 군자는 존귀하며, 반대로 여자와 자식, 신하는 비천합니다. 이것이야말로 공개적으로 "존귀한 자는 비천한 자를 멸시해도 좋다."는 말이 아니고 무엇이겠습니까? 고귀한 자가 비천한 자를 멸시하고 업신여겨도 좋다고 하니, 강자가 약자를 공격하고 다수가 소수를 압박하며, 부자가 빈자를 무시하고 귀한 자가 천한 자를 멸시하며 영악한 자가 어리석은 자를 속이는 일이 벌어지게 된 것도 당연한 이치죠. 그 결과가 바로 큰 물고기가 작은 물고기를 잡아먹고, 작은 물고기는 작은 새우를 잡아먹는 것 아니겠습니까?

그러나 여기에 주공이 전혀 예상치 못한 일이 벌어지게 됐습니다. 큰 새우가 작은 새우를 먹어치우더니 급기야 작은 물고기까지 잡아먹는 일이 생기게 된 것입니다. 그런데 심지어 큰 물고기는 수많은 작은 물고기를 잡아먹고 거대한 공룡처럼 덩치를 키우게 됐죠. 결국 자업자득이 아니고 무엇이겠습니까?

그래서 묵자가 유가의 방안을 두고 세상을 구하기는커녕 오히려 불난 데 기름을 부은 격이라고 한 것입니다. 묵자가 볼 때 문제는 여기서 그치는 것이 아니었습니다.

공평과 정의의 부재

인격의 불평등 이외에 당시 사회에 또 어떤 문제가 있었죠?

—— 분배의 불공평입니다. 묵자는 당시 제도에서 어떤 이들은 전혀 공헌한 것도 없으면서 부귀영화를 누리는 반면 대다수 사람들은 평생 죽도록 고생하면서도 입을 옷과 먹을 음식이 부족했다고 말했습니다. 전자의 상황을 묵자는 '무고부귀無故富貴'라고 했고, 후자의 상황은 별도로 정의하지는 않았지만 '무고빈천無故貧賤'이라고 말할 수 있을 것 같습니다.

묵자는 부귀와 빈천의 차이를 인정하지 않았다는 말씀이신가요?

—— 인정했습니다. 어디까지나 '평등'이 '평균'을 의미하는 것은 아니니까요. '사회 분배'라고 하지만 언제나 많고 적음, 득과 실은 존재하기 마련이니 완전히 같을 수는 없죠. 또한 묵자는 부귀를 원하고 빈천을 싫어하는 것이 인지상정人之常情이라고 생각했죠. 틀린 말이 아닙니다. 문제는 부귀든 빈천이든 합리적이어야 한다는 것이죠. 부귀해야 한다면 부귀해야 할 것이고, 빈천해야 한다면 빈천한 것이 마땅하다는 것이죠. 다만 아무런 이유도 없이 부귀하거나 빈천해서는 안 된다는 말입니다.

아무런 이유도 없이 어떻게 부귀해질 수 있나요?

—— 두 가지 상황이 있을 수 있겠죠. 하나는 조상의 밥을 먹는 것

이고, 다른 하나는 남의 것을 빼앗아 먹는 것이죠. 예를 들어 왕공대인의 집안에서 태어나면 세습된 작위와 영지를 소유하게 되니 사회에 아무런 공헌도 하지 않으면서 부귀영화를 누릴 수 있습니다. 이것이 바로 조상의 밥을 먹는 것입니다. 이외에 정당하지 않은 방법이나 수단(예를 들어 도적질, 강탈, 사기, 전쟁)으로 남이 애써 만들어놓은 성과물을 빼앗는 것이 있으니, 이것이 남의 것을 빼앗아 먹는 것입니다.

이 두 가지는 본질적으로 같습니다. 조상의 밥을 먹는 것도 사실 남의 것을 빼앗아 먹는 것이기 때문입니다. 실제로 아무리 위대하고 실력을 갖춘 조상일지라도 개인의 노동이나 수고로 막대한 재부를 쌓아 대대손손 다함이 없이 사용할 수는 없습니다. 자손들이 누리는 것은 결국 다른 이들이 노동한 대가이자 성과입니다. 따라서 조상의 밥을 먹는 것 자체가 착취입니다. 착취자와 약탈자는 아무런 이유도 없이 부귀해지고, 착취와 약탈을 당하는 자는 아무런 이유도 없이 빈천해집니다.

이것이 공평한 것인가요? 물론 불공평하죠. 더욱 화가 나는 것은 사회 여론이 오히려 이처럼 명백한 '분배 불공평'을 비판하는 것이 아니라 동조하고 있다는 점입니다. 묵자가 다음과 같은 예를 들었습니다. 어떤 사람이 남의 과수원에 가서 복숭아와 자두를 따먹었습니다. 그러자 사람들이 벌을 주어야 한다고 난리가 났죠. 일하지도 않고 과실을 얻어 타인에게 손실을 주었다는 이유에서였습니다. 그렇다면 닭이나 개를 훔치면 어떻게 됩니까?

닭이나 개를 훔치는 것이 복숭아나 자두를 훔치는 것보다 죄가 크고, 소나 말을 훔치는 것이 닭이나 개를 훔치는 것보다 죄가 큽니다. 살인범은 절도범보다 당연히 더 큰 죄를 지었으니 더욱 엄중하게 다스려야 합니다. 한 사람을 죽이면 한 번 죽을죄를 진 것이지만 열 사람을 죽이면 열 번 죽을죄를 진 것이고, 백 사람을 죽이면 백 번 죽을죄를 진 것입니다(「천지 하下」). 그렇다면 침략전쟁을 일으켜 다른 나라를 공격하여 대규모 살상을 했다면 어떻게 됩니까? 침략전쟁은 "남의 것을 빼앗아 먹는 것"과 같습니다. 다른 나라의 토지와 백성, 재산을 강탈하여 자기 것으로 만드는 것이죠. 이럴 경우에는 어떻게 처리해야 할까요?

당시의 규정은 어떠했나요? 중죄로 처리했나요?

────── 아닙니다. 아예 죄가 없었습니다. 죄가 없을뿐더러 오히려 천하 사람들이 "찬양하면서 영웅으로 치켜세웠습니다 從而譽之謂之義". 사내대장부이니 민족의 영웅이니 하면서 마치 대단한 의거인 양 찬양했다는 뜻입니다. 이 어찌 괴상망측한 일이 아니겠습니까?

「노문魯問」에서 묵자는 이런 상황을 다음과 같이 비판했습니다. "현재 제후들이 다른 나라를 침략하고, 다른 나라의 백성을 도살하며, 타인의 재산을 약탈하면서도, 죽간과 비단에 글을 쓰고 금석에 새기고 종과 솥에 새겨 후손들에게 자신보다 더 많이 훔친 사람이 없다고 자랑한다. 그렇다면 일반 백성이 이웃집을 부수고, 이웃집 사람을 죽이고, 이웃집의 돼지, 개, 식량, 옷을 빼앗고, 이러한 것들을 자기 장부와, 기물에 기록하여 후대에 나보다 더 많이 훔친 사람은 없다고 자랑한다면 과연 가당키나 한 일인가?"

똑같은 일인데 왕공귀족이 하면 되고, 평민백성이 하면 안 되나요?

왕공귀족이 하면 '영웅의 업적'이고, 평민백성이 하면 '나쁜 짓거리'란 말씀입니까? 하늘 아래 이런 법이 어디에 있습니까? 분명 그런 법은 없죠. 완전히 이중 잣대 아닙니까. 그래서 묵자의 말을 들은 노나라 양문군陽文君조차 감개하여 "천하 사람들이 모두 옳다고 해도 반드시 그런 것만은 아니군요天下之所謂可者, 未必然也."라고 말했던 것입니다. 이처럼 명백한 불공평이 공평하고 합리적인 것으로 간주됐다니 참으로 유감스러운 일입니다. 이처럼 분명한 불의가 오히려 불변의 진리로 여겨졌다는 것이죠.

그것은 무엇을 뜻하는 것일까요?

—— 당시 사회에 공평과 정의가 전혀 존재하지 않았다는 뜻이겠죠. 이것이 바로 묵자가 가장 고통스러워하고 고심했던 부분이자 그가 올바르게 바꾸고자 노력했던 부분입니다.

공평과 정의. 이것이 묵가 학설의 주제입니까?

—— 그렇습니다. 앞서 말씀드린 것처럼 묵자가 보기에 당시 사회가 크게 혼란하여 당장 구시가 필요하다고 느꼈던 것은 단순히 사람들이 윗사람을 거스르고 반역을 일으켰기 때문이 아니라 약육강식 때문이었습니다. 그리고 그 근본적인 원인은 천하에 공평과 정의가 부재했기 때문입니다. 구체적으로 말해서 사람들이 인격적으로 불평등하고 분배 또한 불공평하게 이루어졌다는 말입니다. 그래서 구시 방안 역시 인간관계와 분배 방법부터 착수하여 공평과 정의를 위한 새로운 질서를 세우고, 공평하고 정의로운 새로운 사회를 건설하는

쪽으로 나아가게 됐습니다. 묵자는 이렇게 해야만 구시가 가능하며, 오직 이렇게 하는 것이 바로 구시라고 생각했습니다.

2강 ─ 민권회복 民權回復 ─

누가 세상을 다스릴
권리를 주는가

천하는 모두의 것(天下爲公)이라는 사회적 이상을 실현하려면 각 개인의 이익을 희생하지 않으면 안 됩니다. 천하 사람들의 행복은 개개인의 행복으로 이루어져 있으며, 천하 모든 사람들의 행복을 한데 모아놓은 것이기 때문입니다. 개개인이 행복하지 않은데, 천하의 사람들이 행복하다고 말할 수 있을까요? 그런 행복을 과연 믿을 수 있을까요? 반대로 만약 세상 사람들의 행복을 위해 각자가 불행해질 수밖에 없다면, 또는 많은 이들이 희생을 감수해야 한다면, 과연 그런 행복을 굳이 추구할 필요가 있을까요?

05 아무 이유 없이 부귀하고 빈천한 사회

"평등의 의미는 두 가지이다.
하나는 인격 평등이며,
또 하나는 기회 균등이다."

사회를 개혁하기 위한 방안은 실천 가능해야 한다. 실천 가능성이란 운영을 할 수 있느냐 없느냐를 논하는 문제뿐만이 아니다. 그 방안이 '인정人情'에 합치하느냐 그렇지 않느냐의 문제이다. 실천이 가능하기 위해선 인정에 합치해야 한다.

평등의 의미는 두 가지가 있다. 하나는 인격의 평등, 또 하나는 기회의 균등이다. 이 두 가지를 실천할 수 있다면 부자가 되는 순서나 부의 정도는 문제가 되지 않는다.

묵자의 구시 방안은 공평과 정의의 새로운 질서를 세우고, 공평하고 정의로운 새로운 사회를 건설하는 것이다. 그래서 묵자는 분배개혁을 통해 분배의 불공정 문제를 해결하기 위해 애썼을 뿐만 아니라 인간관계를 개선하여 약육강식의 문제를 해결하기 위해 노력했다.

묵자가 주장한 분배제도와 인사제도

묵자의 구시 방안은 사회 공평과 정의를 실현하는 것입니다. 그렇다면 공평하고 정의롭다는 것의 기준은 무엇인가요? 어떤 사회가 되어야 공평하고 정의로울 수 있는 것인가요?

—— 다섯 가지 기준이 있습니다. 자신의 힘으로 생활하며, 노동한 만큼 분배가 이루어지고, 각자의 능력을 다하며, 균등한 기회가 마련되고, 상생하며 서로 사랑하는 것입니다. 이는 '풀뿌리 계층'을 대표하는 묵자가 제시한 사회 이상이자, 풀뿌리 계층만이 제기할 수 있는 사회 이상이기도 합니다. 그래서 저는 묵가학파의 출현을 풀뿌리 계층의 발언이라고 지칭합니다.

왜 그렇게 말씀하신 것이죠?

—— 풀뿌리 계층이 노동자들이기 때문입니다. 직접 노동에 참여해본 사람만이 노동의 중요성, 노동의 소중한 가치를 알 수 있으며 또

한 자신의 힘으로 생활할 것을 주장할 수 있습니다. 묵자는 바로 그런 사람이었습니다. 그는 평생 직접 노동을 하며 살았습니다. 명성을 얻은 후에도 마찬가지였죠.

그렇기 때문에 그가 노동이나 노동자들에게 단순히 소박한 감정이 생긴 정도가 아니었죠. 만약 '소박한 감정'만 있었다면 사상가가 될 수 없었을 것입니다. 묵자가 대단한 것은 일찍이 노동의 중요성을 간파했다는 데에 있습니다.

어떤 중요성인가요?

—— 노동은 사람의 본질적 특징 가운데 하나입니다. 묵자는 이렇게 말했습니다. "동물은 굳이 노동하지 않아도 살아갈 수 있다. 그들은 자연에서 생활하니 깃이나 털이 옷이 되고, 발이나 발톱이 신발이 되며, 물과 풀이 양식이 된다. 그렇기 때문에 수컷은 농사를 지을 필요 없고, 암컷은 베를 짤 필요가 없다. 입고 먹을 것이 태어날 때부터 갖추어져 있기 때문이다衣食之財固已具矣. 그러나 사람은 다르다. 사람은 그들의 힘에 의지하면 살고, 힘에 의지하지 않으면 살지 못한다賴其力者生,不賴其力者不生. 노동하지 않으면 먹을 것도 없고 입을 것도 없으니 살아갈 수 없다. 이것이 사람과 동물이 본질적으로 다른 점이다(『묵자·비락非樂』)." 이렇게 본다면 묵자의 말처럼 노동하는 자는 먹을 수 있지만 노동하지 않는 자는 먹을 수 없다는 것이야말로 '천경지의天經地義', 즉 불변의 진리입니다.

논리적으로 다음 네 가지 결론을 얻을 수 있습니다. 네 가지 원칙이라고 해도 좋겠죠. 첫째, 사람은 누구나 노동을 해야 하며, 사회에 나름의 공헌을 해야 한다. 이것이 '자식기력自食其力', 즉 자신의 힘으로 생활한다는 원칙입니다.

모든 이들이 밭에 가서 일해야 한다는 말인가요?

────── 그런 뜻이 아닙니다. 노동에는 육체노동만 있는 것이 아닙니다. 당연히 정신노동도 있죠. 사회에 공헌하는 내용도 같을 수 없습니다. 당연히 분업이 필요하죠. 묵자는 이를 '분사分事'라고 했는데, 각기 나름의 본분에 속한 일이 있다는 뜻입니다. 예를 들어 군왕의 분사는 정치를 하는 것이고, 사인의 분사는 군왕을 보좌하여 행정을 처리하는 것이며, 농민의 분사는 농사를 짓는 것이고, 부인의 분사는 베를 짜는 것입니다. 이런 것들이 모두 노동이며, 또한 공헌입니다. 모두 나름의 이유가 있고, 적당한 보수를 받을 자격이 있죠.

그러나 여기에 한 가지 원칙이 있습니다. 공헌 정도에 따라 보수가 달라진다는 것입니다. 이것이 두 번째 '노동에 따른 분배 원칙'입니다. 다시 말해 자신의 힘을 쓴 사람은 당연히 응분의 보수를 얻고, 그렇지 않은 사람은 얻지 못하며, 힘을 많이 쓴 사람은 많이 얻고, 힘을 적게 쓴 사람은 적게 얻는다는 뜻입니다. 공헌의 경우도 마찬가지입니다. 공헌을 많이 한 사람은 그만큼의 대가를 얻는 것이고, 적게 한 사람은 그 정도의 대가만 받는 것이죠. 아예 공헌이 없는 사람은 당연히 아무것도 얻을 수 없습니다. 그렇다면 당시 실제 상황은 어땠을까요? 사회적 자원과 재부를 가장 많이 가지고 있는 사람은 종종 힘을 가장 적게 쓴 사람들이었습니다. 심지어 전혀 힘을 쓰지 않은 사람들도 있었죠. "노동을 하지 않고도 결실을 얻으니, 그것은 그가 취할 것이 아니다不與其勞獲其實, 其非其有所取之.”(「천지 하天地下」) 묵자는 이를 일컬어 무고 부귀無故富貴(「상현 하尙賢下」), 즉 아무런 이유나 연고도 없이 부귀하게 된 자들이라고 했습니다.

세 번째 원칙은 무엇입니까?

—— 분배의 원칙이 노동에 따른 합당한 보수를 받는 것이라면 이러한 공평함을 실천하기 위해 사회 역시 각 업종에 종사하는 사람들이 '각기 그 맡은 바 임무를 다하여各從事其所能', 각자의 재능을 충분히 발휘할 수 있도록 해야 할 것입니다. 이것이 바로 세 번째 '각자의 능력을 다하기 원칙'입니다. 또한 분업의 원칙이 각자 자신의 능력에 맞추어 최선을 다하는 것이고, 분배의 원칙이 노동에 따라 응분의 보수를 받는 것이니, 마땅히 모든 이들에게 동등한 기회를 주어 사회에 공헌하여 그 대가를 얻을 수 있도록 해야 합니다. 그것이 네 번째 원칙이자, '기회 균등의 원칙'입니다.

어떻게 하면 기회가 균등하게 돌아갈까요?

—— 능력을 갖춘 사람이 위에 있고, 그렇지 못한 사람이 아래에 있으면 되죠. "유능하면 등용하고 무능하면 물러나도록 한다有能則擧之, 無能則下之." 묵자는 계속해서 이렇게 말했습니다. "지위가 비천한 농민, 공인, 상인이라 해도 능력만 있으면 천거하여 높은 작위를 주고 많은 봉록을 주며, 정사를 맡겨 결단하고 명령을 내릴 권한을 준다雖在農與工肆之人, 有能則擧之, 高予之爵, 重予之祿, 任之以事, 斷予之令." 이와 반대로 설사 왕공 대인의 친족이라 해도 능력이 없으면 관리를 할 수 없다고 했습니다.

요컨대, 존비귀천은 모두 각자의 능력, 작업, 공헌도에 따라 조정하여 "관리라고 해서 항상 귀한 존재는 아니고, 백성이라고 해서 항상 천한 것은 아니다官無常貴而民無終賤."(「상현 상尙賢 上」)라고 했습니다. 이것이 바로 기회의 균등입니다.

어딘가 귀에 익숙한데요. '국영기업 개혁'을 말씀하시는 것 아닙니까?
——— 앞서도 묵자가 국영기업 개혁을 주장했다고 말씀드렸는데요. 그는 특히 인사제도와 분배제도 개혁을 강조했습니다. "노동에 따라 분배하고, 많이 일한 사람에게 더 많은 대가가 돌아갈 수 있도록 하라!" 이는 분배제도에 대한 개혁이죠. "기회를 균등하게 하여 능력을 갖춘 자를 위로 올리고, 무능력한 자는 아래로 내려라!" 이는 인사제도에 대한 개혁입니다. 혹은 이렇게 말씀드릴 수도 있겠네요. 자신의 힘으로 생활하며, 노동한 자만 먹을 수 있도록 하는 기본 원칙, 노동에 따라 분배하고, 노동이 많을수록 많은 대가를 얻도록 하는 분배의 원칙, 각자 자신의 능력에 따라 최선을 다하고 능력을 잘 파악하여 적재적소에 임용하는 분업의 원칙, 능력이 있는 자는 위에 올리고 무능력한 자는 아래에 두는 간부 임용의 원칙 등입니다. 이상 네 가지가 국영기업 개혁에 대한 묵자의 개혁 핵심입니다. 그러나 그것이 목적은 아니었습니다.

그렇다면 목적은 무엇이었나요?
——— 공평과 정의의 새로운 질서를 세우고, 공평하고 정의로운 새로운 사회를 건설하는 것입니다. 그래서 묵자는 분배개혁을 통해 분

배의 불공정 문제를 해결하기 위해 애썼을 뿐만 아니라 인간관계를 개선하여 약육강식의 문제를 해결하기 위해 노력했습니다.

불평등 해결을 위한 겸애

묵자는 구체적으로 어떤 방법을 통해 이 불평등, 불공정의 문제를 해결할 수 있다고 생각했습니까?

―――― 두 글자로 답할 수 있습니다. '겸애兼愛'입니다. 이것이 묵자가 제기한 근본적인 대책治本之策입니다.

묵자의 '치본지책'을 보다 구체적으로 말씀해주세요.

―――― 묵자는 당시 사회 문제는 모두 "서로 사랑하지 않기 때문에 생겨났다以不相愛生."고 판단했습니다. 사랑하지 않기에 나라끼리 서로 공격하고, 가족끼리 서로 빼앗으며, 사람들끼리 죽고 죽이는 일이 벌어졌다는 것이죠. 이것이 바로 '국상공, 가상찬, 인상적國相攻, 家相纂, 人相賊'입니다. 마찬가지로 사랑하지 않기 때문에 강자가 약자를 위협하고 다수가 소수를 압박하며, 부자가 빈자를 무시하고, 귀한 자가 천한 자를 멸시하며, 영악한 이가 어리석은 이를 속이는 일이 벌어졌죠. 묵자는 이를 '강집약, 중겁과, 부모빈, 귀오천, 사기우強執弱, 衆劫寡, 富侮貧, 貴

傲賤, 詐欺愚'라고 했고요. 결론적으로 당시 사회의 모든 문제, 예를 들어 자산 재편성, 약육강식, 분배 불공정 등의 문제들은 모두 '서로 사랑하지 않기不相愛' 때문에 일어났다는 뜻입니다.

그래서 묵자는 이런 증상에 따른 처방으로 겸애를 제시하여 불애不愛의 문제를 해결하려고 했던 것이군요.

—— 맞습니다. 그래서 묵자는 이렇게 말했죠. "제후가 서로 사랑하면 전쟁을 하지 않을 것이고, 대부가 서로 사랑하면 약탈하지 않을 것이며, 사람과 사람이 서로 사랑하면 해치는 일이 없을 것이다. 이 가운데 가장 근본적인 것은 사람과 사람이 서로 사랑하는 것이다. 군신이 서로 사랑하면, 군주는 은혜롭고 신하는 충성을 다할 것이다. 부자가 서로 사랑하면, 아비는 자애롭고 자식은 효성을 다할 것이다. 형제가 서로 사랑하면, 사이가 좋고 조화로울 것이다. 만약 천하 사람들이 모두 서로 사랑한다면 어떻게 되겠는가? 강자가 약자를 위협하지 않고, 다수가 소수를 압박하지 않으며, 부자가 빈자를 무시하거나 귀한 자가 천한 자를 멸시하는 일이 없을 것이고, 영악한 이가 어리석은 이를 속이는 일이 벌어지지 않을 것이다." 그러나 여기서 좀 더 분명하게 짚고 넘어가야 할 것이 있습니다. 사람과 사람이 서로 사랑하기 위해서는 반드시 겸애가 필요하다는 것이죠.

겸애에 무슨 특별한 점이 있나요?

—— 겸애는 단순히 사랑하는 것을 의미하는 것이 아니라 자신을 사랑하는 것처럼 남을 사랑한다는 뜻입니다. 예를 들어보죠. 다른 나

라를 자신의 나라처럼 보거나視人之國若視其國 다른 가족을 자신의 가족처럼 생각하며視人之家若視其家, 다른 사람을 자신을 보는 것처럼 대한다視人之身若視其身. 이런 사랑이 바로 '겸상애兼相愛'입니다. 겸애라고 부르기도 하죠. 이런 사랑이 바로 겸상애 또는 겸애입니다.

묵자가 말했습니다. "만약 천하 사람들이 모두 서로 사랑하여 다른 가족을 자신의 가족처럼 여긴다면 누가 다른 이의 재산을 약탈할 것인가? 다른 이를 자신처럼 생각한다면 누가 다른 이를 해칠 것인가? 다른 나라를 자신의 나라처럼 여긴다면 누가 다른 나라를 공격할 것인가? 그렇기 때문에 서로 더불어 사랑하면 반드시 천하가 다스려질 것이다." 바로 이런 이유 때문에 겸애가 바로 철저한 개혁을 위한 근본적인 대책이라고 말씀드린 것입니다.

겸애는 그리 어려운 일이 아닙니다. 묵자가 물었습니다. "겸애가 어느 정도 어려운 일인가? 밥을 덜 먹고 거친 옷을 입으며 목숨을 바쳐 이름을 얻는 일만큼 어려운 일인가? 이처럼 천하의 백성들이 모두 어렵다고 여기는 일도 가능하지 않은가?" 당시 초나라 영왕靈王이 가는 허리를 좋아하자 그의 신하들이 모두 살을 빼느라 하루에 한 끼만 먹어 얼굴이 누렇게 뜨고 홀쭉해져 담장을 잡고서야 겨우 일어날 수 있었습니다. 또한 진晉나라 문공이 소박한 것을 좋아하자 그의 신하들이 모두 거친 베옷을 입고 암양의 가죽옷을 걸쳤으며, 가죽 혁대에 칼을 차고 거친 두건을 썼습니다. 초나라 구천句踐이 용맹한 것을 좋아하자 그의 병사들은 뜨거운 불길에 뛰어들어 죽는 것도 마다하지 않았고요. 이렇듯 아무리 어려운 일일지라도 윗사람이 좋아하면 아랫사람은 절로 따라 하기 마련입니다.

과연 그렇게 할 수 있을까요? 겸애의 기술이나 능력의 문제가 아니라 사람들이 겸애하기를 원할까요?

────── 이치를 정확하고 분명하게 설명하면 당연히 원할 것입니다. 겸애는 모든 이에게 좋은 일입니다. 왜냐하면 당신이 다른 사람을 사랑하면 다른 사람도 당신을 사랑하고愛人者, 人必從而愛之, 당신이 다른 사람을 도와주면 그 사람도 당신을 돕게 되기 때문입니다利人者, 人必從而利之. 이처럼 자신은 물론이고 남에게도 이로움을 주어 모두 만족할 수 있는데 왜 불가능하겠습니까? 반대로 만약 당신이 다른 사람을 사랑하지 않으면 다른 사람도 당신을 사랑하지 않을 것이고, 당신이 다른 사람을 돕지 않으면 다른 사람도 당신을 돕지 않을 것입니다. 매우 간단한 이치 아닙니까?

묵자도 사람들이 금방 믿을 것이라고 생각하진 않았던 것 같습니다. 그래서 합리적인 이치를 강구하는 한편 실험을 하기도 했죠. 어떻게 했습니까? 두 가지 서로 다른 주장을 대비했습니다. 한쪽에서 '겸상애(兼으로 약칭)', 즉 평등하고 서로 사랑하는 것을 주장한다면, 그 반대편 주장은 '별상오別相惡(別로 약칭)', 즉 차별하며 서로 미워하는 것이라고 할 수 있습니다. 묵자는 이렇게 말했습니다. "시험 삼아 벼슬길에 나선 두 선비를 예로 들어 살펴보도록 하자. 한 선비는 차별을 고집하고執別, 다른 한 선비는 평등하게 아우르는 것을 고집했다執兼. 그들이 모두 언행일치하여 자신의 주장대로 실천한다면 어떻게 될 것인가? '별'을 주장하는 선비는 이렇게 말할 것이다. '내가 어찌 친구를 위함이 내 몸을 위하는 것과 같이 할 수 있겠는가? 내가 어찌 친구의 부모를 위함이 내 부모를 위하는 것과 같이 할 수 있겠는가?' 그렇기 때문에 이들은 친구가 굶주려도 먹을 것을 주지 않고, 친구가 헐벗고 추위에 떨어도 입혀주지 않으며, 병들어도 돌보지 않고, 죽어도 장사를 치러주지 않을 것이다. 이에 비해 '겸'을 주장하는 선비는 이렇게 말할 것이다. '당연히 친구를 위하기를 자기 몸과 같이 하고, 친구의 부모를 위하기를 자기 부모와 같이 해야 한다.' 그렇기 때문에 그는 친구가 굶주리면 먹여주고, 추위에 떨면 입혀주며, 병들면 보살펴주고 죽으면 장사를 지내줄 것이다."

묵자는 이렇게 실제적인 예를 들은 다음 계속 질문을 던지고 있습니다. "병사들은 언제라도 출정하여 전쟁터로 나가게 된다. 한번 나가면 죽고 사는 것을 알 수 없다. 또한 관원들도 어명에 따라 어디론가 사신으로 나가는 경우가 많다. 한번 나가면 과연 살아서 돌아올 수 있는지 알 수 없다. 그렇다면 그들이 떠나기 전에 자신의 가정과 부모, 처자식을 부탁해야할 때, 과연 어떤 친구를 찾아 맡기고자 하겠는가? 아무리 바보라도 능히 판단할 수 있을 것이다."

묵자의 논리라면, 출정하면서 가족 친지를 맡겨야 한다면 자신을 사랑하는 것처럼 남을 사랑하는 친구에게 맡기게 될 것이라는 뜻이겠군요.

—— 그렇습니다. 그래서 '호애互愛'의 결과가 필연적으로 '호리互利'라는 것입니다. 이렇듯 '호애호리'에 앞서 말한 네 가지를 합친 것이 바로 묵자가 구상했던 사회주의입니다. 어떻습니까, 묵자의 이런 이상과 주장이 참으로 멋있지 않습니까? 이렇게 좋은 주장을 실행한 사람이 왜 없었을까요? 통치자가 찬성하지 않고, 일반 백성 역시 원치 않았기 때문입니다.

모두에게 평등한 노동의 대가

묵자의 주장이 여러 사람들에게 좋은 점이 있었을 텐데, 왜 반대했나요?

—— 답은 생각보다 간단합니다. 묵자의 방안은 자신이 직접 일해서 밥 먹고, 노동에 따라 분배하며, 많이 일할수록 많은 보수를 받는다는 것 아닙니까? 그러니 일하지 않고 얻으며, 아무런 연고도 없이 부귀해지고, 조상의 밥을 얻어먹는 이들이 어찌 굶주림을 자초하겠습니까? 또한 묵자는 각자 능력에 따라 최선을 다하고, 사회적 기회가 균등해야 하며, 능력을 갖춘 이가 윗자리에 오르고, 무능한 이는 아래에 있어야 한다고 주장하지 않았습니까? 그러면 세습 천자나 제후, 대부 가운데 열에 여덟, 아홉은 자리에서 내려와야 하는 것 아니겠습니까?

당시 통치자들이 그의 주장에 찬성하지 않은 것은 이해가 갑니다. 그런데 일반 백성들은 왜 원치 않았을까요?

—— 묵자처럼 하는 것이 참으로 고단하고 어려웠기 때문입니다. 아시다시피 묵가 학파의 특징은 '고생을 즐거움으로 생각하는 것以苦爲樂'입니다. 어느 정도였을까요? 『장자·천하』에 보면 그 정도를 알 수 있습니다. "묵가 사람들은 반드시 거친 옷에 짚신, 나막신을 신고 종일 일을 하며, 저녁에도 쉬지 않는지라 장딴지에는 솜털이 없었고 정강이에는 털이 다 빠졌다. 이렇게 하지 않으면 '우도禹道'[1]라 할 수 없

고, 묵자墨者라 할 수 없다."

정말 그랬을까요? 『장자』의 이야기가 반드시 믿을 만한 것은 아니잖습니까?

──── 그러면 묵가 자신들의 이야기를 들어보죠. 묵자의 큰 제자인 금활리禽滑釐가 스승을 따른 지 3년이 됐는데, 그의 손발에 못이 박히고 얼굴은 시커멓게 그을렸으며, 소나 말처럼 일하며 스승을 모시고, 그 어떤 문제도 감히 물어보지 못했습니다. 나중에 묵자 자신조차 도저히 애처로워 볼 수가 없었던지 상을 차려 그를 대접하자, 금활리는 비로소 자신도 수성守城의 방법을 배우고 싶다고 말했습니다. 이 이야기는 『묵자·비제備梯』에 나오는 것이니, 다른 이들이 괜히 묵가를 비방하려고 꾸민 이야기가 아닐 것입니다.

왜 그렇게까지 해야 했을까요?

──── "인간은 반드시 노동을 해야 한다, 또한 노동을 할 수밖에 없다."는 것이 묵자의 기본 관점이었기 때문입니다. 노동 이외의 것은 모두 잘못된 것입니다. 오락이나 휴식, 요즘 식으로 말해서 인터넷을 하거나 영화나 텔레비전을 보는 것도 모두 안 됩니다. 무슨 영화를 봅니까? 그럴 시간이 있다면 광주리라도 만들어야죠! 설 특집 대형 버라이어티 쇼 같은 프로그램을 보는 것은 더더욱 안 될 말입니다. 묵자는 그런 식의 일과를 가장 혐오했습니다. 묵자가 원하는 그런 생활을

---

1 치수에 성공한 하(夏)나라 우 임금의 도.

일반 백성들이 할 수 있을까요? 제 생각엔 아마도 이런 것을 원하는 사람은 아무도 없을 것입니다.

실제로 묵가 학설의 문제 가운데 하나가 바로 이것입니다. 유리한 것을 좇고, 해로운 것은 피하는 것이 인지상정이며 사람들은 당연히 행복을 추구합니다. 이 같은 상정常情과 상리常理를 벗어난 주장은 사람들에게 통하지 않습니다.

그렇다면 묵자가 행복을 추구하는 인간의 기본적인 욕구를 반대했다는 말씀이십니까?

——— 절대 아닙니다. 묵자 역시 행복 추구를 주장했고, 모든 인류의 행복을 추구했습니다. 그의 사상에는 이른바 총칙總則이라고 할 수 있는 원칙이 있습니다. "천하의 이로움을 일으키고 천하의 해로움을 제거한다興天下之利, 除天下之害." 이 말은 『묵자』 전체를 관통하는 것으로 『묵자』 곳곳에서 살필 수 있습니다. 실제로 묵자는 이를 주장했을 뿐만 아니라 이런 행복을 약속했습니다. 그는 사람들에게 자신의 개혁 방안이 성공적으로 이루어지기만 하면 천하 모든 이들이 행복할 수 있다고 주장했죠.

그러나 실제로 사람들에게 준 것은 그저 고통스러운 나날이었다는 말씀이군요.

——— 아마도 그랬던 것 같습니다. 이는 '행복'에 대한 이해와 연관이 있습니다. 묵자가 보기에 가장 중요한 것은 평등이고, 그다음은 청렴입니다. 만약 사람들이 모두 평등하게 힘든 나날을 보낸다면 그것

이 바로 행복입니다. 묵자처럼 지도자가 솔선수범하여 고단한 생활을 한다면 백성들은 신바람이 나서 이처럼 덕으로 그들을 이끌어준 지도자의 은혜에 고마움을 느낀다는 것이죠.

물론 오산입니다. 백성들은 평등한 삶뿐만 아니라 편안한 생활을 원하기 때문입니다. 더구나 평등은 균등을 의미하는 말이 아닙니다. 평등의 의미는 두 가지가 있습니다. 하나는 인격의 평등이며, 또 하나는 기회의 균등입니다. 이 두 가지를 모두 이룰 수 있다면 누가 먼저 부자가 되고, 누가 어느 정도로 부자가 되는지는 문제가 되지 않겠죠. 누군가 말한 것처럼 사람들은 지도자의 식탁이 어떤지에 대해 관심이 없으며, 그저 자신 같은 일반 백성들이 네 가지 반찬에 탕 하나를 먹을 수 있는지에만 관심이 있습니다. 이것이 현실입니다.

그래서 『장자·천하』에서 묵자의 이러한 주장은 "천하의 마음을 거스르는 일이다反天下之心, 천하의 마음을 거스른 결과는 천하가 감당하지 못한다天下不堪."라 했습니다. 묵자 자신이 이를 실행할 수 있다고 해도 세상 사람들은 어찌하겠습니까奈天下何. 이처럼 세상으로부터 떨어져 있는離於天下, 일반적인 통념에 위배되는 비상식적인 이론이니 어찌 실천할 수 있겠습니까? 불가능한 일입니다.

묵자의 국영기업 개혁은 지금 우리가 하는 일과 완전히 같은 것은 물론 아닙니다. 그럴 수도 없고요. 당시의 조건에서 이른바 '공평'을 가장 앞에 둔다면 아마도 대부분의 사람들이 고통스러운 나날을 보낼 수밖에 없었을 것입니다. 그렇기 때문에 옛날 사람들에게 지나치게 엄격함을 요구할 수도 없고 묵자를 비난할 수도 없는 것 아니겠습니까? 지금도 여러 경제학자들이 이른바 '공평과 효율'의 문제로 쟁론을 거듭하고 있습니다. 지금 사람들도 제대로 해결하지 못하는 문제를 두고 옛 사람에게 좀 더 분명하게 처리할 것을 요구한다는 것은 지나친 일이죠. 여하간 이를 통해 우리는 나름의 교훈을 얻을 수 있습니다. 어떤 개혁 방안이든 반드시 실행 가능성이 있어야 한다는 것입니다. '실행 가능성'이란 단지 실제로 활용할 수 있는가만을 말하는 것이 아닙니다. 이보다 더 중요한 것은 인정人情에 부합해야 한다는 점입니다. 그냥 무조건 당신이 개혁자 또는 지도자가 되어 밀고 나아가는 대로 일반 대중들도 그렇게 따라올 것이라고 생각하면 안 됩니다. 당신이 고생하면서도 청렴결백하고, 자신을 절제하면서 공익을 위해 봉사한다면 분명 당신은 만인들의 존경을 받을 수 있습니다. 그러나 반드시 모든 이들이 당신을 따라 행하지는 않을 것입니다. 우리는 스승도 아니고 지도자도 아니며 성인도 아니기 때문입니다. 우리는 그저 아주 평범한 일반 백성입니다. 언제나 그저 행복하게 살길 바랄 뿐입니다. 왜 우리가 굳이 당신처럼 '고생을 즐거움'으로 생각해야 합니까?

그래서 묵자가 좋은 마음과 생각으로 구상했던 내용이 결국에는 일반 백성들과 어긋나게 된 것이군요.

—— 대략 그렇습니다. 그러나 묵가 학설의 문제는 단지 이것뿐이 아닙니다. 앞서 말한 바와 같이 그들의 사상은 가장 쓸모없고 절대로 사용하면 안 되는 이론입니다. 왜 그런지에 대한 원인은 여러 가지입니다. 우선 맹자가 어떻게 말했는지부터 살펴보기로 하죠.

06 사람을 똑같이 사랑할 수 있는가

"반대파의 의견이 반드시
정확한 것은 아닐지라도
문제의 핵심을 찌르는 경우가
적지 않다."

진정한 반대파, 수준 있는 반대파는 종종 우리 자신보다 우리를 더 잘 이해한다. 우리의 어떤 부분이 잘못된 것인지, 어떤 부분이 타당치 못한 것인지, 완전하지 못하고 문제가 있는지, 어느 곳이 미진한지 정확히 가려내기 위해서는 반대파의 의견을 들어보는 것이 가장 좋다. 반대파의 의견이 반드시 정확하지는 않을 수도 있다. 그렇다고 해도 일반적으로 그들의 관점이 핵심을 찌를 수 있기 때문이다.

남을 해하고 자신을 이롭게 함은 절대 찬성할 수 없다. 이는 사회, 대중, 개인 모두에게 불리한 해악이다. 사람을 무는 개는 짖지 않는다.

반대로 크게 짖는 개는 사람을 물지 않는다. 남을 해하고 자신을 이롭게 하는 무리들은 대개 요란하게 행동만 할 뿐, 말하지 않는다.

유가와 묵가의 서로 다른 주장

계속 묵자에 관한 이야기를 하고 있는데 왜 맹자에 관한 이야기를 들어야 하나요? 맹자가 옳기 때문입니까?

—— 그런 뜻이 아닙니다. 저는 맹자가 옳다고 말한 적이 없습니다. 그러나 누군가에게 문제가 있다거나 뭔가 부족하고 합당치 않은 부분이 있다면 반대쪽 사람이 어떻게 비판하는가를 들어보는 것이 합리적입니다. 반대파의 의견이 반드시 정확한 것은 아닐지라도 문제의 핵심을 찌르는 경우가 적지 않습니다. 반대파의 주장이 전혀 말이 안 될 수도 있지만 다른 이들에 대한 비판은 오히려 정곡을 찔러 때로 촌철살인의 효과를 볼 수도 있습니다.

왜 반대파의 비판이 정확할 수 있는 걸까요? 세 가지 원인이 있습니다. 하나는 다른 사람에 대한 비판은 일반적으로 자아비판보다 쉽기 때문이죠. 다른 사람의 머리는 흔들기 쉽다는 말입니다. 두 번째는 반대파이니 입장이나 처지가 상반되고 방법 역시 다를 수밖에 없죠. 그렇기 때문에 문제를 보다 쉽게 발견할 수 있습니다. 세 번째는 반대파는 상대를 굴복시키기 위해 상대에 대해 주도면밀하게 연구하기 마련입니다. 지피지기知彼知己면 백전백승百戰百勝이란 말도 있잖습니까! 그래서 진정한 반대파, 나름대로 수준이 있는 반대파라면 상대편을 당사자보다 더 잘 아는 경우도 있습니다. 물론 제가 말하는 진정한, 또는 수준이 있는 반대파란 거짓 정보나 소식에 빌붙어 먹고사는 이들은 포함되지 않습니다. 또한 아는 것도 없으면서 함부로 지껄이며 당찮은 이유로 억지를 쓰는, 그야말로 '반대를 위한 반대'를 일삼는 이들도 포함되지 않고요.

맹자는 진정한 반대파였습니다. 맹자는 묵자를 처음으로 비판한 사람이기도 합니다. 게다가 맹자는 정말 화가 나서 맹공격을 퍼부었죠. 심지어 묵자를 '금수'와 같다고 욕설을 퍼부었을 정도니까요.

맹자는 왜 그렇게 묵자를 비난했죠?

──── 묵가가 유가의 가장 큰 적이기 때문이죠. 아시다시피 공자가 구시 주장을 펼치면서 제후들에게 유세하고 학생들을 가르쳐 마침내 유가학파를 창립했습니다. 제후나 대부들 가운데 공자의 주장을 수용한 이가 없기는 했습니다만 유가의 영향은 대단하여 거의 독보적인 수준이었다고 할 수 있습니다. 그런데 나중에 두 사람이 등장하면서 공자의 유가를 비판하기 시작하죠. 한 사람이 바로 묵적墨翟, 즉 묵자이고, 다른 한 사람은 양주楊朱였습니다.

양주는 어떤 사람입니까?

──── "털 하나도 뽑을 수 없다."고 주장한 사람이죠. 묵자와 양주

두 사람이 좌우에서 비판의 목소리를 높였는데, 그 영향 또한 적지 않았습니다. 맹자의 말을 빌리자면, "당시에 양주와 묵자의 학설이 천하에 가득 찼으며, 천하 모든 언론이 양주 아니면 묵자에게 돌아갔다楊朱墨翟之言盈天下, 天下之言不歸楊, 則歸墨."고 할 정도였으니까요. 이렇듯 당시 여론이나 사상적 경향이 양주 아니면 묵적에게 찬동하는 쪽으로 흘러 유가에 대한 위협이 심각한 수준이었습니다.

그렇다고 '금수와 같다'라고 욕할 필요까지 있었을까요?

—— 사실 순전히 그만을 욕한 것이라고 볼 수는 없습니다. 맹자의 말은 묵자의 주장을 실행하면 사람들이 동물처럼 되고 만다는 뜻이었으니까요.

사람과 사람이 서로 사랑하는데 어찌 동물이 된단 말인가요? 더군다나 공자 자신도 사랑을 통해 구시를 하겠다고 주장하지 않았나요?

—— 이해가 안 되는 일은 많습니다. 예를 들어보죠. 인격과 개성 면에서 볼 때 맹자는 공자가 아니라 묵자에 더 근사합니다. 대체적으로 말해서 공자는 성격이 온문이아溫文爾雅[1]하고 온유돈후溫柔敦厚[2]한 편입니다. 그러나 묵자나 맹자는 의협의 기개와 풍모를 지니고, 소박하면서도 억눌린 자들의 편에 서서 불공평한 일에 의연히 나설 줄 아는 이들이었습니다. 선진제자들 가운데 아마도 그들 두 사람이 가장

---

1 태도가 온화하고 행동거지가 교양이 있음.
2 부드럽고 온화하며 성실한 인품.

'뜨거운' 남자였을 것입니다. 그야말로 피도, 마음도, 심지어 내장까지 뜨거운 사람들이라고 말할 수 있습니다.

예를 들어 묵자는 이렇게 말한 적이 있습니다. "한 사람을 죽이면 한 번 죽을죄를 지는 것이지만 열 사람을 죽이면 열 번 죽을죄를 진 것이고, 백 사람을 죽이면 백 번 죽을죄를 진 것이다. 그렇다면 침략전쟁을 일으켜 다른 나라를 공격하면서 수많은 사람을 죽이면 어떻게 되는가? 당연히 그만큼 죄를 받아야 하는 것 아닌가? 그런데도 죄가 없다고 한다. 죄가 없을 뿐만 아니라 천하 사람들이 오히려 찬양하면서 영웅으로 치켜세운다." 맹자도 이와 유사한 발언을 통해 묵자가 제기한 문제, 즉 침략자는 무슨 죄로 판단해야 하는가에 대해 "사형으로도 그의 죄를 대속할 수 없다罪不容於死! 따라서 호전적인 전쟁 광인들은 마땅히 극형에 처해야 한다善戰者服上刑." 이렇게 말했죠. 보시다시피 묵자와 닮지 않았습니까?

또 예를 들어보죠. 맹자와 묵자는 모두 인사제도를 개혁해야 한다고 주장했습니다. 맹자는 "현자를 존중하고 능력을 갖춘 자를 활용해야 한다尊賢使能."고 주장했는데, 묵자는 이와 같은 뜻으로 "상현사능尚賢事能"을 주장했습니다.

그들 모두 애愛를 주장했고, 그들의 논조도 정말 비슷합니다.

"다른 나라를 자신의 나라처럼 보고, 다른 가족을 자신의 가족처럼 생각하며, 다른 사람을 자신을 보는 것처럼 대한다視人之國若視其國, 視人之家若視其家, 視人之身若視其身."

"자기 집 노인을 공경하여 그 마음을 남의 집 노인을 공경하는 데까지 미치게 하고, 자기 집 아이를 사랑하여 그 마음을 남의 집 아이를 사랑하는 데까지 미치게 한다老吾老以及人之老, 幼吾幼以及人之幼."

여러분이 보시다시피 두 사람의 주장이나 논조가 거의 같지 않습니까? 실제로 너무 엇비슷해서 거의 판박이라고 할 수 있습니다.

그런데 왜 그들은 물과 불처럼 서로 화합하지 못한 것일까요?

───── 좀 우습긴 하지만 그들의 의견이 다른 부분은 다만 "사랑에 논의가 필요한가?"의 문제였습니다. 묵자는 논의할 필요가 없다는 쪽이었고, 맹자는 논의가 필요하다, 그것도 반드시 논의해야 한다는 쪽이었죠.

묵자는 사랑은 '무사無私', 즉 사사로움이 없다고 여겼습니다. 사사로움이 없으니 내 것, 네 것을 구분할 필요도 없고, 피아彼我를 나눌 필요가 없으니 친소親疎나 귀천, 민족이나 종족의 구분 없이 그냥 모두 사랑하면 된다는 이야기입니다. 이처럼 등급이나 차별이 없는 사랑을 겸애라고 했습니다. 지금 우리들이 흔히 이야기하는 '박애博愛'가 이와 유사합니다. 이렇듯 너나할 것 없이 모두 사랑하니 당연히 사랑에 논의가 필요 없죠.

반대로 맹자는 사랑에는 등급도 있고 차별도 있다고 하면서, 군자가 가장 사랑해야 할 대상은 쌍친雙親, 즉 부모이고, 그다음은 민중이며, 그다음이 만물이라고 했습니다. 그가 보기에, 만물은 사람이 아니기 때문에 아끼고 소중하게 여길 뿐 인덕仁德을 베풀 필요가 없고, 백성들에게는 인덕이 필요할 뿐 친애는 필요하지 않으며, 오직 친인親人, 특히 쌍친만은 반드시 친애해야 한다는 것이죠. 가장 가까운 사람들부터 친애하고, 이를 점차 확대하여 다른 집안의 노인을 공경하고 아이들을 사랑할 수 있어야 한다는 것이 바로 맹자의 사랑법이었습니다. 그가 「진심·상」에서 "친인을 친애하고 백성에게 인덕을 베풀며, 백성에게 인덕을 베푼 다음에 만물을 소중히 여긴다親親而仁民, 仁民而愛物."라고 한 것은 바로 이런 뜻입니다. 이렇듯 사랑에도 친소와 같은 등급이 있다는 것이 바로 맹자의 주장이었습니다. 따라서 그가 말한 인애는 차별과 등급이 있어 논의할 필요가 있는 사랑인 셈이죠.

앞의 이야기를 모두 종합해 간단히 말하면, 유가는 인애를 말하고, 묵가는 겸애를 말했는데, 유가는 사랑에도 논의가 필요하다고 했고, 묵가는 전혀 논의할 필요가 없다고 했다는 것입니다. 이것 때문에 계속 정신없이 논쟁을 벌였죠.

유가의 정곡을 찌른 묵자

묵자와 유가는 어떻게 논쟁을 벌였죠?

——— 물론 묵자가 먼저 유가를 비판하기 시작했습니다. 『묵자·경주耕柱』에 묵자와 유가 무리의 변론이 적혀 있습니다. 여기서 말하는 '유가의 무리'란 앞서 말한 무마자巫馬子를 가리킵니다. 그가 묵자에게 말했습니다.

"저는 선생과 의견이 다릅니다. 저는 두루 차별 없이 사랑할 수 없습니다. 예를 들어 저는 월나라 사람보다 이웃 추鄒나라 사람을 더 사랑하며, 추나라 사람보다 제 나라인 노나라 사람을 더욱 사랑하며, 노나라 사람보다 저희 마을 사람을 더욱 사랑하고, 저희 마을 사람보다는 제 집안사람을 더욱 사랑하며, 제 집안사람보다 제 부모를 더욱 사랑하고, 제 부모보다는 저 자신을 더욱 사랑합니다. 왜냐하면 가까울수록 더 살갑게 느끼니까요. 다른 사람이 나를 때리면 아프지만 다른 사람을 때리면 나는 아프지 않습니다. 제가 어찌 아픈 자신을 돕지 않고 아프지도 않은 다른 이들을 도울 수 있겠습니까? 그런 까닭에 남을 희생시켜 저 자신을 이롭게 할 수는 있어도 제가 희생하여 남을 이롭게 할 수는 없습니다."

묵자가 그에게 다시 물었죠. "자네의 그러한 뜻을 마음속에 숨겨두겠는가? 아니면 사람들에게 알리겠는가?"

이에 무마자가 "왜 숨기겠습니까? 당연히 제 뜻을 모두에게 알리겠습니다."라고 하자, 묵자는 이렇게 말했습니다.

"그렇다면 자네는 틀림없이 죽을 것이다. 왜 그런가? 자네의 뜻을 여러 사람들에게 알린다면 사람들의 태도는 찬성과 반대 둘 중에 하나일 것이다. 만약 자네의 뜻에 찬성한다면 자신을 이롭게 하기 위해 남을 희생시킬 수 있다고 했으니, 틀림없이 그 자신을 위해 자네를 죽이려고 할 것이다."

맞는 말이죠. 추론이 성립됩니다. 다른 사람의 입장에서 보면 무마자는 죽여도 되는 '남'이니까요. 내가 자신의 이익을 위해 타인에게 손해를 끼쳐도 상관없다고 한다면 다른 이도 그렇게 할 것이고, 결국 너나 나나 모두 손해를 입고 말죠. 그렇기 때문에 절대로 '손인이기損人利

ㄹ'를 주창해서는 안 되는 일입니다. 개개인은 물론이고 사회 구성원 모두에게 손해를 끼치는 일이니까요.

그러나 그것 때문에 무마자가 틀림없이 죽을 것이라고 단정할 수는 없겠죠. 그의 주장에 반대하는 이들도 있지 않겠습니까?

────── 물론입니다. 그렇다면 반대하는 사람은 또 어떻게 할까요? 묵자의 이야기를 들어보죠.

"반대로 자네의 뜻에 동조하지 않는 자들 역시 자네를 죽이려고 할 것이네. 왜냐하면 그들은 자네가 이익을 위해서라면 남을 죽일 수도 있다는 말로 혹세무민한다고 여기기 때문이지. 그래서 한 사람이 자네의 뜻에 동조하지 않는다면 그 한 사람이 자네를 죽이려 들 것이고, 열 사람이 자네의 뜻에 동조하지 않는다면 그 열 사람이 자네를 죽이려 들 것일세. 이렇듯 찬성하는 이도 자네를 죽이고 반대하는 이도 자네를 죽이려고 하니, 생각해보게나, 어찌 그대가 죽지 않고 배겨낼 수 있겠는가?"

그러니 묵자의 말대로 무마자는 결국 죽게 되는 것일까요?

자신의 이익을 위해 남에게 손해를 끼치는 것이 옳은 일은 아니지만 그렇다고 그것 때문에 그가 죽어야 한다는 것은 말이 안 되죠. 게다가 무마자가 죽을 수밖에 없는 이유라는 것이 단지 자신의 주장을 다른 이들에게 말했기 때문이라는 것도 설득력이 부족합니다. 만약 말하지 않는다면 어떻게 됩니까? 사람을 무는 개는 짖지 않는 법입니다. 반대로 짖어대는 개는 웬만해서 사람을 물지 않죠. 정말로 남에게 피해를 끼치면서까지 자신의 이익을 추구하는 자는 거의 아무도 모르게 일을 처리하기 마련입니다. 무마자는 기껏해야 '짖기만 하는 개' 정도가 아닐까요? 그저 말만 했을 뿐 그가 실행에 옮긴 것도 아니잖 습니까? 만약 그가 누군가에 의해 죽게 된다면 그것이야말로 억울한 죽음이 아닐까요?

이것이 바로 묵자의 문제입니다. 그는 언제나 마치 단언하듯이 딱 잘라 말하기를 좋아했죠. 그러다보니 자꾸만 허점이 생기는 것입니다.

묵자에게 또 다른 허점이 있나요?

────── 묵자는 차별이 없고 의논할 것도 없는 겸애가 옳다는 것을 증명하기 위해 차별과 의논이 필요한 인애가 틀린 것임을 증명할 필요가 있었습니다. 그래서 '겸兼'과 '별別'이라는 두 가지 개념을 설정했죠. 겸은 사람과 사람 사이에 차별이 없는 것이고, 별은 차별이 있는 것을 말합니다. 이를 통해 묵자는 다음과 같은 결론을 도출했습니다. "겸하면 사랑하게 되지만 별하면 미워하고 원망하게 된다. 불겸不兼은 불애不愛이다. 따라서 애愛는 논의가 필요 없는 것이다."

이런 결론은 어떻게 추론한 것이죠?

────── 묵자의 말은 대략 다음과 같습니다. "지금 천하가 이처럼 혼란하고 나쁜 일이 많아지는 것은 무슨 이유 때문인가? 사람들이 남을 사랑하고 돕기 때문인가 아니면 남을 미워하고 해치기 때문인가? 사람들은 그것이 남을 미워하고 해치기 때문이라고 말할 것이다. 그렇다면 다시 묻자. 남을 미워하고 해치는 사람은 남을 자기 자신처럼 여기면서 차별하지 않는 것兼인가 아니면 차별하는 것別인가? 틀림없

이 차별이 있기 때문이다. 여기에서 볼 수 있다시피 사람과 사람 사이에 차별이 있으면 미워하고 원망하게 된다. 남을 미워하면 남을 해치게 되며, 남을 해치게 되면 천하가 크게 어지러워진다. 그렇기 때문에 별, 즉 차별이 있는 것은 잘못된 것이다. 반대로 천하가 태평하면 아무도 남을 속이거나 해치지 않으며 억압하지 않는다. 무슨 이유 때문인가? 남을 원망하여 해치기 때문인가 아니면 남을 사랑하고 돕기 때문인가? 사람들은 틀림없이 사랑하고 돕기 때문이라고 말할 것이다. 그렇다면 다시 묻자. 남을 사랑하고 돕는 사람은 남을 자신처럼 생각하여 차별하지 않는 것인가兼 아니면 차별하는 것인가別? 분명 차별이 없기 때문이다. 여기에서 볼 수 있다시피 사람과 사람 사이에 차별이 없으면 사랑하게 된다."

결론적으로 말해서 차별이 있는 인애는 틀린 것이고, 차별이 없는 겸애가 옳다는 것이죠. 그러나 꼭 그렇게 단정할 수는 없지 않죠? 누군가를 해치는 것이 반드시 원망이나 원한이 있기 때문은 아니잖습니까? 예를 들어 도둑질을 하는 이유가 주인을 원망하기 때문만은 아닌 것과 같죠. 마찬가지로 나라 사이에 전쟁이 일어나고 집안끼리 서로 약탈하며, 사람들이 서로 싸운다고 해서 그것이 모두 원한 때문이라고 할 수는 없습니다.

오히려 자산 재편성으로 인한 이利가 그렇게 만드는 것 아닐까요?

——— 맞습니다. 남에게 피해를 끼치는 것이 반드시 자신을 이롭게 하기 위함만은 아니죠. 또한 그것이 차별을 인정하는 것과 필연적인 관련이 있는 것도 아닙니다.

게다가 무차별을 주장한다고 반드시 서로 사랑하는 것도 아니고, 차별을 주장한다고 해서 서로 원망만 하는 것도 아니죠. 원망이나 사랑도 없고, 묻거나 듣지도 않으면서 늙어 죽을 때까지 서로 왕래하지 않는 경우도 있잖습니까? 이건 도가의 주장인데, 뒷부분에서 다시 이야기 하도록 하겠습니다.

여하튼간에 겸하면 사랑하지만 별하면 원한이 생긴다고 하면서 치란治亂의 이유를 모두 겸과 별에 두는 것은 말이 되지 않습니다. 묵자의 논리에는 확실히 문제가 있는 것이죠. 그렇지만, 그와 무마자의 변론은 오히려 유가의 티눈을 밟아 아프게 한 셈이죠.

차별 있는 사랑과 차별 없는 사랑

묵자가 어떻게 유가의 티눈을 밟아 아프게 했다는 말인가요?

—— 급소는 무마자의 말에 있습니다. "나 자신을 사랑하고 아끼는 것이 부모를 사랑하는 것보다 더하다." 바로 이 말입니다.

무마자는 유가 아닙니까? 그런데 어찌 '효'에 위배되는 말을 할 수 있습니까?

—— 그래서 현대 철학자 펑유란馮友蘭 선생은 아마도 묵가가 유가

를 과장해서 표현한 것일지도 모른다고 추측했죠. 문제는 무마자 본인이 그런 말을 했든 안 했든 간에 "쌍친보다 내 몸을 더 사랑한다愛我身於吾親."는 말이 유가 학설에서 논리적으로 추론될 수 있다는 것이죠. 유가 이론에 따르면, 사랑은 친하기 때문이고, 친한 것은 가깝기 때문입니다. 가까울수록 친하고, 친할수록 사랑하게 되죠.

이렇게 말한다면, 가장 사랑해야 할 대상이 누구겠습니까? 바로 자기 자신 아니겠습니까? 그러니 어떻게 자신보다 부모를 더 사랑하고, 다른 이들을 더 많이 친애할 수 있겠습니까? 또한 어떻게 부친에 대한 사랑이 모친에 대한 사랑보다 더 깊을 수 있겠습니까? 군주의 경우는 더욱 심각하죠. 군주는 우리들과 친하지도 않고, 그렇다고 가까운 사이도 아닙니다. 그런데 어떻게 최고의 사랑을 베풀겠습니까? 아무래도 이치에 맞지 않죠.

유가는 아무런 답변도 하지 않았습니다. 다만 맹자는 "그렇게 하지 않으면 사람이 아니다."라고 말했을 뿐이죠. 맹자가 "사람이 아니다."라고 말한 사상가는 두 사람입니다. 한 명이 겸애를 주장한 묵자이고, 다른 한 명은 천하를 위해 털 한 올도 뽑을 수 없다고 말한 양주입니다.

맹자가 왜 그들을 욕했을까요? 양주가 자신만을 위하는 것은 '무군無君', 묵자가 겸애를 주장한 것은 '무부無父'와 같다는 것이죠. "아비도 없고 군주도 없음은 금수와 다를 바 없으니無父無君, 是禽獸也"마땅히 비난해야 한다는 뜻입니다.

그는 이렇게 말하면서 왜 인애가 옳고 겸애는 옳지 않은지 자세하게 말했습니다.

맹자는 어떤 방식으로 이야기했습니까?

──── 변론이죠. 묵자는 유가 추종자, 맹자는 묵가 신봉자와 변론을 펼쳤습니다. 맹자와 변론한 묵가 신봉자는 이지夷之라는 사람인데, 사실은 서로 만나 이야기를 나눈 것이 아니라 그저 이름만 빌린 것입니다. 이지는 이렇게 말했죠. "고대 성인들은 어린아이를 보살피듯 백성을 애호했다고 들었습니다. 이것이야말로 사랑에 차등이 없다는 뜻 아니겠습니까?"(『맹자·등문공 상滕文公 上』)

어린아이는 모두 똑같다는 것이죠. 그래서 백성을 자식처럼 사랑한다는 것은 백성들을 자신의 자식처럼 여기는 것입니다. 따라서 이것이야말로 사랑에는 차별이 없다는 뜻이자 겸애가 아니겠습니까? 이지가 한 말은 바로 이런 뜻입니다.

맹자는 이에 대해서 묵가가 그럴싸한 예를 하나 찾아낸 것에 불과하다고 대답했습니다. 묵가가 "어린아이가 땅에서 기어 다니다가 우물가로 가서 당장이라도 빠질 것 같으면 누구라도 달려가서 구하게 될 것이다."라고 예를 들어 사랑에 차별이 없는 것이니 모든 이들이 겸애의 마음을 지니고 있음을 주장했는데 사실은 그렇지 않다는 것이죠. 그런 마음은 누구나 지니고 있는 '천성'이라는 것입니다. 다시 말해 사람이라면 누구나 '측은지심惻隱之心'을 가지고 있다는 뜻이죠. 누구든지 아이가 우물에 빠져 죽기 전에 구하는 것이 당연하니, 위험에 처한 아이가 누구 집 아이인지는 중요하지 않다는 이야기입니다.

차별은 생각하지 않는다면서 왜 차별을 둔 사랑을 주장했나요?

──── 유가가 볼 때 차별이 없으면 예의나 염치도 없기 때문입니

다. 예를 들어 남자와 여자 사이에 차별을 두어야 하는가에 대해 맹자는 당연히 그래야 한다고 생각했습니다. 남녀의 차별이 없다면 금수와 같다는 것이죠. 왜냐하면 남녀 간에 차별이 있어야만 "남자와 여자는 친히 손으로 물건을 주고받지 않는다授受不親."는 예의가 가능하기 때문입니다.

그렇다면 만약 형수가 물에 빠졌다면 손을 뻗어 구해야 할까요? 아니면 그냥 놔둬야 할까요?

당연히 손을 잡아야죠.

────── 맹자도 그렇다고 생각했습니다. "만약 형수가 물에 빠졌는데 그 즉시 손을 뻗어 구하지 않는다면 이는 승냥이나 이리와 같다嫂溺不援, 是豺狼也."

그렇지만 설사 형수의 목숨을 구해주었다고 하더라도 그것이 형수를 부인처럼 사랑한다는 말과 같습니까? 형수에게 손을 내밀어 잡았다고 이후부터 매일 손을 잡으며 격의 없이 지내도 좋다는 말인가요? 불가능하죠. 그래서 물에 빠진 형수에게 손을 내밀어 잡는 것은 겸애가 아니라 측은지심이라는 것입니다.

바로 그런 이유로 맹자가 "자기 집 노인을 공경하여 그 마음을 남의 집 노인을 공경하는 데까지 미치게 하고, 자기 집 아이를 사랑하여 그 마음을 남의 집 아이를 사랑하는 데까지 미치게 한다老吾老以及人之老, 幼吾幼以及人之幼."라고 했지만, 그것이 자신의 부인을 사랑하는 것처럼 남의 부인을 사랑하라는 뜻은 절대 아니라는 것이죠.

그러나 다른 집 부인이 물에 빠졌다면 당장이라도 손을 내밀어야 하잖습니까?

────── 맞습니다. 이것이 바로 유가에서 말하는 '경經'이자 '권權'입니다. 경은 원칙이고, 권은 변통입니다. 예를 들어 유가의 예의 원칙에 따르면, "남자와 여자는 친히 손으로 물건을 주고받지 않습니다". 그러나 특수한 상황이라면 이야기가 다릅니다. 누구든지 손을 잡을 수 있죠. 다시 말해 "원칙성을 고수하되 융통성을 둔다."는 말이죠. 이것이 바로 유가의 주장입니다. 통상적인 경우에도 사랑에 논의가 필요하다는 뜻입니다.

물론 사람들이 모두 우물에 빠진다면 논의고 뭐고 불가능하겠죠. 그래서 유가는 일반적인 상황에서는 차별적인 인애를 강구해야 한다고 한 것입니다. 게다가 맹자가 볼 때 사랑에 논의가 필요하다는 것은 예의와 염치일뿐더러 인지상정이라는 것이죠. 그래서 맹자는 이렇게 반문했습니다. "묵가의 신봉자라는 이지가 정말로 이웃집 아이를 자신의 형의 아이처럼 사랑할 수 있을까?" 당연히 할 수 없을 것입니다. 바꾸어 말하면 겸애는 가능하지 않다는 뜻입니다. 묵자는 가능하다고 여겼지만 맹자는 절대 불가능하다고 보았죠. 그래서 결국 논쟁이 끝을 맺지 못한 채 오히려 새로운 논쟁을 유발하게 된 것입니다.

07

효율과
공리의 관계

"사상가를 단순하게
좌와 우로 분류하지 마라.
좌우는 서로 전화(轉化)된 것이다."

다른 이를 사랑하고 다른 이를 돕는 사람도 다른 이의 사랑과 도움을
받을 수 있다. 이는 사회가 건강하다는 것을 보여준다. 불의 앞에서
용감하게 나서고, 자신을 버리고 남을 돕는 영웅들이 피를 흘리고, 눈
물까지 흘려야 한다면 이는 잘못된 것이다.

윤리학의 핵심적인 문제는 도덕적으로 '어떻게 실천 가능할 수가 있
는가'이다. 도덕의 전제는 모든 사람의 이익을 인정하는 것이다. 도덕
의 목적은 모든 사람의 합법적인 권익이 침해당하거나 손해를 입지
않도록 보장하는 것이다. 그러니 이익이 자리한 곳에서 바로 도덕의

본원이 발생하는 것이 아니고 무엇이겠는가?

경제학에 비교하자면 공평과 이익이 서로 모순되는 것이나 마찬가지이다. 어떤 경제학자는 공평이 우선이라고 주장하고, 또 어떤 이는 효과나 이익이 우선이라고 주장한다. 그러나 좌파나 우파 모두 결코 절대적인 것이 아니다. 좌파는 언제든지 우파로 바뀔 가능성이 있으며, 우파 역시 좌파로 변화할 가능성이 상존한다.

도덕, 모든 이의 이익을 인정하는 것

겸애를 실천할 수 있는 것인지, 이것이 가장 큰 문제이겠군요.

───── 맞습니다. 사실 윤리학의 핵심적인 문제가 바로 도덕의 실천 가능성 문제입니다. 어떻게 가능할 것인가? 어떤 도덕이 가능할 것인가? 바로 이런 문제입니다. 어떤 도덕이든 실천 가능성이 없다면 아무런 의의가 없습니다. 더군다나 묵자가 겸애를 들고 나온 것은 '구시'가 목적인데, 실천할 수 없다면 어찌 빈말이 아니겠습니까?

그러나 맹자가 볼 때 겸애는 근본적으로 불가능한 것입니다.

모든 사람, 모든 인간을 똑같이 사랑한다는 것이 어떻게 가능하겠습니까? 어떤 사람이든 자신의 아이를 형제의 아이보다 더 사랑하고, 형제의 아이들을 이웃의 아이들보다 더 사랑할 것입니다. 이는 누구나 경험으로 아는 일이니, 굳이 이를 증명하기 위해 토론할 필요가 없습니다. 하지만 자기 집 노인을 공경하는 마음으로 남의 집 노인을 공경하며, 자기 아이들을 사랑하는 마음으로 남의 집 아이들을 사랑할 수 있도록 노력하는 것은 가능하며, 이는 상당히 좋은 일입니다. 그렇기 때문에 '친친지애親親之愛'를 출발점으로 하는 '인애'는 믿을 수 있습니다.

도덕은 반드시 믿을 수 있어야만 하나요?

──── 물론입니다. 도덕이란 무엇입니까? 사람과 사람 사이에 존재하는 행위 규범입니다. 만약 믿을 수 없다면 어떻게 규범이 될 수 있겠습니까? 그것은 반드시 인성의 토대 위에 세워져야 하며, 사람의 일반적인 정서에 바탕을 두어야 합니다. 일반적인 이치, 일반적인 정서, 일반적인 지식을 따지지 않는다면 토대가 사라져 실행에 옮길 수가 없습니다. 그럴 경우 만약 강제로 추진한다면 위선이 되고 말죠. 그래서 맹자의 말이 이치에 맞는다고 한 것입니다.

그렇다면 묵자는 이치에 맞지 않는다는 말입니까?

──── 묵자 역시 이치에 맞습니다. 맹자가 이치에 맞다고 하는 것은 도덕적 가능성을 이야기하기 때문이며, 묵자도 나름 이치에 맞다고 하는 것은 그가 도덕적 초월성을 말하고 있기 때문입니다. 예를 들어 배가 고파 음식을 먹는 것은 누구나 할 수 있는 일입니다. 그러나 아무리 배가 고프고 가난할지라도 누군가 던져준 모욕적인 음식은 먹지 않고, 의롭지 못한 재물은 받지 않습니다. 이것이 바로 도덕입니

다. 마찬가지로 묵자가 볼 때 자신이 친근하게 여기고 가까운 친인척
은 누구나 사랑할 수 있습니다. 그렇기 때문에 그것은 도덕이 아니라
'본능'에 가깝죠.

이처럼 사람들 사이의 경계를 허물어 사람이라면 누구나 할 수 있는
친친지애를 초월하여 천하의 모든 이들이 평등하게 사랑할 수 있는
'넓고 깊은 사랑博大之愛', 즉 겸애를 실현할 수 있어야만 비로소 진정
한 도덕적 경지에 도달했다고 말할 수 있겠죠. 바로 이것이 묵자의 주
장 역시 나름의 이치가 있는 까닭입니다.

**묵자는 초월성을 따졌기 때문에 나름의 이치가 있고, 맹자는 가능성을
따졌기 때문에 정확하면 우리는 도대체 누구의 말을 들어야 하나요?**

──── 다 들어야겠죠. 이상적으로는 겸애를 추구하고, 현실적으로
인애를 실행에 옮기면서 겸애로 인애를 인도하고, 인애로 겸애를 실
천하는 것이 가장 좋습니다. 아마도 이것이 하나의 방법인 것 같습니
다. 그러나 겸애가 실천하기 힘들다는 점 역시 인정하지 않을 수 없습
니다.

그렇다면 묵자는 어떻게 겸애를 실천하려고 했나요?

──── 우선 사람들과 겸애에 따른 이해타산을 따져보았습니다. 묵
자는 이렇게 말했습니다.

"지금 누군가 겸애를 반대한다면 이는 겸애의 좋은 점이 무엇인지 분
명하게 알지 못하고, 손해를 보는 것으로 생각하기 때문이다. 그러나
실제는 그렇지 않다. 겸애는 손해를 보는 것이 아닐뿐더러 오히려 가

외의 이익을 얻는 기회이다."

왜 그럴까요? 만약 당신이 다른 사람을 사랑한다면 다른 사람도 당신을 사랑할 것이고愛人者, 人必從而愛之, 당신이 다른 사람을 돕는다면 다른 사람도 당신을 돕게 될 것이다利人者, 人必從而利之. 이렇게 쌍방이 모두 좋은 일인데 어찌 손해라고 할 수 있겠느냐는 것이죠.

반대로 당신이 만약 다른 사람을 미워한다면 다른 사람도 당신을 미워할 것이며惡人者, 人必從而惡之, 당신이 다른 사람을 해친다면 다른 사람 또한 당신을 해치려고 할 것이다害人者, 人必從而害之. 이것이야말로 큰 손해가 아닙니까. 그러니 어찌 자신과 남을 해치는 일을 하겠느냐는 것입니다. 겸상애는 옳고, 별상오別相惡는 옳지 않은 이유는 바로 전자는 자신에게 이롭지만 후자는 오히려 자신에게 해를 끼치기 때문이라는 뜻입니다.

실제로 이는 대단히 중요하고 또한 고귀한 사상입니다. 중국 사상사에서 최초로 '쌍영雙贏', 즉 양쪽이 모두 이기는 이른바 상생相生 관념을 선보였기 때문입니다. 사실 지금은 상생전략이나 상생게임이라는 말처럼 양쪽 모두 승리할 수 있다는 관념이 상당히 보편화되어 있습니다. 사람과 사람, 나라와 나라, 기업과 기업의 관계에서 너나할 것 없이 상생을 이야기하고 있죠.

그러나 이전에는 그다지 흔한 말이 아니었습니다. 전통사회에서 중국인들은 한쪽이 이기면 한쪽은 지고, 한쪽이 패배하면 한쪽은 승리한다고 생각했죠. 네가 이기면 내가 지는데 어찌 양쪽이 다 이길 수 있겠습니까? 그래서 "너 죽고 나 살자." "이판사판이다." "성공하면 왕이 되고 실패하면 역적이 된다."는 식의 말에 익숙했습니다. 그야말로 동풍이 서풍을 압도하든지 그게 아니면 서풍이 동풍을 압도하는 것처럼 어느 한쪽이 모든 것을 가져가는 식이죠.

이는 법가, 특히 한비韓非의 영향이라고 봐야 합니다. 법가의 철학은 투쟁의 철학입니다. 한비의 방법론은 '모순 대립하는 쌍방의 투쟁'이라고 할 수 있습니다.

묵자의 사상이 고귀하다고 말씀하셨는데, 그 이유는 무엇입니까?

——— 처음으로 도덕과 공리功利(실익)를 통일시켰기 때문입니다. 과거에 사람들은 도덕과 공리는 첨예하게 대립되는 것이라고 여겼죠. 마치 맑은 경수涇水와 탁한 위수渭水가 서로 섞여 흘러도 맑음과 탁함이 분명하게 구분되는 것처럼 말이죠. 예를 들어볼까요? 의로운 행동은 실익을 따지지 않는 법이니, 자신의 이익 때문에 의로움을 잃는다면 이는 도덕을 말할 자격이 없겠죠. 따라서 공리를 따지게 되면 도덕은 한쪽으로 물러나게 되고, 도덕을 따지면 공리를 생각하기가 어렵습니다.

모든 것이 다 그런 것은 아닙니다. 도덕은 확실히 공리를 초월하는 특성을 지니고 있으며, 또한 반드시 그래야만 한다는 사실은 부인할 수 없습니다. 그렇기 때문에 자신을 버리고 남을 구하는 일은 숭고하고, 자신의 이익을 위해 남에게 손해를 끼치는 일은 비열한 짓이 아니겠습니까? 그러나 이런 질문이 가능하죠. 자신의 이익을 위해 남에게 손해를 끼쳤다고 했을 때 손해란 무엇을 말합니까? 남의 이익이죠. 그렇다면 자신을 버리고 남을 구한다고 했을 때 버린 것은 무엇입니까? 이 역시 이익, 자신의 이익이죠.

그러니 만약 다른 사람에게 이익이 없다면 손해고 뭐고 말할 것이 없으며, 다른 사람의 이익이 보호받지 못한다면 '손해를 끼칠 수 없다'란 말도 가능하지 않습니다. 같은 이치로 만약 자신에게 이익이 없거나 자신의 이익이라는 것이 원래 있어도 그만, 없어도 그만인 것이라면 그냥 버려도 대수로운 일이 아닙니다. 그렇다면 도덕의 전제는 모든 이들의 '이익'을 인정하는 것이고, 도덕의 목적은 결국 모든 이들의 합법적인 권익을 침범하거나 손해를 입히지 않는 것으로 귀결됩니다. 그러니 이익이 존재하는 곳이 바로 도덕의 본원이 아니고 무엇이겠습니까?

그렇게 말씀하시니 나름대로 일리가 있는 것 같네요.

—— 일리가 있는 것 정도가 아니라 대단히 이치에 맞는 말이죠. 사실 "이로 의를 말하는 것以利說義"이야말로 묵가가 유가보다 훨씬 뛰어난 점입니다. 제가 생각하기에, 이러한 도리를 보다 분명하고 철저하게 말해야만 도덕을 세우는 일을 진정으로 성공시킬 수 있습니다. 이것이 묵자의 첫 번째 방법인 '이해적 계산'으로 겸애의 장점을 보다 분명하게 설명하는 방법이죠.

그렇지만 그것에 대해 그다지 관심이 없으면 어떻게 하죠?

—— 그래서 묵자는 두 번째 방법을 제시하고 있습니다.

겸애를 실천하게 하는 묵자의 방법

묵자의 두 번째 방법은 무엇입니까?

—— 귀신으로 겁을 주는 것이죠. 묵자는 사람들에게 이렇게 말했습니다. "우리가 사는 세상에는 귀신도 살고 있다. 귀신은 없는 곳이 없으며, 미치지 않는 곳이 없고, 할 수 없는 것도 없다. 그들은 사람들의 일거수일투족을 모조리 감시하며, 특히 통치자가 행하는 일들을 모두 감시한다. 만약 통치자가 겸애를 실천하여 좋은 일을 하면 귀신이 상을 내리고, 그렇지 않고 나쁜 짓을 하면 징벌을 내려 그를 곤궁에 빠뜨린다." 그래서 겸애를 실천하지 않으면 안 된다는 뜻입니다.

사실 이 술수는 별로 유효하지 못했습니다. 논리적으로 통하지 않고 방법도 그다지 신통하지 않았기 때문이죠. 묵자는 지금 세상이 크게 혼란한 것은 사람들이 귀신을 믿지 않고, 귀신이 "현자에게 상을 주고 포악한 자에게 벌을 내리기 위함이다賞賢而罰暴."라고 했습니다.

그렇다면 믿는 사람도 있는데 왜 이 세상은 여전히 혼란한 것일까요? 파고 들어가면 분명 허점이 보이는 말입니다. 예를 들어보죠. 경찰은 범죄자를 잡습니다. 만약 범죄자가 세상에 경찰이 있다는 것을 믿지 않는다고 해서 경찰이 더 이상 범죄자를 잡지 않나요? 같은 이치로 세상에 정말 귀신이 있다면 사람들이 믿든 안 믿든 무슨 상관입니까? 만약 묵자가 말하는 귀신들이 사람들이 그들의 존재를 믿어야만 활동한다면, 사람들이 믿지 않을 경우 어떻게 활동을 할 수 있습니까?

'군자는 막을 수 있지만 영악한 소인은 온갖 수단을 다 써도 막을 수 없다'는 중국 속담과 다를 바 없네요.

—— 군자라고 해서 반드시 막을 수 있는 것도 아닙니다. 한 번은 묵자가 병이 났는데, 한 학생(질비跌鼻)이 병문안을 와서 이렇게 말했습니다. "선생님께서는 성인 아니십니까? 선생님의 언행에 무슨 잘못이 있기에 귀신이 엄습하여 징벌을 내리는 것인가요 아니면 귀신이 눈이 멀어서 그런 것인가요?"

묵자는 당연히 자신이 부도덕했기 때문이라고 말할 수도 없고, 그렇다고 귀신이 눈이 삐어서 그렇다고 말할 수도 없었죠. 그래서 조금 구차하긴 하지만 이렇게 답변했습니다. "내가 병이 난 것은 무엇 때문이라고 증명할 수 없다. 사람이 병이 드는 원인은 여러 가지이다. 천기가 불순하거나 일을 너무 많이 해도 병이 난다. 이는 방에 문이 많은 것과 같다. 네가 여러 문 가운데 하나만이라도 잘 닫으면, 도적이 들어올 수 없을 것이다."

묵자의 말은 그럴듯하게 꿰맞춘 것 같지만 오히려 스스로 함정에 빠지고 말았죠. 사람의 행복이나 불행도 수백 가지 원인이 있을 수 있으니, 귀신의 상벌 또한 그 가운데 하나에 불과한 것이 되고 말죠. 그렇다면 굳이 두려워할 이유가 있겠습니까? 겸애하든 겸애하지 않던 귀신이 상관하지 않으니 그냥 사람이 관리하면 되지 않겠습니까?

어떤 사람이 관리한다는 말씀이죠?

—— 천자, 국군, 향장鄕長, 이장里長 등 각급 지도자나 영도자가 하면 된다는 말입니다.

묵자는 그들이 관리할 수 있다고 생각했습니다. 왜냐하면 묵자가 설계한 국가나 사회에서는 하급자가 무조건 상급자에게 복종해야 하니까요. 묵자는 이를 전문 용어로 '상동尙同'이라고 말했습니다.

'상尙'은 상上의 의미이니, '상동'은 상동上同 또는 동상同上으로 윗사람과 같아야 한다는 말입니다. 모든 사상이나 관념, 의견 등을 윗사람, 최종적으로 상천上天과 통일시켜야 한다는 뜻이죠. 이런 통일은 절대적인 것으로 가치를 따질 수 있는 것이 아닙니다. "위에서 옳다고 하면 반드시 옳은 것이고, 위에서 그르다고 하면 반드시 그른 것이다上之所是, 必亦是之. 上之所非, 必亦非之."

다시 말해 위에서 옳다고 하면 아래에서도 반드시 옳다고 해야 하고, 위에서 틀리다고 하면 반드시 틀리다고 말해야 한다는 것입니다. "모든 이들의 의견은 반드시 윗사람의 의견과 같아야 하며尙同義其上, 아래에서 어지럽게 이야기하면 안 된다毋有下比之心. 그리하여 위에서 상을 주게 되면 백성들도 모두 칭찬을 하게 된다. 그러나 아랫사람과 결탁하여 윗사람을 비방하게 되면 윗사람은 이를 즉시 징벌하고 백성들도 그를 비난하게 된다上得則賞之, 萬民聞則譽之. 下比而非其上, 上得則誅罰之, 萬民聞則非毀之." 이것이 바로 묵자가 말하는 '상동'입니다.

그래서 어쨌다는 것이죠?

────── 이렇게 하면 겸애를 실행할 수 있다는 말입니다. 묵자의 상동은 매 급級마다 실행하는 것이기 때문입니다. 저는 이를 "축급상동逐級尙同"이라고 부르죠. 구체적으로 말해서 이장里長이 한 마을 사람들의 의견을 통일하고一同其里之義, 그런 다음에 이장이 마을 사람을 이끌

어 향장鄕長의 의견으로 통일하며, 다시 국군의 의견과 상동하게 만듭니다尚同乎国君. 국군은 국민의 의견을 통일한 연후에 국민들을 이끌어 "천자와 의견이 동일하게 만듭니다尚同乎天子". 이는 다시 말해 촌민은 이장의 말을 듣고, 이장은 향장, 향장은 국군의 말을 들으며, 국군은 천자의 말을 듣는다는 것입니다. 이렇게 하면 어떻게 되겠습니까? 이러한 계통을 통해 겸애를 실천한다면 어떻게 될까요?

천자가 겸애하면 국군도 겸애할 것이고, 국군이 겸애하면 향장도 겸애할 것이며, 향장이 그리하면 이장도 그리할 것이고, 이장이 겸애하면 촌민들도 겸애하게 되겠죠. 결국 천하 모든 이들이 겸애할 수 있다는 말이 됩니다. 이것이 바로 묵자가 말한 세 번째 방법, 즉 군주의 전제정치입니다.

만일에 하나 천자가 겸애하지 않으면 국군도 따라서 겸애하지 않을 것이고, 국군이 겸애하지 않으면 향장도 그리할 것이며, 향장이 겸애하지 않으면 이장도 그리할 것이니 촌민도 당연히 겸애하지 않을 것 아니겠습니까?

——— 묵자는 그건 불가능하다고 말했습니다. 천자는 틀림없이 겸애할 것이기 때문이죠. 천자가 왜 반드시 겸애할 수 있게 됩니까? 겸애하지 않으면 천자가 아니니까요. 이는 마치 현자에게 상을 주고 포악한 자에게 벌을 내리지賞賢而罰暴 않으면 귀신이 아닌 것과 같죠. 당시 천자나 국군, 대부, 향장, 이장 등이 모두 겸애를 주장했다고 말할 수 있을까요?

물론 그럴 수는 없죠. 그래서 묵자의 세 가지 방법 가운데 두 가지는 상식에 어긋나고 다른 한 가지는 문제가 있다고 말한 것입니다.

좌우는 서로 뒤바뀔 수 있다

귀신으로 겁주기나 군주의 전제정치가 그다지 유효하지 않다는 것은 무슨 뜻인지 알겠습니다. 그러나 이해타산에는 어떤 문제가 있다는 것이죠?

―――― 한번 생각해보십시오. 묵자가 뭐라고 말했습니까? "당신이 다른 사람을 사랑하면 다른 사람도 당신을 사랑하고, 당신이 다른 사람을 도와주면 그 사람도 당신을 돕게 된다." 다시 말해서 당신이 다른 이를 사랑해야 다른 이도 당신을 사랑하고, 당신이 다른 이를 도와야 다른 이들도 도와준다는 말 아닙니까? 여기에 문제가 있습니다.

이렇게 된다면 펑유란 선생이 말한 것처럼 겸애는 "일종의 투자이자 자기를 위한 사회 보험 정도"가 될 것입니다(『중국철학간사』). 겸애를 실행하는 사람은 이를 통해 이익을 얻을뿐더러 작은 노력으로 큰 효과를 얻을 수 있을 수 있겠죠.

우리가 볼 때는 물론 불합리하게 보이지 않을 수도 있습니다. 오히려 다른 이를 사랑하고 도움으로써 다른 이들의 사랑과 도움을 받게 되니 이는 사회가 건강하다는 것을 증명하는 것이죠. 그러나 만약 의로움으로 용감하게 나서거나 자신을 버리고 남을 위해 헌신하는 영웅들이 피를 흘리고 눈물을 흘려야 한다면 그거야말로 잘못된 것이죠. 하지만 묵자는 문제가 있습니다.

왜 묵자의 주장에 문제가 있다고 하시죠?

—— 묵자는 초월성을 주장했기 때문입니다. 앞서 말씀드리지 않았습니까? 맹자가 나름대로 일리가 있는 것은 그가 도덕의 가능성을 보았고, 묵자가 이치에 부합하는 것은 그가 도덕의 초월성을 파악했기 때문이라고요. 묵자가 볼 때 사람이라면 누구나 할 수 있는 '친친지애'를 초월해야만 진정한 도덕적 경계에 이를 수 있습니다. 그러나 겸애의 장점에 대해 이야기할 때 묵자는 과연 초월했을까요, 초월하지 못했을까요? 도덕의 초월성에서 가장 중요한 것은 바로 초超공리, 즉 공리를 초월하는 것임을 알아야 합니다.

게다가 더 재미있는 사실은 맹자가 오히려 초공리를 대서특필했다는 점이죠. 맹자의 명언이 있잖습니까. "하필이면 이利를 말하십니까? 역시 인의일 따름입니다何必曰利, 亦有仁義而已矣."(『맹자·양혜왕』) 이것이야말로 인의나 도덕은 공리를 초월한다는 뜻 아니겠습니까? 가능과 초월에서 맹자는 가능성을 선택하고 묵자는 초월성을 선택했는데, 초월과 공리 중에서는 오히려 묵자가 공리성을 선택하고 맹자는 초월성을 선택한 셈입니다.

경제학에 비교하자면 공평과 이익이 서로 모순되는 것이나 마찬가지이죠. 어떤 경제학자는 공평이 우선이라고 주장하고, 또 어떤 이는 효과나 이익이 우선이라고 주장하죠. 이렇게 해서 이른바 '좌파'와 '우파'가 형성된 것 아닙니까? 그러나 좌파나 우파 모두 결코 절대적인 것이 아닙니다. 좌파는 언제든지 우파로 바뀔 가능성이 있으며, 우파 역시 좌파로 변화할 가능성이 상존합니다. 공평이 우선되어야 한다고 주장하다가도 어떤 문제는 효과와 이익을 강조할 수도 있으며, 효과나 이익이 우선되어야 한다고 주장하다가도 어떤 문제에 대해서는 공평을 강조할 수도 있습니다. 그래서 사상가를 간단하게 좌파나 우파로 구분할 수 없습니다. 좌우는 언제든지 서로 뒤바뀔 수 있습니다.

어떻게 좌우가 뒤바뀔 수 있죠?

—— 전혀 이상한 일이 아닙니다. 예를 들어 한 사람은 남쪽, 다른 한 사람은 북쪽에서 서로 마주 보며 달려와 싸우게 되면 어떻게 되죠? 아마도 남쪽 사람은 북쪽으로 달려가고, 북쪽 사람은 남쪽으로 달려가겠죠. "동문으로 가려면 서옥西屋으로 들어가고, 좌회전을 하려면 오른쪽을 보라." 달려가다 보면 결국 자신의 반대쪽으로 가게 되는 것입니다.

예를 들어보죠. 묵자는 평등을 주장했습니다. 그가 생각하기에 사람들은 태어나면서부터 평등하기 때문에 친소나 원근, 귀천의 구분이 없다는 것이죠. 그래서 모든 사람은 당연히 평등하고 차별이 없이 사랑해야 합니다. 이것이 바로 겸애이죠. 그러나 묵자는 동시에 상동尙同을 주장했습니다. 모든 이들에게 아무런 조건 없이 자신의 상급에게 복종하라는 뜻이죠. 결국 천자 개인에게 모든 이들이 복종하게 됩니다. 묻건대, 과연 이것이 평등인가요? 아니면 불평등인가요? 과연 이것이 좌일까요, 아니면 우일까요?

그것 참, 어려운 문제네요.

—— 또 있습니다. 묵자는 의심할 바 없이 풀뿌리 민중, 그것도 노동하는 대중의 편에 서 있습니다. 노동 대중의 권익을 쟁취하기 위해 그는 열심히 천하를 돌아다니며 입이 부르트도록 외쳤으며, 솔선수범하여 육체노동을 마다하지 않았고, 저서를 통해 자신의 주장을 펼쳤습니다. 그러나 그가 내놓은 개혁 방안은 무엇입니까? 결국 군주 전제정치와 엘리트 치국 아닙니까?

묵자가 엘리트 치국을 주장했습니까?

—— 주장했죠. 묵자의 사상 체계 안에 바로 그 주장이 들어 있습니다. 그것을 전문적인 용어로 '상현尙賢'이라고 하죠. 구체적으로 말하자면, 가장 현명하고 비범한 사람이 천자가 되고, 그다음으로 현명하고 비범한 사람이 국군이 되며, 그다음으로 뛰어난 이가 향장이나 이장을 맡아야 한다는 뜻입니다. 그런 다음에 촌민, 향민, 국민, 인민이 모두 상급의 의견에 적극 찬동하여 상동이 이루어지는 것이죠. 만약 촌민의 의견이 갈라져 이장이 해결할 수 없으면 향장이 나서서 해결하고, 향민의 의견이 갈라져 향장이 해결할 수 없으면 국군의 한 마디로 모든 것이 해결되겠죠. 마찬가지로 국민의 의견이 갈라져 국군이 해결할 수 없으면 마지막으로 천자가 나서서 말하는 대로 가는 것입니다. 이렇듯 천자는 최고의 결정권자이자 중재자인 셈이죠. 자, 한번 물어볼까요? 과연 이것이 '풀뿌리 정치'인가요? 아니면 '엘리트 정치', 또는 '군주 전제정치'인가요?

그렇다면 묵자의 사상은 자기모순에 빠졌다고 할 수 있겠군요.

―――― 자기모순이라고 하셨는데, 저는 사실 논리적 필연이라고 생각합니다. 왜냐하면 묵자에겐 해결할 수 없는 문제가 남아 있었기 때문입니다. 다시 말해 평등해진 이후에 사람과의 관계를 어떻게 규범화하고 또한 사회질서를 어떻게 유지할 것인가라는 문제를 해결할 수 없었다는 것이죠. 그렇다면 이 문제를 누가 해결했을까요? 바로 법가입니다.

유가도 해결하지 못했나요?

―――― 유가가 어떻게 해결할 수 있겠습니까? 유가는 불평등을 주장했거든요. 그런데 재미있는 일은 자진하여 나서서 민권을 옹호하고 심지어 민권이 군권보다 높다고 외쳐댄 사람이 유가의 맹자라는 사실입니다. 이건 또 어찌된 일인지, 이 문제에 대해서 이야기해보죠.

08 군권에서 민권으로

"군주가 시답지 않으면
인민은 그를 폐기처분할
권한이 있다."

하늘의 뜻天意이 곧 백성의 뜻民意이다. 군주의 지도권은 하늘에서 주는 것이라고 하여 천수天授라고 하는데, 실제로 그 지도권은 백성이 주는, '민수民授'의 권한이다. 또한 그렇기 때문에 군주가 말이 안 되는 행동을 하면 백성은 그를 폐위시킬 권리가 있다.

유가, 특히 선진시대 유가는 군권뿐만 아니라 민권에 대해서도 이야기했으며, 평등에 대해 이야기하진 않았지만 대등에 대한 이야기는 했다.

"하늘이 보시는 것은 우리 백성들이 보는 것으로 말미암으며, 하늘이 듣는 것은 우리 백성들이 듣는 것으로 말미암는다天視自我民視, 天聽自我民聽."(『주서周書·태서泰誓』) 하늘은 눈이 없지만 민중의 눈으로 보고, 하늘은 귀가 없지만 민중의 귀로 듣는다. 민중이 무엇을 보면 하늘도 그것을 보며, 민중이 무엇을 들으면 하늘도 그것을 듣는다.

백성은 혁명을 일으킬 권한이 있다

맹자가 자진해서 민권을 옹호하고 심지어 민권이 군권보다 높다고 외쳤다고 말씀하셨는데, 그렇습니까?

——— 물론입니다. 많은 분이 아시겠습니다만 맹자의 명언 가운데 이런 것이 있죠. "백성이 귀하고 사직은 그다음이며, 임금은 가볍다民爲貴, 社稷次之, 君爲輕."(『맹자·진심 하』) 이는 다시 말해 민권이 으뜸이고 정권이 그다음이며, 군권은 맨 마지막이라는 뜻입니다.

군주는 최고로 높은 곳에 자리하며 부귀영화를 누릴 수 있으니 그야말로 유일무이한 존재이죠. 예를 들어 '하늘에 두 개의 태양이 있을 수 없고, 백성에게 두 명의 왕이 있을 수 없는 것天無二日, 民無二王'(『맹자·만장 상』)과 같습니다. 그러나 이처럼 군주가 존경과 숭배의 대상이 되려면 조건이 필요합니다. 조건에 부합하면 문제가 없으나 만약 조건에 맞지 않는다면 문제가 생깁니다.

예를 들어 양혜왕의 아들인 양양왕梁襄王처럼 "보아하니 임금 같지 않다望之不似人君."(『맹자·양혜왕 상』)는 평가를 받게 되면 당연히 백성의 존중을 받을 자격이 없다고 했습니다.

맹자는 그저 말뿐이 아니었습니다. 진짜로 그렇게 했습니다. 한 번은 맹자가 양혜왕梁惠王을 알현했습니다. 위나라 혜왕이죠. 그가 국도를 대량大梁으로 옮겼기 때문에 양혜왕이라고 부르기도 합니다.

양혜왕은 대단한 인물이었죠. 조부는 위문후魏文侯, 부친은 위무후魏武侯입니다. 국군의 자리를 이어받은 후 20여 년 간에 걸쳐 위나라를 전국戰國 군웅들 가운데 가장 강대한 나라로 만들었습니다. 그래서 첫 번째 왕이라고 칭했죠.

양혜왕이 그렇게 대단한 인물이라면 맹자도 그를 상당히 공손하게 대했겠네요?

—— 전혀 그렇지 않습니다. 물론 처음 만났을 때 양혜왕 역시 그다지 겸손하지 않았습니다. 맹자가 처음 알현하러 왔을 때 양혜왕이 큰 소리로 이렇게 말했죠. "어이, 노인장! 나이 많은 노인네께서 먼 길을 마다하고 오셨는데, 과인의 나라에 무슨 좋은 것을 주려 하시오?" 맹자는 전혀 어려워하는 기색 없이 꼿꼿하게 맞받아쳤죠. "왕이시여! 하필이면 이利를 말하십니까? 역시 인의일 따름입니다." 그는 이렇게 말한 후 지금 천하가 크게 어지러운 것은 제후나 대부, 사인, 서인들이 모두 자신들에게 좋은 것만 생각하고 있기 때문이니, 위아래 할 것 없이 자신의 권리와 이익만 따진다면 나라가 위태로워진다고 하면서 어찌하여 인의가 아닌 이익을 먼저 말씀하시냐고 반문했습니다. 나

중에도 맹자는 계속해서 양혜왕에게 가르침을 주었죠.

맹자의 가르침은 답변을 유도하거나 스스로 깨닫게 하는 식이었습니다. 맹자가 양혜왕에게 묻습니다. "몽둥이로 사람을 죽이는 것과 칼로 사람을 죽이는 것이 차이가 있습니까?" 양혜왕이 대답했습니다. "차이가 없죠." 그러자 맹자가 다시 물었습니다. "칼로 사람을 죽이는 것과 정치로 사람을 죽이는 것이 차이가 있습니까?" "물론 없죠." 양혜왕이 이렇게 대답하자 맹자는 그렇다면 대왕의 위나라를 한번 보자고 하면서 이렇게 말했죠.

"지금 왕의 푸줏간에는 살찐 고기가 있고, 왕의 마구간에는 살찐 말이 있는데, 백성들의 얼굴에는 주린 기색이 완연하고, 들에는 굶어 죽은 시체가 나뒹굴고 있다면 이는 윗사람이 짐승을 몰아다가 사람을 잡아먹게 하는 것과 같습니다. 짐승들이 서로 잡아먹는 것조차도 사람들은 싫어하는데, 백성의 부모가 되어 정치를 하면서 짐승을 몰아다가 사람을 잡아먹게 한다면 어떻게 백성의 부모 노릇을 할 수 있겠습니까?"라고 물었습니다. 백성의 부모 노릇을 할 자격이 없다면 어떡해야 할까요? 미안하지만 내려와야죠.

양혜왕에게 그런 말도 했습니까?

—— 아닙니다. 양혜왕에게 한 것이 아니라 제선왕齊宣王에게 한 말입니다. 한 번은 맹자가 제선왕에게 이런 말을 했습니다. "왕의 신하 중에 자신의 처자를 친구에게 부탁하고 자신은 초나라로 일을 보러 간 자가 있었습니다. 돌아와보니 친구가 자신의 처자를 추위에 떨고 굶주리게 했다면, 어떻게 하시겠습니까?" 제선왕이 답했습니다.

"그와 절교하겠습니다棄之." 그러자 맹자가 다시 물었습니다. "만약 사법부의 장관이 그의 하급 관리를 다스리지 못한다면 그것은 어떻게 하겠습니까?" 왕이 대답했죠. "그를 면직시켜 버리겠습니다已之." 그러자 맹자가 다시 물었습니다. "만약 한 나라의 정치가 제대로 되지 않는다면 이는 또 어찌하시겠습니까?"

기록에는 이렇게 적혀 있습니다. "왕은 좌우를 바라보며 다른 말을 했다王顧左右而言他."(『맹자·양혜왕 하』) 고개를 다른 쪽으로 돌리고 주변에 있는 시종들과 다른 이야기를 나누었다는 것이죠.

맹자도 어쩔 수가 없었겠네요.

────── 아닙니다. 다 방법이 있었죠. 한 번은 제선왕이 맹자에게 공경公卿에 관한 일을 물어보았습니다. "왕께서는 어떤 공경을 물으시는 것입니까?" 맹자가 이렇게 반문하자 제선왕은 "공경이 모두 같지 않습니까?"라고 다시 반문했죠. 그러나 맹자는 이렇게 말했습니다. "같지 않습니다. 왕실과 같은 성姓인 귀척의 공경이 있고, 왕족이 아닌 다른 성의 공경이 있습니다貴戚之卿. 異姓之卿." 이에 제선왕이 왕실과 같은 성姓인 귀척의 공경에 대해 묻자 맹자가 대답했습니다. "군주가 큰 잘못이 있으면 간언하고君有大過則諫, 반복하여 간했는데도 듣지 않으면, 군주를 폐위하고 다른 사람으로 바꾸어 세웁니다易位."

제선왕이 놀랐겠죠. "선왕의 얼굴빛이 갑자기 변했다王勃然變乎色."(『맹자·만장 하』)고 합니다. 그러자 맹자가 다시 입을 열었습니다. "왕께서는 너무 괴이하게 여기지 마십시오. 왕께서 신에게 물으셨기에 감히 성실하게 대답하지 않을 수 없었습니다." 그제야 선왕의 안색이 정상으로 되돌아오면서 안정을 되찾았습니다. 제선왕이 다시 입을 열어 이성異姓의 공경에 대해 물었습니다.

맹자의 말은 똑같았습니다. "군주가 잘못이 있으면 간언하고君有過則諫, 반복하여 간했는데도 듣지 않으면 자신이 떠납니다則去."

역시 격에 맞지 않는 군왕은 필요 없다는 뜻이군요.

—— 맞습니다. 하나는 군왕을 포기하여 말 그대로 고가과인孤家寡人으로 만들어버리는 것이고, 다른 하나는 군왕을 폐기하여 고혼야귀孤魂野鬼로 만들어버리는 것이죠. 실질적으로 맹자는 하나의 주장을 하고 있는 셈입니다. 군주가 불합격이면 인민에게 혁명의 권리가 있다는 뜻이죠.

맹자가 그런 말을 한 적이 있나요?

—— 네. 이 역시 제선왕에게 한 말이죠. 한 번은 제선왕이 맹자에게 "상탕商湯은 하걸夏桀의 신하였고, 주무周武는 은주殷紂의 신하였는데, 어찌 자신의 군주를 시해弑害할 수 있느냐臣弑其君可乎?"고 물은 적이 있습니다. 그러자 맹자는 이렇게 대답했습니다. "인을 훼손하는 것을 '적'이라고 이르고賊仁者謂之, 의를 훼손하는 것을 '잔'이라 이릅니다賊義者謂之. 그리고 인의를 훼손한 자는 폭군이라고 부릅니다殘賊之人謂之一夫. 저는 폭군인 은나라 주를 죽였다는 말은 들었지만 '시군弑君'이란 표현은 들은 적이 없습니다."(『맹자·양혜왕 하』)

체제 내 개혁자, 맹자

이것도 조금 기이하네요. 맹자가 설마 군주제를 반대하고 민주제를 주장한 것은 아니겠죠?

────── 아닙니다. 절대 아닙니다. 맹자가 어떻게 군주제를 반대할 수 있겠습니까? 그는 군주제를 옹호했습니다. 군주제의 기본원칙, 예를 들어 군권신수君權神授나 군주독존君主獨尊에 대해 그는 적극 찬성하고 또한 옹호했습니다.

무슨 증거라도 있습니까?

────── 있습니다. 맹자의 제자 가운데 만장萬章이란 자가 있습니다. 만장이 맹자에게 "요 임금이 순에게 천하를 주었다고 하는데 그런 일이 있습니까?"라고 물었죠. 그러자 맹자가 대답했습니다. "천자가 천하를 사람에게 줄 수는 없다." "그렇다면 순 임금이 천하를 얻었는데 누가 그에게 준 것입니까?" 만장의 질문에 맹자는 이렇게 대답했습니다. "하늘이 주었다天與之."
이것이 군권신수에 대한 증거가 아닐까요?

군주독존에 대한 증거도 있겠죠?

────── "하늘에 두 개의 태양이 있을 수 없고, 백성에게 두 명의 왕이 있을 수 없다天無二日, 民無二王." 이는 「만장 상」에 나오는 명언 가운데 하나이죠. 맹자는 이를 공자의 말씀이라고 했습니다. 맹자는 이렇듯

공자와 마찬가지로 체제 안에 있는 사람입니다. 적어도 사상적으로 '체제 내 인사'임에 틀림없다는 말이죠. 다만 맹자는 공자에 비해 훨씬 많이 떨어져 있다는 것이 다를 뿐입니다. 체제 안에 있는 개혁자인 것은 분명하나 너무 멀리 갔다는 뜻이죠.

맹자는 왜 공자보다 멀리 갔나요?

—— 공자의 개혁 주장은 '정명'입니다. 군주는 군주답고 신하는 신하다우며, 아비는 아비답고 자식은 자식다워야 한다는 것이죠. 그런데 맹자는 여기서 한 걸음 더 나아가 군주는 당연히 군주다워야 하며, 만약 그렇지 않다면 존중도 받을 수 없고 백성들이 혁명할 권리가 있다고 주장했습니다.

그렇다면 어떤 군주가 군주답지 않다는 것입니까?

—— 맹자는 군주다움의 기준으로 세 가지 요구를 하고 있습니다. 첫 번째는 "민생에 관심을 가지고 백성들과 함께 즐거움을 나눈다關注 民生, 與民同樂."는 것이죠. 맹자가 생각하기에, 군주라면 적어도 자국의 백성들이 편안하게 생업에 종사할 수 있도록 보호해야만 합니다. 만약 양혜왕의 경우처럼 "왕의 주방에 살찐 고기가 있고 마구간에 살찐 말이 있는데, 백성들은 주린 기색이 완연하고 들판에 굶어 죽은 시체가 나뒹굴고 있다면", 이는 군주로서 불합격인 셈이죠.

어떻게 해야만 백성들이 편안하게 살아갈 수 있을까요? 계량화할 수 있는 심사 표준이 있죠. 예를 들어 50세가 넘은 이가 비단옷을 입을 수 있고五十者可以衣帛, 70세가 넘은 이가 고기를 먹을 수 있으며七十者可

以食肉, 늙어서 아내가 없는 이鰥, 늙어서 남편이 없는 이寡, 어려서 부모가 없는 이孤, 그리고 늙어서 자식이 없는 이獨 등에게 관심을 가져야 한다는 것입니다. 이는 모두 반드시 이루어야 할 목표와 같은 것이기 때문에 그 가치는 말로 할 수 있는 것이 아니죠. 거의 철칙이나 다를 바 없습니다.

그밖에 다른 기준들도 있습니다. '여민동락'이 바로 그것이죠. 맹자는 제선왕에게 여러 차례 인정仁政에 대해 이야기했는데, 그 과정에서 제선왕이 재물과 여색, 그리고 음악을 즐긴다고 하자 이렇게 말하고 있습니다. "백성들과 함께 즐거움을 나누면 천하 백성의 마음이 돌아옵니다. 이것이 바로 왕도입니다與百姓同樂, 則王矣."

그것이 '왕도'의 최저 기준은 아닙니다. 가장 높은 수준의 요구라고 할 수 있죠. 아무래도 최저 기준은 백성이 안심하고 생업에 종사하여 의식주에 걱정이 없는 것이라고 할 수 있습니다. 만약 이렇게 민생에 관심을 갖고 백성들과 함께 즐거움을 나눌 수 있다면 군주에 부합한다고 말할 수 있으니, 이것이 첫 번째 조건입니다.

두 번째 조건은 무엇입니까?

──── 군주의 격에 부합하는 두 번째 조건은 "민의를 이해하고 사실을 존중한다."는 것입니다. 예를 들어 관원을 선발하는 데 책임을 져야 할 사람은 누굴까요? 이에 대해 맹자는 이런 말을 했죠. "관원을 뽑는데, 국군의 주변 사람들이 모두 좋다고 해도 아직 인정할 수 없으며, 여러 대부들이 좋다고 해도 아직 끝난 것이 아니고, 나라 백성들이 모두 좋다고 하면 그런 연후에 살펴볼 수 있을 것이다. 그를 살펴

보고 확실히 좋으면 그때 가서 임명하면 된다左右皆日賢, 未可也. 諸大夫皆日賢, 未可也. 国人皆曰賢, 然后察之. 見賢焉, 然后用之."

이는 다시 말해 민의를 존중하고 사실을 확인하라는 뜻입니다. 누군가를 죽여야 할 때도 마찬가지고요. 이렇게 해야만 백성의 부모가 될수 있다可以爲民父母(『맹자·양혜왕 하』)는 것이 맹자의 생각이니, 이런 이가바로 합격받을 수 있는 군주인 셈입니다.

민의를 듣고자 한다면 사실을 중시해야 한다는 뜻이죠?

──── 맞습니다. 관원을 면직시키거나 범죄자를 처결할 때도 마찬가지입니다. 반드시 "나라의 백성들이 모두 죽여도 된다고 말한다면그다음에 정확하게 살펴보고 죽일 만하다면 죽여도 무방하다國人皆日可殺, 然后察之, 見可殺焉, 然後殺之." 이렇게 해야만 "백성의 부모가 될 수 있다可以爲民父母."고 했으니, 이것이 진정한 군주라는 뜻이죠.

다음 세 번째 조건은 무엇입니까?

──── 군주의 세 번째 조건은 "민권을 존중하고 대등한 교류를 해야 한다."는 것입니다. 맹자의 말투로 하면 이렇습니다. "군주가 신하를 자신의 손발과 같이 여기면 신하는 군주를 자신의 심장이나 배와같이 여길 것이고, 군주가 신하를 개나 말처럼 여긴다면 신하는 군주를 길가의 행인 정도로 여길 것이며, 군주가 신하를 진흙이나 짚풀처럼 여기면 신하는 군주를 원수처럼 볼 것이다君之視臣如手足, 則臣視君如腹心. 君之視臣如犬馬, 則臣視君如国人. 君之視臣如土芥, 則臣視君如寇仇." 『맹자·이루 하離婁 下』에 나오는 말인데, 당신이 나를 사람으로 대우하면 나도 똑같

이 그리할 것이고, 당신이 만약 나를 하찮은 것으로 여긴다면 나는 당신을 원수로 여길 것이라는 뜻입니다. 왜냐하면 당신은 근본적으로 군주에 부합하는 인물이 아니기 때문이죠.

참 도발적이죠. 아예 정면에서 유도하고 있는 것이죠. 맹자는 앞서 말한 바대로 제선왕과 인정에 대해 대화를 나누었는데, 이런 말을 한 적이 있습니다. "백성의 즐거움을 즐기는 자는 백성들 또한 그 즐거움을 즐기고, 백성의 우환을 걱정하는 자는 백성 또한 그 우환을 걱정한다 樂民之樂者, 民亦樂其樂, 憂民之憂者, 民亦憂其憂." 진실로 이러할 수 있다면 어찌 왕이 될 만하다고 하지 않겠습니까?

지금까지 맹자가 제시한 세 가지 조건에 대해 말씀드렸는데, 다시 한 번 정리하기로 하죠. 첫째 조건은 '민생民生'입니다. 두 번째 조건은 '민의民意'이고, 세 번째 조건은 '민권民權'이죠. 민생, 민의, 민권. 이 세 가지를 합치면 바로 '민본民本'이 됩니다. 백성이 근본이라는 뜻이죠. 이것이 맹자의 가장 중요한 사상이자 가장 고귀한 사상입니다. '체제 내' 개혁자로서 맹자가 여기까지 생각을 했으니 참으로 생각이 깊은 사람이라 할 수 있습니다.

민중이 좋다 하면 하늘도 좋은 것이다

묵자는 원래 '체제 밖'에서 걷고 또 걸어 결국 '군주 전제정치'로 나아 갔고, 맹자는 원래 '체제 안' 사람인데 걷다 보니 오히려 '인민 혁명'으로 나아갔다는 말 아닙니까? 맹자는 '군주 독존'을 주장하면서 다른 한편으로 "백성이 근본이다."라고 주장했으니 이 둘이 어떻게 합일을 이룰 수 있죠?

——— 앞서 말씀드렸다시피 맹자의 제자인 만장이 스승에게 이렇게 질문한 적이 있습니다. "순 임금이 천하를 얻었는데 누가 그에게 준 것입니까?" 다시 말해 순이 어떻게 천하 최고의 영도권을 지니게 됐느냐는 뜻이죠. 이 문제는 상당히 심각하고 또한 중요합니다. 정권의 합법성과 관련이 있기 때문입니다. "누가 주었는가_{孰與之}?" 요즘 말로 하자면 누가 권한을 주었느냐는 것이죠. 맹자는 "하늘이 주었다_{天與之}."고 대답했습니다. 이 말은 '군권신수_{君權神授}'라는 말과 같습니다. 그래서 저는 맹자가 적어도 사상적인 면에서 '체제 내' 인물이라고 말한 것입니다. 그러나 이렇게 말한다면 또 다른 문제가 생깁니다.

'하늘이 어떻게 군권을 줄 수 있는가'에 대한 문제입니까?

——— 맞습니다. 이 문제를 제대로 말할 수 없다면 군권신수도 성립될 수 없습니다. 실제로 만장이 이미 이 문제를 제시하고 있죠. "하늘이 주었다고 하셨는데 반복해서 신신당부했다는 말씀이십니까_{天與之者, 諄諄然命之乎}?" 물론 그럴 수 없죠. 그래서 맹자는 이렇게 말했습니

다. "아니다. 하늘은 말을 할 수 없으니 행적이나 사실로 보여줄 따름이다天不言,以行與事之而已矣."

어떻게 행적이나 사실로 보여줄까요? 천자가 하는 일을 하늘도 만족하여 인정하고 백성도 만족하여 찬성하면 이것이 바로 하늘이 군주에게 권한을 준 것입니다. 이것이 바로 하늘이 행적이나 사실로 말한다는 뜻이죠.

하늘이 주는 권한입니까? 아니면 백성이 주는 권한입니까?

────── 맹자는 "하늘이 그에게 주었고, 백성이 그에게 주었다天與之, 人與之."라고 했습니다. 양쪽에서 주었다는 뜻입니다.

맹자가 대단하다는 것이 바로 이 부분이죠. 표면적으로 볼 때 맹자의 주장은 '쌍중수권雙重授權'인 것 같습니다. 하늘이 주고 백성이 주었으니까 말이죠. 그러나 아시다시피 하늘은 말을 할 수 없습니다. 천자에게 권력을 수여한다는 일종의 수권서授權書에 서명을 할 수 없다는 것이죠. 그러면 어떻게 됩니까? 결국 하늘이 아니라 사람, 백성이 주는 것이 됩니다. 옛날에 한나라 군사가 겉으로는 잔도棧道를 내는 척하면서 몰래 군사를 돌려 초나라 군사의 진창陳倉을 습격한 것처럼 어느 틈에 '군권신수'를 '군권민수君權民授'로 바꿔치기했으니 일종의 '성동격서聲東擊西'의 전술이 아니고 무엇이겠습니까? 현대 정치적 용어로 말하자면, 사회주의체제를 평화적 수단으로 자본주의 및 민주주의체제로 변화시키는 '화평연변和平演變, peaceful evolution'이나 통치 계급의 역량이 크게 약화되어 혁명세력에게 대항할 수 없게 됐을 때 평화, 비폭력 방식으로 정치권력을 교체하는 혁명 방식인 '화평과도和平過渡'에 비길 수 있을 것입니다.

그렇다면 맹자의 이런 관점은 그가 창조한 것인가요? 아니면 내력이 있는 것인가요?

—— 내력이 있다고 합니다. "하늘이 보시는 것은 우리 백성들이 보는 것으로 말미암으며, 하늘이 듣는 것은 우리 백성들이 듣는 것으로 말미암는다天視自我民視, 天聽自我民聽."(『주서周書·태서泰誓』) 하늘은 눈이 없지만 민중의 눈으로 보고, 하늘은 귀가 없지만 민중의 귀로 듣는다. 민중이 무엇을 보면 하늘도 그것을 보며, 민중이 무엇을 들으면 하늘도 그것을 듣는다. 바로 이런 뜻이죠. 그렇다면 결과가 어떻게 되겠습니까?

민중이 좋다고 하면 하늘도 좋은 것이고, 민중이 나쁘다고 하면 하늘도 나쁘다고 하는 것이겠죠. 하늘은 민중을 통해 보고 들으니, 당연히 민중의 의견에 근거하여 '수권'하는 것이죠. 민중이 좋다고 말하면 하늘도 좋다고 하여 '수명授命'할 수 있으나 민중이 좋지 않다고 말하면 하늘도 좋지 않다고 말함이니 '혁명革命'이 가능합니다. 하늘의 뜻이 곧 백성의 뜻임이 분명해졌죠.

그렇기 때문에 군주의 영도권은 명목상 하늘이 주는 것이지만 실제로는 백성이 주는 것입니다. 또한 그렇기 때문에 군주가 시답지 않으면 인민이 그를 폐기처분할 권한이 있습니다. 이렇게 해서 맹자는 논리적, 필연적으로 '군권'에서 '민권'으로 나아갈 수밖에 없었던 것입니다.

그렇게 멀리까지 나갔는데 여전히 유가라고 할 수 있나요?

──── 당연하죠. 옛날 사람들은 유가라고 하면 무조건 등급을 주장하고 군권을 보호하며 혁명에 반대했다고 생각했습니다. 그래서 유가사상은 통치 계급이 제정한 국가 이데올로기가 되어 그들의 통치체제를 유지하기 위한 수단으로 활용된 것입니다. 물론 이런 관점을 무조건 틀린 것이라고 배척할 수는 없습니다. 실제로 유가는 군주제도나 등급제를 옹호했습니다. 그러나 이는 결코 전면적이거나 무조건 정확한 사실이 아닙니다. 왜냐하면 유가, 특히 선진유가는 군권뿐만 아니라 민권도 중시했고, 평등을 주장한 것은 아니나 적어도 '대등對等'에 대해서는 분명하게 적시했기 때문입니다.

평등은 아니지만 대등에 대해서는 이야기했다고 하셨는데, 무슨 뜻인가요?

──── 일방적으로 규칙을 정하거나 요구사항을 제기할 수는 없다는 뜻이죠. 예를 들어볼까요? 일방적으로 신민臣民에게 어떻게 해야 한다고 요구할 수 없으며, 군주에게도 일방적으로 어떻게 해줄 것을 요구할 수 없다는 것입니다. 유가가 도덕을 이야기할 때는 항상 일방적이지 않고 쌍방적이었습니다. 단지 충효만 이야기한 것이 아니라 인자仁慈에 대해서도 언급했다는 이야기입니다. "임금은 어질어야 하고, 신하는 충성스러워야 하며, 아비는 자애롭고 자식은 효성스러워야 한다君仁, 臣忠, 父慈, 子孝." 물론 임금과 신하, 아비와 자식은 평등하지 않습니다. 그러나 유가의 발언을 보면 대등한 관계로 처리되고 있음을 알 수 있습니다.

대등하면 어떻게 되나요?

─── 군권만 이야기하고 민권은 나 몰라라 하는 일이 없게 되죠. 대등의 원칙에 따를 경우, 만약 군주가 '신하를 진흙이나 짚풀처럼' 여기면 신민들도 당연히 '군주를 원수처럼' 보게 됩니다. 네가 어질지 않다면 내가 불의하다고 해도 탓하지 말라는 뜻입니다. 인민 혁명은 순리에 따르는 것이 되죠.

말은 그래도 맹자는 공자의 사상에 대해 일종의 전복顚覆을 시도한 것이 아닌가라는 의문을 제기할 수도 있습니다. 공자는 누구보다 "윗사람을 범하여 혼란을 일으키는 일犯上作亂"에 대해 통탄하지 않았습니까? 그가 특히 효제孝悌를 강조한 것도 바로 그런 이유 때문이니까요. "그 사람됨이 효성스럽고 우애가 있는데 윗사람을 범하는 것을 좋아하는 이가 드물고, 윗사람을 범하기를 좋아하지 않는데 혼란을 일으키기를 좋아하는 이는 있었던 적이 없다其爲人也孝弟, 而好犯上者, 鮮矣, 不好犯上, 而好作亂者, 未之有也."이런 말도 했죠.

그래서 맹자는 '정명'을 앞에 내세운 것이죠. 혁명은 결코 "군주를 시해함"이 아니라 "일개 필부를 주살한 것이다誅一夫."라고 말이죠.

여하간 대등의 원칙에 따르자면 군권이나 민권이나 똑같이 중요한 것이 됩니다.

그런데 맹자는 이런 말도 했잖습니까? "백성이 귀하고 사직은 그다음이며, 임금은 가볍다." 이건 일종의 전복 아닙니까?

─── 그래서 후세 어떤 통치자들은 맹자를 좋아하지 않았죠. 주원장朱元璋이 대표적인 인물입니다.

09 평등에서 전제로

"사람들이 이야기하고,
여러 의견을 청취한다고 해서
민주가 이루어지는 것은 아니다."

다른 사람에게 말을 많이 할 수 있도록 기회를 주고, 다양한 의견을 최대한 많이 듣는 것이 '민주'라고 생각하지 마라. 민주는 권리이지, 의무가 아님을 먼저 알아야 한다.

인간 세상에 천당을 세우겠다는 주장이 실행된다면 만들어진 것은 분명히 '인간지옥'일 것이다. 이상이 이상일 수 있는 이유는 그것이 현실이 아니기 때문이다. 현실에서 멀리 떨어져 있기 때문이다. 가깝다면 그것은 이상이 아니며 목표일 뿐이다.

학자, 사상가는 반드시 객관적이며, 공평타당하며, 엄밀하고, 어느 한쪽으로 치우치지 말아야 한다. 만약 엄밀하다 못해 지나치게 소심하고 신중하며, 객관적이다 못해 입장이 없고, 공평타당하다 못해 언제나 좋은 사람이 되어버리면 이는 '미련한 자'이다. 매력이 없는 이런 미련한 자들의 사상이 영향력이 있을 리가 없다.

민주집중과 전제독재

맹자와 묵자가 모두 서로의 시작점으로부터 점점 더 멀리 나아갔다고 하셨는데, 왜 그렇게 말씀하시는 것이죠?

──── 맹자는 군권에서 민권으로 나아갔고, 묵자는 오히려 평등에서 전제專制로 향했습니다. 그러니 점점 더 멀리 갔다고 할 수밖에요.

제가 볼 때 묵자는 정말 민주적인데요. 집정자는 반드시 널리 군중들의 의견을 들어야 한다고 주장했으니, 그중에는 비판도 들어 있을 것 아니겠습니까? 그렇다면 이것이야말로 민주가 아니고 무엇이겠습니까?

──── 표면적으로 볼 때는 그렇죠. 묵자는 분명히 집정자에게 "아랫사람의 정황을 얻을 수 있어야 제대로 다스릴 수 있다得下之情則治."라고 했습니다. 묵자의 말을 제대로 파악하려면 적어도 다음 네 가지 문제를 먼저 풀어야 합니다. 왜? 무엇을? 어떻게 할 수 있는가? 어떻

게 했는가? 이상 네 가지 문제를 정확하게 알아야 "광범위하게 민중의 의견을 들어야 한다."는 묵자의 주장이 과연 민주인지 아니면 전제인지를 알 수 있습니다.

왜 집정자가 민중의 의견을 들어야 한다고 주장했나요?

—— 묵자의 발언은 명확합니다. "윗사람이 통치를 하는데 아랫사람의 정황을 얻어야 제대로 다스려지고, 아랫사람의 정황을 얻지 못하면 어지러워지기 때문이다上之爲政, 得下之情則治, 不得下之情則亂." 광범위하게 민중의 의견을 듣는 이유는 결국 자신의 통치기반을 공고하게 만들기 위함이었습니다.

그렇게 말씀하시니, 의도적으로 모함을 하는 것 같은 기분이 드는데요. "상지위정上之爲政"이 반드시 통치를 말하는 것은 아니잖습니까? '영도'나 '관리' 정도로 이해할 수는 없요? 그리고 통치든 관리든 간에 사회 분위기나 백성의 뜻을 아는 것이 필요하지 않나요? 설마 전제정치만 민정시찰이 필요하고 민주정부에는 필요하지 않다고 말씀하시는 것은 아니겠죠?

—— 여기서 두 번째 문제를 볼 필요가 있습니다. 사회 분위기나 백성의 뜻을 파악하며 무엇을 하려는 것인가라는 문제이죠. 뭘 하려고 했습니까? 묵자는 "누가 좋은 일을 하고 누가 나쁜 일을 하는지 알기 위함이다明於民之善非."라고 했습니다. 왜 그런 것을 알려고 했나요? "착한 사람은 상을 주고, 포악한 사람은 벌을 준다得善人而賞之, 得暴人而罰之."라고 했으니 장려와 징벌 때문이라고 할 수 있죠. 결국 이것이 바

로 통치를 유지하기 위함이 아니겠습니까?

뭐가 나쁘다는 것이죠? 민주정부는 권선징악을 강조하지 않습니까?
심지어 민간 기업에서도 근면을 장려하고 나태함을 벌하지 않습니까?

—— 그러나 여기에서 광범위하게 의견을 구해야 한다는 요구가 없음을 인정해야 합니다. 묵자가 "아랫사람의 정황을 얻어야 제대로 다스려지고, 아랫사람의 정황을 얻지 못하면 어지러워진다."라고 말한 것은 정책 결정의 민주와는 전혀 무관하며, 인민 대중이 정치에 참여해야 한다는 의사는 전혀 존재하지 않습니다.

다음 세 번째 문제는 무엇입니까?

—— 세 번째 문제는 어떻게 해야 사회나 백성의 뜻을 이해할 수 있느냐는 것입니다. 이 문제는 묵자 자신도 물은 적이 있죠? "아랫사람들의 실정을 알려면 어떻게 하면 좋을까得下之情, 將奈何可?"
묵자는 "오직 위로 하나의 의견을 통일시켜야만 가능하다唯能以尚同一義爲政, 然后可矣."라고 말했습니다. 윗사람은 실정을 이해하고, 아랫사람은 반드시 윗사람의 의견이나 생각에 근거하여 처리해야 한다는 뜻이죠.
이렇게 되면 정말 문제가 커집니다. 아무리 좋은 상황이라고 해도 상급에서 어떤 문제를 인식하게 되면 그대로 무슨 문제로 반영되겠죠. 그러나 만약 좋지 않은 경우에는 상급에서 자신이 듣고 싶은 말만 듣게 됩니다.

윗사람의 비위에 맞추게 된다는 뜻입니까? 확실히 문제가 있군요.

―――― 더욱 심각한 것은 그다음 문제입니다. 상급 영도자가 의견을 들은 후에 과연 어떻게 할 것이냐는 문제죠. 아시다시피 대중의 의견은 완전히 일치하기 어렵습니다. 중구난방으로 제각기 떠드니 의견이 분분할 수밖에요. 그러면 어떻게 됩니까?

묵자는 모든 것을 영도자에게 맞추라고 했죠. "위에서 옳다고 하면 반드시 옳은 것이고, 위에서 그르다고 하면 반드시 그른 것이다 上之所是, 必皆是之. 上之所非. 必皆非之." 묵자의 말을 자세히 살펴보면 앞에서는 '유능 唯能'이라고 했고, 여기서는 '필개 必皆'라고 했습니다. '반드시 그래야만 하니 타협의 여지가 없다'는 뜻입니다.

그렇다고 무슨 잘못된 것은 아니잖습니까? 민주 역시 집중해야만 하니까요.

―――― 문제는 '어떻게' 집중하는가, '누가 나서서' 집중시키는가입니다. 묵자는 앞서 말한 바대로 마을 사람들의 의견이 나누어지면 이장의 말을 들어야 하고, 이장들의 논의가 통일되지 않으면 향장, 향장의 논의가 불일치하면 국군의 말을 들어야 한다고 했습니다. 물론 국군의 의견이 나뉘면 마지막으로 천자의 말을 들어야 하죠. 다시 말해 군중은 영도자의 말에 복종해야 하고, 하급은 상급에게, 천하 사람들은 모두 천자에게 복종해야 한다는 뜻입니다. 바로 이런 이유로 저는 묵자의 주장이 명목상은 '민주집정'이지만 실제는 '전제독재'라고 말했습니다.

전제독재라면 굳이 광범위하게 의견을 듣고 말고 할 것도 없겠네요?

──── 전제도 다양합니다. 묵자가 말하는 전제는 사실 '개명한 전제開明專制'라고 할 수 있습니다. 그의 독재 역시 '고명한 독재高明獨裁'라고 말할 수 있겠죠. 먼저 여러 사람의 의견을 들어본 후에 결정하는 것이니 막무가내로 고집을 피우며 남의 의견을 무시하거나, 머리를 써가며 제멋대로 지시하는 것보다는 낫겠죠.

사람들에게 이런저런 이야기를 할 수 있게 하고 여러 의견을 듣는다고 해서 민주가 되는 것은 결코 아닙니다. 민주는 무엇보다 권리이지 의무가 아닙니다. 그렇다면 묵자의 주장을 한번 보시기 바랍니다. 군중이 의견을 제시하는 것이 권리입니까? 아니면 의무입니까? 의무입니다.

묵자는 이렇게 규정했습니다. "선한 일을 듣고도 이를 윗사람에게 보고하지 않거나 선하지 않은 일을 듣고도 또한 이를 고발하지 않는 자聞見善, 不以告其上, 聞見不善, 亦不以告其上", "윗사람이 내린 판단에 대해 옳고 그름을 판단하지 않는 자上之所是不能是, 上之所非不能非", 심지어 "윗사람이 과오가 있는데도 이를 비난하지 않는 자上有過, 不能規諫之" 등이 있다면, "윗사람은 그 즉시 징벌을 가하고 다른 백성들도 모두 그를 비난해야 한다上得則誅罰之, 萬民聞則非毁之".

만약 정말로 그렇다면 과연 이런 것이 민주일까요? 만약 이런 것이 '민주'라면 어찌 두렵고 무섭지 않겠습니까? 그래도 사실 이것은 가장 무서운 것은 아닙니다.

가장 현명한 천자와 민중

더욱 무서운 것은 무엇이죠?

—— 강권통치, 신권통치, 특무통치이죠. 제가 나름대로 분석한 내용을 말씀드리죠. 앞서 말한 바대로 묵자가 설계한 이상사회의 구조는 계층의 구별이 확연한 등급사회입니다. 가장 낮은 곳은 물론 대다수 민중이죠. 민중 위에는 그들이 반드시, 절대적으로 복종해야 할 이장이 있습니다. 이장 위에는 역시 절대적으로 복종해야 할 향장이 있고, 향장 위에는 국군, 국군 위에는 반드시, 절대적으로 복종해야 할 천자가 자리합니다. 모든 사람은 최종적으로 천자 개인의 말에 절대 복종해야 하는 구조입니다.

그게 무슨 문제인가요?

—— 천하 만민, 각급 영도자들이 무엇으로 천자에게 절대 복종할까요? 역시 '정권의 합법성' 때문이 아니겠습니까? 그렇다면 적어도 우리는 이렇게 물을 수 있습니다. 천자는 어떻게 한 입으로 두 말하지 않고 말한 대로 책임을 질까요?

천자가 가장 성명聖明하니까 그렇다고 하지 않았습니까? 게다가 그다음으로 현명한 인물을 국군으로 임명하고, 국군은 다시 그다음으로 영명한 인물을 향장이나 이장으로 임명한다고 했죠. 그렇다면 그들은 모두 누구보다 현명하고 슬기로운 인물일 터이니 촌민부터 향민, 국민, 인민이 모두 축급상동逐給尚同하여 전쟁터에서 병사들이 장군의 말머리를 보고 진퇴를 결정하는 것처럼 오직 윗사람만 보고 따라가지 않겠습니까?

그렇다면 이런 질문이 가능하죠. 천자가 가장 현명하고 비범한, 이른바 성명한 사람이라는 것은 대체 근거가 무엇일까요?

그 점에 대해서도 묵자가 말했습니다. "천하 모든 이들의 의견을 통일시켜一同天下之義", "천하에서 어질고 선량하며, 지혜로운 이를 선택하여 천자로 세우기 때문이다."라고 하지 않았나요? 천자가 만약 가장 '성명'한 인물이 아니라면 왜 그를 뽑겠습니까?

그렇다면 가장 성명한 천자는 도대체 어떻게 선출되는 것일까요? 백성들이 뽑나요? 아니면 관선官選? 그것도 아니라면 하늘이 뽑나요? 아쉽게도 묵자는 이에 대해 아무 말도 하지 않았습니다. 제가 볼 때, 민선이나 관선은 모두 아닌 것 같습니다. 선거 방법에 대해서도 전혀 말을 하지 않았으니, 선거 과정에 대한 이야기가 있을 수 없죠. 만약 민선이나 관선이라고 한다면 과연 직접 선거인지 아니면 대표자를 뽑아 천자를 선출하는 간접선거인지도 알 수 없습니다. 설사 민선이나 관선이라고 할지라도 과연 그 방법에 따라 선출한 천자가 반드시 천하에서 가장 성명한 인물인지도 장담할 수 없죠.

그렇다면 유일한 방법은 하늘이 선발하는 것이죠.

하늘이 선택하는 것은 또 무슨 문제가 있나요?

———— 어떻게 선출하느냐는 것이죠. 가장 현명하고 비범한 천자를 하늘이 어떻게 선출할 것인가? 다시 한 번 묻죠. 하늘이 천자를 선출했다고 쳐요. 그런 다음에는 마땅히 천하 사람들에게 그런 사실을 알

려야 하는데, 어떻게 알리죠? 천사를 보내나요? 아니면 하늘에서 '출근 허가서'라도 공수되나요? 맹자의 제자인 만장도 자신의 스승에게 이런 질문을 했죠? "하늘이 주었다고 하셨는데 반복해서 신신당부했다는 말씀이십니까天與之者, 諄諄然命之乎?" 똑같은 문제인데, 설마 묵자에게 그런 질문을 할 수 없는 것은 아니겠죠?

묵자도 맹자처럼 말하면 되겠네요. "행적이나 사실로 보여줄 따름이다."라고 말이죠. 그렇게 하면 될 것 같은데 무슨 문제라도 있습니까?

—— 문제 없습니다. 묵자도 그렇게 말했습니다. 묵자는 천자야말로 세상에서 가장 성명한 인물이라고 확신했죠. 신통력도 대단하고 추호의 빈틈이나 허점도 없이 모든 것을 밝게 살피고 아는 통찰력의 소유자이죠. 마을 사람들이 나쁜 일을 하든 좋은 일을 하든 간에 가족이나 마을 사람이 모르는 일其室人未遍知, 鄕里未遍聞도 천자는 정확하게 파악하여 상벌을 내립니다. 결국 "천하의 사람들이 모두 두려워하고, 진동하며, 전율하니 감히 음탕하고 난폭하게 굴지 못합니다擧天下之人, 皆恐懼振動惕栗, 不敢爲淫暴". 결국 백성들은 황공하고 두려운 마음으로 천자의 발아래 엎드려 천자의 신통하심을 찬양하게 되죠. 이거 정말 기이한 일이 아닙니까?

정말 기괴한 일이네요. 집안사람이나 향리 사람들이 다 알지도 못하는 일은 천자가 어떻게 알죠?

—— 두 가지 가능성이 있습니다. 하나는 고의로 신들린 듯 백성들을 미혹시키는 것입니다. 이른바 '신권통치'이죠. 다른 하나는 누군

가가 천자에게 고해바치면 됩니다. 묵자의 해석은 후자에 속합니다. "다른 사람들이 자신을 대신하여 보고 듣기 때문이다使人之耳目助己視聽." 누군가가 천자를 대신해서 민정을 살피고 그 즉시 비밀리에 보고한다는 뜻이죠. 이거야말로 정말 두려운 일 아닐까요?

과연 누가 백성의 사사로운 비밀을 살피고 말합니까? 누가 보고하죠? 앞서 말했다시피 그런 일들은 집안사람이나 향리 사람들조차 제대로 모르는 내용도 있습니다. 일반 백성 자신들도 제대로 모르는 일을 어떻게 말하죠? 한 가지 방법밖에 없습니다. 천자가 '특무特務(정보원)'를 배치하는 것입니다. 생각해보십시오. 곳곳에 특무가 배치되어 있으니 어찌 두렵지 않겠습니까?

세상 사람들이 모두 이런 임무를 띠고 있거나 도처에 이런 정보원들이 깔려 있는 사회가 과연 조화로운 사회일까요? 강권통치, 신권통치, 특무통치를 실행하는 사회가 과연 아름다운 사회일까요? 이런 면에서 본다면, 인간세상을 천당으로 만들려는 어떤 주장도 막상 실행에 옮기고 나면 "인간 세상을 지옥으로 만든다."는 사실을 확인하게 될 것입니다. 그렇기 때문에 저는 묵자의 '구시' 방안이 전혀 쓸모없고 또한 써서도 안 된다고 말씀드렸습니다.

묵자는 본래 아름다운 사회를 건설하여 사회적 공평과 정의를 실현하며 사람과 사람이 누구나 평등한 세상을 만들려 했었을 텐데. 결과적으로 그는 강권정치, 신권정치, 특무정치 쪽으로 빠지고 말았군요.

────── 이 점은 분명하게 말할 필요가 있습니다. 묵자는 강권 통치나 전제독재에 대해 말한 적도 없거니와 그런 주장도 하지 않았습니

다. 다만 그의 주장을 따라가다 보면 그런 결과가 도출된다는 뜻일 따름입니다.

도대체 어쩌다가 이렇게 된 것이죠?

───── 원인 가운데 하나는 묵자의 이상이 지나치게 아름다웠다는 것입니다. 지나치게 아름다웠으니 실현하기가 힘들었죠. 실현하기 힘드니 결국 억지로 나아갈 수밖에요. 그래서 나온 것이 권력집중集權입니다. 그것이 결국 강권통치로 나아가게 된 것입니다. 권력집중을 보장하기 위해서는 반드시 귀신을 동원하여 눈속임을 하거나 별도의 눈과 귀를 마련하는 수밖에 없습니다. 그래서 신권통치나 특무통치가 나오게 된 것입니다.

이상은 강제할 수 없다

그럼 우리는 아름다운 이상을 가져서는 안 된다는 뜻입니까?

───── 안 된다는 말이 아니라 조급해서는 안 된다는 뜻입니다. 이상이 이상인 까닭은 그것이 현실이 아니기 때문입니다. 현실과 비교적 멀리 떨어져 있다는 뜻이죠. 가깝다면 그것은 이상이라고 할 수 없어요. 그냥 목표일 뿐이죠. 따라서 이상을 실현하기 위해서는 반드시

나름의 순서와 단계가 필요하며, 무엇보다 운영방법에 신경을 써야 합니다. 갈 수 있는 만큼만 가고 한순간에 정상을 차지할 수 있기를 기대해서는 안 됩니다. 더군다나 비상수단을 통해 억지로 행하는 것은 더욱 불가합니다.

묵자는 억지로 하려고 했다는 말씀이십니까?

──── 그런 점이 있습니다. 묵자는 자신이 몸소 체험하고 실천하기를 원했던 사상가입니다. 그가 남긴 사상문화 유산 가운데 하나는 바로 실천 정신입니다. 예를 들어 묵자는 침략전쟁을 반대했습니다. 그의 '반전反戰'은 단지 말뿐이 아니었습니다. 실제 자신이 직접 돌아다니면서 실천에 옮겼죠. 그는 초나라가 송나라를 공격한다는 이야기를 듣자 그 즉시 열흘 밤낮을 걸어 영도郢都(지금의 호북성 형주시)에 도착하여 성을 공격하는 무기인 운제雲梯의 제작자 공수반을 만났습니다. 그리고 마침내 초나라의 침략전쟁을 막을 수 있었죠. 자신의 반전사상을 직접 실천한 것입니다.

자신의 주장을 실천에 옮기고 지향을 극대화하는 것이야말로 묵자의 독특한 풍격이라고 할 수 있습니다. 전혀 변명할 여지를 주지 않고, 단호하고 신속하게 처리하며, 한 입으로 두말하지 않는다는 것입니다. 이런 풍격은 사상가에게 좋은 점도 있지만 나쁜 점도 있습니다.

좋은 점은 뭐고, 나쁜 점은 무엇인가요?

──── 독단적인 쪽으로 빠지거나 심지어 이치에 맞지 않게 억지를 부릴 수 있다는 단점이 있습니다. 예를 들어 그는 세상에서 천자가 가

장 성명하다고 하면서 성명하지 않다면 천자가 아니라고 했습니다. 그러나 이는 현실적으로 맞지 않습니다. 또한 '겸兼'하면 서로 사랑하고 '별別'하면 서로 원망한다고 했는데, 이 역시 극단에 치우친 말입니다.

그렇지만 세상의 모든 사물은 각기 양면성을 지니고 있습니다. 사상가가 이처럼 독단적이고 오만하다고 해서 무조건 나쁜 것만은 아닙니다. 때로 이러한 것이 매력으로 작용할 때도 있습니다. 묵자나 맹자가 모두 이런 특징을 지니고 있죠. 그들 두 사람은 사람들에게 왠지 사내대장부 같다는 느낌을 줍니다. 이는 당연히 큰 매력입니다. 반대로 학자나 사상가가 아무리 객관적이고 한쪽에 치우침이 없이 공평하고 엄숙하다고 할지라도 만약 지나치게 엄숙하거나 신중하면 소심해지고, 객관적 태도를 취하다 보니 아예 자신의 입장이 없으며, 공평하다 못해 무골호인無骨好人처럼 이것도 좋고 저것도 좋다는 식이 되면 문제가 있습니다. 이는 어리석거나 우둔한 것이죠. 사람을 끌어들이는 매력이라고는 전혀 찾아볼 수 없죠. 전혀 영향력이 없다고 해도 과언이 아닙니다. 바로 이러한 이유로 사상가로서 묵자가 지닌 풍격은 이로운 점도 있고, 해로운 점도 있다고 말한 것입니다.

문제는 역시 그가 실천가라는 점에 있습니다. 게다가 조직까지 갖추고 있었죠. 더욱 큰 문제는 그 조직이 아예 무장한 '준군사조직'이나 다름없었다는 점입니다. 묵자부터 시작해서 이 단체에는 '거자巨子'라 불리는 최고의 지도자가 있었습니다. 거자는 두 가지 신분을 가지고 있었는데, 선생인 동시에 지도자로 자신의 제자들에 대한 생사여탈을 결정할 권한을 가지고 있었어요. 거자의 제자를 '묵자墨者'라고 하는데 모두 충성심이 대단하며 평소 훈련을 통해 뛰어난 자질을 갖추고 있었습니다. 거자의 명령이라면 불구덩이에 뛰어들거나 칼날도 밟을 정도였으며, 사지死地로 보내도 전혀 주저함 없이 돌진한다고 해서 "죽어도 발길을 돌리지 않는다."고 말할 정도였습니다.

바로 이런 이유 때문에 '인간 천당'을 건설하려다 결국 '인간 지옥'을 만들고 말았다고 말씀하신 것이군요. 그렇다면 이상은 그저 마음속에만 두어야지 실천해서는 안 된다는 말씀인가요?

—— 아닙니다. 물론 실천할 수 있어야 하고 마땅히 실천에 옮겨야 합니다. 실현할 수 없는 것이라면 그건 이상이 아니라 공상에 머물겠죠. 그러나 이를 타인에게 억지로 시키거나 강제로 추진해서는 안 됩니다. 실제로 유가나 도가, 심지어 법가 또한 이상이 있습니다. 다만 법가는 이상은 있으되 '이상주의'는 없습니다. 유가와 도가는 이상은 물론 '이상주의'가 있지만 그렇다고 강제로 추진하지는 않았습니다. 그래서 오히려 묵가사상보다 더 큰 영향력을 발휘할 수 있었던 것입니다.

이상만으로 본다면 묵자의 사상이 훨씬 긍정적이라는 말씀인가요?

—— 묵자는 공평과 정의를 추구했습니다. 또한 평등과 박애를 중시했죠. 모두 영원히 매우 긍정적으로 생각해야 할 부분입니다. 묵자가 남긴 가장 고귀한 문화유산이기도 하구요. 그러나 또한 묵자의 이상 역시 완전무결한 것은 아니었다는 사실을 기억해야 합니다. 실제로 그의 사상에는 극히 중요한 내용이 빠져 있습니다.

바로 개인의 권리와 존엄입니다. 묵자의 전체 사상체계에서 개인은 어떤 지위도 부여받지 못하고 있습니다. 묵자가 평등을 주장했지만 결국 전제로 나아갈 수밖에 없었던 근본적인 원인 가운데 하나가 바로 이것이죠.

그렇다면 선진제자들 가운데 개인의 권리나 존엄에 대해 이야기한 이가 있나요?

—— 물론 있습니다. 양주楊朱가 바로 그 사람입니다. 한때 묵자와 함께 이름을 날리고 맹자에게 통렬하게 비난을 받았다는 양주 말입니다.

천하를 위해 털 한 가닥도 뽑지 않다

"국가, 천하의 이름으로
함부로 대중 개개인의 권리를
침해하지 마라."

묵자가 남들보다 예리하고 독창적인 이유는 사회의 공평과 정의를 언급했기 때문이다. 양주가 깊이 있고 독창적인 이유는 개인의 권리와 존엄을 말했기 때문이다.

전체는 부분의 합에 불과하다. 부분의 이익을 중요하게 생각하지 말아야 한다. 오늘 하나를 희생하고, 내일 하나를 희생하면 결국 모든 이익이 사라지고 말 것이다. '큰 강이 가득 차지 않으면 작은 강은 마르기 마련이다'라고 말하지 말아야 한다. 사실 창장과 황허 역시 면면히 흐르는 작은 물줄기가 모인 것이다. 모든 샘물, 시냇물, 작은 강이

마른다면 어찌 창장과 황허가 존재하겠느냐?

걸핏하면 '국가, 천하'의 이름으로 함부로 대중 개개인의 권리를 침해하고 박탈하지 말아야 한다. '천하위공天下爲公(천하는 만민의 것)'이라는 사회 이상을 실현하기 위해 개인의 이익을 희생시킬 수 없다. '천하 만민이 행복'은 각자의 행복으로 이루어지는 것이며, 천하 만민의 행복이 모인 것이다.

개개인이 불행한데 천하 만민이 행복하다고 말한다면 이런 행복을 말하는 근거는 무엇이란 말인가? 천하 만민의 행복을 위해서 개개인이 모두 불행하고 희생해야 한다면 그런 '행복'을 거두어 무엇하겠는가?

개인의 권리와 존엄을 주장한 양주

제 기억이 틀리지 않다면 양주는 자신의 털끝 하나 뽑지 않는다는 뜻인 '일모불발'을 주장했던 것 같은데요?

—— 틀리지 않습니다. 그것이 양주의 관점이자 그 나름의 구시를 위한 주장입니다. 더군다나 양주가 볼 때 모든 개인이 일모불발一毛不拔하면 천하가 다스려지죠. 그것도 잘 다스려집니다.

자신의 털끝 하나 뽑지 않으면서 천하를 구한다는 말씀입니까?

───── 그렇습니다. 유가의 반대파라고 하면 묵자와 양주를 들 수 있는데, 공교롭게도 한쪽은 좌, 다른 한쪽은 우에 치우쳐 있습니다. 묵자는 좌파, 양주는 우파라는 것이죠.

아시다시피 묵자는 "천하의 이로움을 일으키고 천하의 폐해를 제거한다."고 하지 않았습니까? 이를 위해 아침부터 저녁까지 쉬지 않고 일하며 비가 오든 해가 뜨든 그야말로 장딴지며 정강이에 털이 모두 빠질 정도로 힘들게 일했습니다. 그러나 양주는 자신의 털 한 오라기도 뽑을 수 없다고 했죠.

관점은 이렇듯 상반됐지만 운명은 같았습니다. 그들은 모두 한때 위세를 떨치며 천하를 풍미했습니다. 그러다가 한순간에 나락으로 떨어져 희미해지더니 존재의 흔적조차 찾기 힘들어졌습니다. 특히 양주는 묵자보다 더 참혹했죠. 그는 생몰이나 사적조차 흔적이 남아 있지 않으며, 그의 사상이나 학설 또한 단편적인 것만 남아 『맹자』, 『장자』, 『한비자』, 『여씨춘추』, 『열자』 등에 산견될 뿐입니다. 그것마저 진위를 의심받고 있죠. 그야말로 '인간증발'이니 아무도 모르게 실종된 셈입니다.

어떻게 그처럼 졸지에 곤두박질칠 수 있죠?

───── 묵자나 양주의 사상이 심히 독창적인 부분이 있기 때문이라고 설명할 수밖에 없겠군요. 지나치게 독창적이어서 세상 사람들을 놀라게 하고 강렬한 반향을 일으켰겠죠. 마찬가지로 지나치게 독창적이기 때문에 사람들이 이해하거나 수용하기 힘들었을 것이고, 그

런 까닭에 결국 소리 소문 없이 사라졌을 것입니다.

묵자나 양주가 지녔다는 독창적인 부분이란 대체 무엇입니까?

────   묵자가 남들보다 예리하고 독창적이었던 부분은 사회의 공평과 정의를 제기했다는 것, 양주는 개인의 권리와 존엄을 주장했다는 점입니다.

이 두 사람의 주장은 지금 생각해도 참으로 대단한 것입니다. 그야말로 당대의 수준을 훨씬 뛰어넘기 때문에 사람들이 쉽게 받아들일 수는 없었지만 당시 세상을 크게 진동시킬 수 있었을 것입니다. 두 사람 가운데 양주의 사상은 더욱 이해하기 어려웠겠죠.

양주의 사상이 더욱 이해하기 힘든 까닭은 무엇인가요?

────   묵자의 사상은 적극적인 반향을 일으키기가 비교적 쉽습니다. 추호도 자신을 위하지 않고 '대공무사大公無私'하겠다고 하니 어쨌거나 좀 더 쉽게 이해하고 받아들일 수 있었을 것입니다.

그런데 양주는 달랐습니다. "털 한 올을 뽑아 천하에 이롭게 한다고 할지라도 주지 않겠다拔一毛利天下不爲也.""천하를 크게 이롭게 하기 위해 정강이의 털 하나도 뽑지 않았다不以天下大利易其脛一毛." 이처럼 천하를 위해 자신의 털 하나 뽑지 않겠다고 했으니 너무 이기적이지 않습니까?

그런데 그렇지 않습니다. 적어도 양주는 그런 뜻에서 한 말이 아닙니다. 양주의 사상이 일정 부분 곡해되면서 양주 자신도 마치 요괴 같은 존재가 됐습니다. 한번 생각해보십시오. 만약 그의 주장이 그의 말대로 사리사욕만 챙기는 간단한 것이었다면 과연 천하를 풍미할 수 있었겠습니까?

그렇다면 양주의 사상은 어떤 내용입니까?

—— 양주가 왜 일모불발을 주장했는지부터 살펴봐야 합니다. 사실 양주와 그의 제자인 맹손양孟孫陽이 묵자의 제자인 금활리禽滑釐와 이 문제를 토론한 적이 있습니다. 그런데 한 가지 분명하게 해둘 점은 양주는 남긴 저작물이 없다는 것입니다. 지금 우리가 보는 양주에 관한 내용은 주로 『열자·양주』에 나오는 것으로 양주와 금활리의 대화 역시 마찬가지입니다.

그것이 문제가 되는 이유는 학계에 많은 이들이 『열자』를 위서僞書로 간주하고 있기 때문이죠. 물론 어떤 사람은 그렇지 않다고 주장하고 있기는 합니다만, 『열자』가 진서眞書라는 말이지 『양자楊子』라는 뜻은 아닙니다. 따라서 『열자』에 나오는 '양주'가 바로 역사에 실존했던 양주인지 보증할 수 없습니다.

그럼 금활리와 양주, 맹손양의 토론은 어땠나요?

—— 금활리가 양주에게 이렇게 물었습니다. "선생의 털 한 올을 뽑아 천하의 도를 도울 수 있으시겠습니까去子体之一毛以濟一世?" 그러자 양주가 대답했죠. "세상의 도는 털 한 올로 구제할 수 있는 것이 아니다世固非一毛之所濟." 그러자 금활리가 다시 물었습니다. "만약 구제할 수 있다면 하실 수 있겠습니까假濟, 爲之乎?"

양주는 거들떠보지도 않았죠. 그럼 금활리는 어쩌겠습니까? 그냥 나가는 수밖에. 금활리는 문을 나서다 양주의 제자인 맹손양을 만났습니다. 그래서 그에게 양주를 만난 이야기를 했겠죠. 그러자 맹손양이 이렇게 말합니다. "그대는 선생님의 마음을 이해하지 못하고 있소이다子不達夫子之心." "내가 선생님 대신 말해보죠. 만약 어떤 이가 1만 전을 주면서 당신을 한 대 때리겠다고 한다면 맞으시겠습니까?" 금활리가 대답했습니다. "물론 맞죠." 그러자 맹손양이 다시 물었습니다. "누군가 나라를 주면서 당신의 다리 하나를 자르겠다고 한다면 하시겠습니까?"

그는 아무 말도 하지 못하고 우물대기만 했습니다. 그러자 맹손양이 다시 입을 열었죠. "피부와 비교한다면 털은 참으로 하찮은 것입니다. 그런데 사람의 사지와 비교한다면 피부 역시 하찮은 것이죠. 이런 이치는 누구나 잘 알고 있습니다. 그러나 털이 없다면 피부도 있을 수 없고, 피부가 없다면 사지도 없게 됩니다. 한 올의 털만으로 본다면 전체 몸에서 만 분의 일도 되지 않습니다. 그러나 그것이 비록 작고 하찮은 것이긴 하지만 어찌 가볍게 볼 수 있겠습니까?"

맹손양의 이런 말이 양주를 대표한다고 말할 수 있을까요?

─── 저는 그럴 수 있다고 봅니다. 의미도 상당히 깊죠.

중국 역사상 최초의 인권선언

맹손양의 말은 어떤 의미가 있습니까?

—— 세 가지 의미가 있습니다. 첫째, 전례를 만들지 않는다는 것입니다. 한번 생각해보십시오. 맹손양이 금활리에게 당신의 다리와 나라를 바꾸자고 하면 바꾸겠느냐고 물었을 때 금활리가 왜 대답을 하지 못했을까요?

그다음에는 당신의 머리와 나라를 바꾸는 것은 가능하겠느냐고 물을 것이 뻔하다 생각했기 때문이죠. 그래서 금활리가 대답을 하지 못한 것입니다. 그렇다면 좋습니다. 만약 머리를 자를 수 없다면 다리는 자를 수 있습니까? 안 된다고요? 그렇다면 다리는 놔두고 살을 떼어내는 것은 어떻겠습니까? 그것도 안 된다면 피부를 벗겨내는 것은 가능합니까? 불가능하다고요? 그렇다면 피부는 놔두고 털 한 올만 뽑는 것은 가능한가요?

이치대로 한다면 그것도 가능하지 않죠. 바로 그것입니다. 오늘 털 한 올을 뽑을 수 있다면 내일은 피부를 벗겨낼 수 있을 것이고, 오늘 살 한 점을 베어낸다면 내일이면 다리 한쪽을 자를 수도 있을 것입니다. 오늘 몸을 다치게 할 수 있다면 내일은 살인하거나 자살을 할 수도 있겠죠. 천 리 제방이 개미구멍 때문에 무너지는 셈이죠. 일단 한번 입을 열면 수습할 수 없습니다. 그래서 자신의 머리를 보존하려면 반드시 털 하나도 소홀히 할 수 없습니다.

일리가 있네요. 두 번째 의의는 무엇이죠?

──── 두 번째는 일부분이라고 해서 가볍게 보지 말라는 것입니다.
물론 전체 이익이 부분적인 이익보다 크고 중요한 것이 사실입니다.
그래서 맹손양 역시 "한 올의 털은 피부보다 사소하고, 피부는 관절보
다 사소하다는 것은 매우 분명하다──毛微於肌膚, 肌膚微於──節, 省矣."라고 말
했던 것이죠. 그러나 그렇다고 부분적인 이익은 이익이 아니니 언제
라도 희생시킬 수 있다는 뜻은 아닙니다.

전체는 단지 부분의 종합에 불과하기 때문입니다. 만약 당신이 부분
적인 이익을 하찮게 여겨 오늘 하나를 희생시킨다면 내일은 다른 하
나를 희생시켜야 할 것이고, 결국 모든 것을 잃어 이른바 전체 이익도
사라지게 됩니다. 사람들은 흔히 "큰 강이 차지 않으면 작은 내가 마
른다."라는 말을 즐겨 하는데, 사실 창장이나 황허 등 거대한 강물 역
시 작은 지류가 모여서 이루어진 것 아닙니까? 작은 샘물이나 시냇
물, 계곡물이 모두 말라버리면 창장이나 황허에 물이 있겠습니까?

개인의 이익도 중요하다는 말이죠. 모든 개인의 이익이 희생된다면
전체 이익이 가능하겠습니까? 모든 개인의 이익이 희생되는데 전체
나라의 이익이 가능할까요? 물론 개인은 천하에 비교할 때 몸에 붙어
있는 작은 털에 불과할지도 모릅니다. 부분과 전체 역시 사지와 몸의
관계와 비슷하죠. 양주가 살았던 당시에는 절대 다수의 보통 사람들
을 그저 작은 백성이란 뜻으로 '소민小民'이라고 불렀습니다. 그렇지
만 '개인'이라고 해서 사람이 아닌가요? 그들이 작은 백성이라고 해
서 하찮게 여길 수 있나요? 아닙니다. '소민' 또한 같은 사람이며, '소
민'의 생명 역시 똑같은 생명이기 때문에 존중받아 마땅합니다. 설사

추호처럼 가볍다고 할지라도 말입니다. 우리 작은 백성들을 추호처럼 작은 털로 간주하고 제멋대로 뽑겠다고요? 미안하지만 절대 안 됩니다!

그렇지만 전체를 위해, 예를 들어 나라나 천하를 위해 개인이나 부분이 어느 정도 희생할 수도 있고 마땅히 그래야만 하는 것 아닙니까? 예를 들어 목숨을 구하기 위해 때로 사지를 절단할 때도 있잖습니까?

—— 이 점은 주의할 필요가 있습니다. 그런 경우는 목숨을 구하기 위한 것입니다. 이처럼 부득이한 경우가 아닌데도 사지를 절단해야 한다면 기꺼이 응하시겠습니까?

그렇지는 않죠. 그러나 천하를 구하는 일은 목숨을 구하는 것만큼 중요한 일이 아닐까요? 만약 천하를 구하기 위함이라면 개인의 희생도 있을 수 있지 않겠습니까? 더군다나 많은 것을 요구하는 것도 아니고 그저 털 한 올만 뽑자는데 뭐 그리 대단하다고 정색을 합니까?

—— 양주는 그런 질문을 미리 예상했나 봅니다. 그래서 금활리에게 이렇게 이야기한 것이겠죠? "세상의 도는 털 한 올로 구제할 수 있는 것이 아니기 때문이다世固非一毛之所濟." 맞습니다. 어찌 한 오라기 털로 천하를 구원할 수 있겠습니까? 그렇기 때문에 이른바 "털 하나를 뽑아 천하를 이롭게 한다."는 말은 계략에 빠뜨리기 위한 술책이자 속임수에 불과하다는 것이죠. 양주는 바로 이런 사실을 간파한 것입니다. 처음에는 털 한 올을 내놓으라고 속인 후에 다시 피부와 사지를 내놓으라고 속이고, 결국 몸 전체를 내놓으라고 협박한다는 것이죠. 이것

이야말로 속임수가 아니고 무엇이겠습니까? 따라서 이에 대응하는 방법은 근본적인 문제를 파고들어 극단적으로 말을 하는 것이죠. "내 생명을 달라고 하지 마라. 설사 털 한 올일지라도 줄 수 없다!"

누가 우리를 속이나요? 우릴 속여서 뭘 하게요?

――― 통치자들이 우리를 속이는 것이죠. 우리 자신의 개인적인 이익을 희생하도록 강요하여 그들 개인의 이익을 채웁니다.

양주는 "털 한 올을 뽑아 천하에 이롭게 한다고 할지라도 주지 않겠다."고 말했지만 또한 "천하의 모든 이들이 내 한 몸을 받든다고 할지라도 취하지 않겠다悉天下奉一身不取也."고 말했다는 것을 알아야 합니다. 이 두 마디 말은 서로 연계됩니다.

"천하 모든 사람들이 내 한 몸을 받든다."는 말이 무슨 뜻이죠?

――― 전체 사회를 희생시켜 극소수 개인을 만족시키는 것을 말합니다. 여기서 말하는 극소수 개인이 바로 당시 통치자들일 것입니다. 다시 말하면 당시 상황은 작은 백성인 '소민'의 개인적 희생을 요구했으며拔一毛, 이러한 개인 희생의 결과가 전체 사회를 희생하여悉天下, 결국 또 다른 극소수의 개인을 만족시켰다奉一身는 뜻입니다. 이거야 말로 극단적인 이기주의 아닙니까! 문제는 이처럼 극단적으로 이기적인 행위가 '대공무사大公無私'의 기치하에 이루어졌다는 것입니다. 그렇기 때문에 비뚤어진 것을 바로 잡기 위해 좀 지나친 표현을 쓸 수밖에 없었죠. 다시 말하면 이런 것이죠. "당신이 지금 남에게 손해를 끼쳐가며 자신의 이익을 찾겠다는 말인가? 미안하지만 나는 털 한 올

도 뽑을 수 없다!"

양주가 말한 "털 한 올도 뽑지 않겠다."는 결국 일반 백성들의 이익을 대변하고 보호하기 위함이었다는 뜻입니다. 이것이 바로 양주 학파 사상의 세 번째 의의, 즉 '소민'을 업신여기지 말라는 것입니다. 좀 더 분명하게 말해서 '국가천하'라는 명의로 제멋대로 인민 대중 개인의 권리를 침범하거나 약탈하지 말라는 뜻입니다.

그러고 보면 양주의 "털 한 올도 뽑지 않겠다."는 말은 중국 역사상 첫 번째 인권선언이라고 해도 과언이 아닙니다.

천하는 모두의 것이다

그렇다면 그가 주장한 "추호도 타인에게 이롭게 하지 않는다."는 말에 지나친 이기주의의 혐의가 없다는 말씀이십니까?

—— 표면적으로 보면 이기적이지만 실제로는 무사無私, 즉 사사로움이 없습니다.

첫째, 양주는 추호도 타인에게 이롭게 하지 않는다고 말하긴 했지만 또한 "추호도 타인에게 해를 끼치지 않는다毫不損人."고 말하기도 했습니다. 타인에게 해를 끼치는 것은 말할 것도 없고 손물損物, 즉 사물에 피해를 주는 것도 반대했죠. 양주는 이렇게 말했습니다. "지혜로움이 귀한 까닭은 나를 보호하기 때문이며, 무력이 천한 이유는 사물을 해하기 때문이다智之所貴, 存我爲貴, 力之所賤, 侵物爲賤." 여기서 사물이란 작은 동물은 물론이고 자연계를 모두 포괄합니다. 다시 말해 모든 침범과 점유를 반대한다는 것이죠. 이것이 어찌 사리사욕이겠습니까?

두 번째는 무엇입니까?

—— 양주는 비록 일모불발을 주장했지만 단순히 자신만을 위한 것이 아니었습니다. 모든 이들이 털 한 올도 뽑아서는 안 된다고 했다는 것이죠. 당신도 뽑지 않고 나도 뽑지 않으니, 모든 이들이 천하를 위해 털 한 올도 뽑아서는 안 된다. 이런 말이죠. 적어도 평등한 것은 분명합니다.

양주도 묵자와 마찬가지로 평등을 주장했다고 말씀드릴 수 있습니다. 다만 묵자는 평등한 '무사봉헌無私奉獻'을 주장했고, 양주는 평등한 일모불발을 주장했다는 것이 다를 뿐이죠. 만약 둘 중에 한 명만 고른다면 저는 양주를 선택하겠습니다.

무슨 이유죠?

—— 양주의 평등이 훨씬 철저하기 때문이죠. 그는 사람과 사람이 평등해야 한다고 주장했을뿐더러 개인과 사회 역시 평등해야 한다고 말했습니다. 그가 볼 때 개인을 희생하여 사회를 만족시키는 것損一毫利天下도 옳지 않으며, 사회를 희생하여 개인을 만족시키는 것悉天下奉一身도 옳지 않습니다. 사회와 개인은 누구도 상대를 해쳐서는 안 된다는 뜻이죠.

그래서 양주는 타인은 물론이고 사회에도 해를 끼치면 안 된다고 했습니까?

────── 그는 작은 동물은 물론이고 자연계에도 손해를 끼치면 안 된다고 했는데 어찌 다른 사람이나 사회에 손해를 끼치겠습니까? 마찬가지로 그는 다른 사람을 침범하거나 다른 사람의 재산을 점유해서도 안 된다고 주장했죠. 이런 점유를 양주는 '횡사橫私'라는 말로 표현했는데요.

'횡'은 난폭한 행동, '사'는 사유의 뜻입니다. 이렇듯 제멋대로 남의 것을 차지하는 것을 '패점覇占'이라 합니다. 양주는 바로 이를 결사반대했습니다.

양주는 왜 이런 주장을 했을까요?

────── 그가 보기에 자연, 사회, 타인 등, 모두 자기 것이 아니기 때문이죠. 동물이나 자연물도 자기 것이 아니기는 마찬가지입니다物非我有也. 심지어 자신의 생명이나 신체 역시 원래 자신의 것이 아닙니다身非我有也. 다만 이미 생명을 부여받고 신체를 지니고 있어 이를 보전할 수밖에 없기 때문에旣生, 不得不全之, 어쩔 수 없이 동물이나 자연을 이용하는 것입니다旣有, 不得而去之.

그러니 이 모든 것을 당연히 가져야 하는 것이라 생각해서도 안 되며, 함부로 소유하려고 해도 안 된다는 것이죠. 만약 그렇지 않을 경우, 양주의 말로 하자면, "천하의 몸을 함부로 차지하고, 천하의 물건을 제멋대로 점유한다橫私天下之身, 橫私天下之物."고 말할 수 있습니다.

자신의 몸이나 재산, 물질이 모두 자신 것이 아니라면 도대체 누구의 것이란 말입니까?

—— 천하의 것이라는 뜻입니다. 혹은 자연계나 전체 사회의 것이라고 말할 수도 있겠죠.

사적인 점유가 불가능하다면 어떻게 해야 하나요?

—— 사회와 자연, 그리고 세상의 것으로 놔두면 되죠. "공평하게 천하의 몸을 차지하고, 공평하게 천하의 사물을 점유한다公私天下之身, 公私天下之物." 원래 천하에 속하던 것을 세상이 공동으로 소유한다는 뜻입니다.

천하위공天下爲公, 다시 말해 천하가 모두의 것이란 말입니다. 양주가 볼 때 이는 도덕의 최고 경계였습니다. 오직 도덕적으로 완전한 '지인'만이 가능하죠.

일모불발을 주장한 양주가 천하위공까지 주장했다는 말씀인가요?

—— 게다가 양주의 '천하'는 인류 전체와 자연계가 모두 포함되어 있으니 더더욱 범위가 넓죠. 묵자보다 더 철저하고요. 그가 "털 한 올도 뽑지 않는다."라고 한 것도 마찬가지입니다. 자신은 물론이고 전체 인류, 전체 세계가 모두 뽑지 않아야 한다는 뜻입니다.

천하위공을 주장하면서도 털 한 올 뽑지 말라고 했다는 말입니까?

—— 그래야만 양주 사상이 보다 완전하게 전면적으로 전달될 수 있으니까요. 사실 그것이 가능성이 별로 없죠. 실천하기가 참으로 어

렵습니다. 양주의 사상이 결국 사람들에게 받아들여지지 못한 원인 가운데 하나가 바로 여기에 있습니다. 그러나 양주 사상의 핵심 또한 바로 여기에 있죠.

다시 한 번 정리해본다면 이렇습니다. '천하는 모두의 것天下爲公'이란 사회적 이상을 실현하려면 각 개인의 이익을 희생하지 않으면 안 됩니다. '천하 사람들의 행복'은 개개인의 행복으로 이루어져 있으며, 천하 모든 사람들의 행복을 한데 모아놓은 것이기 때문입니다. 개개인이 행복하지 않은데, 천하의 사람들이 행복하다고 말할 수 있을까요? 그런 행복을 과연 믿을 수 있을까요? 반대로 만약 세상 사람들의 행복을 위해 각자가 불행해질 수밖에 없다면, 또는 많은 이들이 희생을 감수해야 한다면, 과연 그런 행복을 굳이 추구할 필요가 있을까요?

저는 아직도 이해 못하는 부분이 있습니다. '무사봉헌'이란 사회적으로 귀중한 가치인데, 그것이 틀렸다는 말씀입니까?

—— 물론 자신의 사사로운 이익을 억제하며 사회에 봉헌한다는 것은 무엇보다 숭고하고 위대한 일입니다. 개인적으로 당신이 그렇게 하고자 한다면 문제가 없습니다. 정말로 그렇게 한다면 당신에게 진심으로 경의를 표하겠죠. 하지만 당신이 그 때문에 다른 이들에게도 그렇게 하길 요구한다면 어떻게 될까요? "미안하지만, 당신은 그렇게 요구하시면 안 됩니다. 그럴 권리가 없습니다." 이런 대답이 돌아오지 않을까요? 어쩌면 이렇게 말할지도 모르죠. "당신께서 그런 주장을 하실 수는 있지만 강요하실 수는 없습니다." 만약 강요한다면,

인류 공동의 행복을 추구한다는 초심에 위배되는 것이겠죠? 이와 반대로 모든 개인의 생명을 제대로 보존하고, 모든 개인의 이익에 손해가 되는 일이 없다면 천하는 크게 다스려질 것입니다. 그래서 양주는 이렇게 말한 것입니다. "사람들이 모두 털 한 올이라도 뽑지 않고 사람들마다 천하를 이롭게 하지 않는다면 천하는 다스려질 것이다 人人不損一毫, 人人不利天下, 天下治矣." 이것이 바로 양주의 관점이자, 노자와 장자의 관점이기도 합니다.

누가 이 세상을 다스릴 것인가

천하의 우환거리를 남들보다 먼저 걱정하고 천하의 즐거움은 남들보다 늦게 즐긴다. 천하 모든 사람을 구할 수 있는 이는 없습니다. 모든 사람을 구할 수 없다면 천하를 구할 수 없습니다. 따라서 천하를 구하는 가장 좋은 방식은 모든 개개인이 자신을 구하는 일일 것입니다. 자신을 구하여 천하를 구원하는 것이죠. 실제로 모든 개인이 자신을 구원할 수 있다면 천하를 구원하는 것이나 마찬가지입니다. 그래서 노자는 능히 자신을 구원할 수 있는 이에게 천하를 맡길 수 있다고 말했던 것입니다.

11

이 세계를
누구에게
줄 것인가

"사리사욕 없이 타인의 행복을 위해
일할 수도 있고, 사리사욕을 안 챙겨도
모든 이에게 피해를 줄 수도 있다."

사람들은 의로운 행동을 과감하게 취하는 이를 더할 나위 없이 존경한다. 그러나 절대로 모든 사람이 이런 영웅이 되길 희망하지는 않는다. 과감하게 의로운 행동을 한다는 것은 재난이 발생했다거나 범죄가 일어났다는 것을 의미하기 때문이다.

개체로서 곤경에 처한 환경에서 미약한 힘이나마 서로 도움을 주는 모습은 매우 숭고하고 비장하다. 이는 희망이 없던 세상에 밝은 희망의 빛을 더해주는 행동이 분명하다. 그러나 개개인 모두 이렇게 하기를 강요하는 사회가 있다면 이를 좋은 사회, 아니면 가장 우수한 사회의 모습이라고 할 수 있겠는가?

천하는 천하 만민의 천하이다. 천하 만민은 모든 사람의 총화이다. 그렇기 때문에 천하 만민의 천하는 개개인의 천하이기도 하다. 또한 그렇기 때문에 천하를 소중하게 생각하는 것은 우리 자신을 포함해 개개인 모두를 소중하게 생각하는 것이다. 먼저 자신을 존중해야 다른 사람을 존중할 수 있다. 먼저 자신을 소중하게 생각해야 사회를 소중하게 생각할 수 있다. 진정으로 천하를 귀히 여기고, 천하를 사랑하는 사람은 분명히 자신을 귀하게 여기고, 자신을 사랑하는 사람이다.

자신에게 전혀 이롭지 않으면 오로지 타인에게 이로울 수도 있다. 양수청풍兩袖淸風[1]하여 한쪽에 복을 가져다줄 수 있다. 그러나 그와 반대로 자신에게는 전혀 이롭지 않고 오로지 다른 사람만을 해할 수도 있다. 양수청풍의 죄질이 매우 무거울 수도 있다.

가장 좋은 천하는 구원도 필요 없다

양주는 "사람들이 모두 털 한 올이라도 뽑지 않고 사람들마다 천하를 이롭게 하지 않는다면, 천하가 다스려질 것이다."라고 했고 노자와 장

---

1 두 소매에 맑은 바람만 들어있단 말로, 청렴결백함을 비유한 말.

자 역시 이에 동의했다고 했습니다. 왜 찬성했을까요?

―――― 도가가 볼 때 가장 좋은 천하란 구원할 필요도 없고 누군가에게 의지할 필요도 없기 때문이죠. 구원도 필요 없고 기탁할 필요도 없으니, 굳이 자신의 털을 뽑을 필요도 없고, 사람들마다 천하를 이롭게 하려고 애쓸 필요가 없을 것입니다.

가장 좋은 천하란 구원이나 기탁이 필요 없는 곳이란 말이죠.

적어도 장자는 분명히 그렇게 말했습니다. '상유이말相濡以沫'이란 고사성어가 있는데 『장자』에 나오는 말로, 「대종사大宗師」에도 나오지만 「천운天運」에도 똑같은 내용이 반복해서 나옵니다. 일단 장자의 말을 들어보죠. 샘물이 마르면 물고기들이 너나할 것 없이 땅에 노출되어 힘들어집니다. 그러면 생존을 위해 서로 물기를 뿜어 상대가 호흡할 수 있도록 하는데, 이를 '상구이습相呴以濕'이라고 하고, 서로 침을 토해내 상대를 적셔주는데, 이를 '상유이말'이라고 합니다.

서로 침을 토해내 상대를 적셔준다는 말은 줄곧 중국 민족의 전통적인 미덕으로 간주되기도 했죠. 장자도 이를 부정한 것은 결코 아닙니다. 그 역시 긍정했습니다. 다만 그가 볼 때 이는 인류사회가 지향하는 최고의 경계가 아니라는 것이죠. 다시 말해 "서로 침을 토해내 상대를 적셔주는 것"이 아름다운 모습이기는 하지만 결코 최상의 상태는 아니라는 뜻입니다.

왜 그렇습니까?

―――― 한번 생각해보십시오. 물고기들이 왜 서로 물기를 뿜어 상대가 호흡할 수 있도록 하고, 서로 침을 토해내 상대를 적셔주겠습니

까? 물에 살아야 하는 물고기가 땅에서 곤란을 겪고 있기 때문입니다. 왜 물이 아닌 땅에 있는 것이죠? 샘물 또는 호수가 말랐기 때문이죠. 이렇듯 물고기들이 땅에서 힘들어하는 이유, 또는 전제는 바로 물이 말랐다는 것입니다. 그렇다면 물고기들이 자신들의 고향인 물속에서 영원히 사는 것이 훨씬 더 행복하지 않겠습니까?

그래서 저는 정의를 위해 물불을 가리지 않고 뛰어드는 의로운 행동은 물론 존중받아 마땅하지만 모든 이들이 그런 영웅이 되는 사회는 절대로 바라지 않는다고 말한 것입니다. 왜냐하면 의로운 행동이 있다는 것은 어떤 의롭지 않은 상황이나 범죄가 존재한다는 뜻이니까요. 바로 이것이 첫 번째 이유입니다.

두 번째는요?

──── 자, 다시 한 번 생각해보죠. 물고기들이 서로 습기를 뿜어주며 호흡하고 서로 침을 토해내면서 적셔준다고 해서 상대를 살릴 수 있을까요? 자신은 살 수 있나요? 다른 물고기도 살릴 수 없고, 자신도 살 수 없다면 뭐가 좋은 일이죠?

그렇게 말하신다면 지나치게 이해타산적인 것 같아요. 살릴 수 없다는 것을 뻔히 알면서도 최선을 다해 돕는 정신이야말로 우리가 존경할 만한 가치가 있는 것 아니겠습니까?

──── 물론 존경할 만하죠. 그러나 그런 마음 한구석에 왠지 싸하는 비애감이 들지 않습니까? 물이 아닌 땅에 놓인 물고기가 제 아무리 몸에 있는 수분을 다 뽑아낸다 한들 얼마나 되겠습니까? 다른 예

를 들어보겠습니다. 우리 집 처마에 새 둥지가 하나 있었습니다. 그 안에는 갓 태어난 새끼들이 옹기종기 모여 있고요. 어느 날 새 부부가 먹이를 구하러 가서 아직 돌아오지 않았는데 돌연 검은 구름이 몰려오더니 장대비가 쏟아지면서 광풍이 불기 시작했습니다. 새 둥지는 당장이라도 날아갈 듯 이리저리 흔들렸어요. 아무런 방어 능력이 없는 어린 새들은 그저 웅크린 채 서로 의지하며 온기를 유지하려고 애썼습니다. 아무런 희망도 도움도 없으니 그야말로 어쩔 수 없는 상황이었습니다. 정말 잊지 못할 안타까운 광경이었습니다.

어린 새들이 서로 의지하거나 물고기들이 서로 습기를 뿜어내며 살려고 애쓰는 모습이 아무런 도움이 되지 않는다고 할지라도 감동적이지 않나요? 왠지 숙연해지는 느낌도 들고요.

──── 틀린 말은 아닙니다. 곤경에 빠진 상황에서 개체들이 미약한 힘이나마 서로 도와가며 살기 위해 애쓰는 것은 숭고한 일임에 틀림없습니다. 비장하기도 합니다. 이는 희망이 사라진 세상에서 미약하나마 희망의 빛을 선사합니다. 그러나 모든 개체들이 이런 상황에 직면하는 사회라면 과연 그 사회가 살기 좋은 사회일까요? 가장 아름답고 행복한 사회라고 말할 수 있을까요?

그렇다면 어떤 상태가 가장 좋다는 말씀인가요?

──── 사람들이 모두 털 한 올도 뽑지 않고 사람들마다 천하를 이롭게 하려고 나서지 않는 그런 사회죠. 다른 이를 구할 필요도 없고, 다른 이에게 구원을 받을 필요도 없는 사회 말입니다.

왜 그런 사회가 가장 좋을까요? 그런 사회는 언제나 하늘이 맑게 개이고 따사로운 태양이 비쳐 작은 새들이 둥지를 잃는 재앙이 없기 때문입니다. 마찬가지로 샘물이 마를 날이 없어 물고기들도 땅에 노출될 일이 없습니다. 그래서 장자는 땅에 놓인 물고기들이 서로 습기를 뿜어내며 호흡할 수 있도록 하거나 침을 토해내 서로 적셔주는 것이 좋기는 하지만 그래도 "강이나 호수에서 서로 잊고 사는 것만 못하다 不如相忘於江湖."라고 말한 것입니다.

문제는 그런 일이 가능하겠느냐는 것입니다. 정말 어려운 일입니다. 설사 인재人災가 없다고 할지라도 천재天災가 없을 수는 없으니까요. 그렇기 때문에 우리는 상유이말을 존중하고 의로운 행동에 경의를 표하는 것 아니겠습니까?

다만 노자나 장자가 볼 때, 우리가 사는 세상을 구원하거나 기탁해야 한다면 양주가 말한 일모불발의 인물에게 맡겨야 한다는 것입니다. 노자와 장자가 분명하게 말했죠.

자신을 천하보다 중하게 여기는 지도자

노자와 장자는 어떻게 말했습니까?

── 노자는 "자신의 몸을 소중하게 여기듯이 천하를 위한다면

그에게 천하를 맡길 수 있으며, 자신의 몸을 사랑하듯이 천하를 위한다면 그에게 천하를 위탁해도 좋을 것이다貴以身爲天下, 若可寄天下. 愛以身爲天下, 若可托天下."(『노자』제13장)라고 했고, 장자 역시「재유在宥」에서 "자신의 몸을 천하를 다스리는 것보다 귀하게 여기는 사람이라면 천하를 맡겨도 괜찮다. 자신의 몸을 천하를 다스리는 것보다 사랑하는 사람이라면 천하를 기탁해도 괜찮다貴以身於爲天下, 則可以托天下. 愛以身於爲天下, 則可以寄天下."라고 했습니다.

무슨 뜻일까요? 자기 자신을 천하보다 중시하고, 자기 자신을 천하보다 더 사랑한다면 그에게 천하를 맡길 수 있다는 뜻이죠.

천하보다 자신을 더 중시하는 이기주의자에 천하를 맡긴단 말입니까? '천하의 우환거리를 남들보다 먼저 걱정하고 천하의 즐거움은 남들보다 늦게 즐기는' 어질고 뜻이 있는 사람이 아니고요?

────── "천하의 우환거리를 남들보다 먼저 걱정하고 천하의 즐거움은 남들보다 늦게 즐긴다先天下之憂而憂, 後天下之樂而樂." 이 말은 두 가지 뜻을 포함하고 있습니다. 하나는 개인보다 천하를 우선한다는 뜻이고, 다른 하나는 안락보다 우환을 먼저 생각한다는 뜻이죠. 주공周公부터 공자에 이르기까지 모두 이런 주장을 펼쳤습니다. 또한 이런 사람이어야 천하를 맡길 수 있다고 여겼죠. 이는 유가의 관점이지 도가의 관점이 아닙니다. 또한 도가의 사유방식에도 부합하지 않습니다.

도가의 사유방식이 무엇이죠?

────── 문제를 뒤집어서 생각하고, 자신의 관점을 뒤집어서 표현하

는 것이죠. 노자는 이를 "정언약반正言若反"이라고 했습니다. 바른 말은 마치 그것과 반대되는 말과 같다는 뜻입니다. 일종의 '역방향 사유', 또는 '거꾸로 사유하기'라고 할 수 있겠죠. 이러한 예는 『노자』 곳곳에서 쉽게 찾아볼 수 있습니다. 예를 들어 "밝은 도는 어두운 것 같고, 나아가는 도는 뒤로 물러나는 것 같다明道若昧, 進道若退." "숭고한 덕은 낮은 골짜기 같으며, 크게 순결한 덕은 때가 있는 것과 같다上德若谷, 大白若辱." 등이 그러합니다. 이처럼 밝은 것과 어두운 것, 전진과 후퇴, 고상함과 비열함, 순결함과 더러움을 반대로 이야기합니다. 이러한 논리에 따르면 자신을 중시할수록 당연히 더더욱 천하를 위탁할 수 있는 것이 되겠죠.

그렇다고 무조건 노자의 논리를 따라갈 수는 없지 않나요? 우리도 과연 그것이 일리가 있는 것인지 살펴야죠.

—— 제가 볼 때는 도리에 맞습니다. 그냥 맞는 정도가 아니라 아주 잘 맞죠. 천하란 천하 사람들의 천하입니다. 천하 사람은 모든 사람의 총화죠. 따라서 천하 사람들의 천하란 모든 개개인의 천하입니다. 바로 이런 이유로 천하를 중시하고 애호한다는 말은 곧 모든 사람을 중시하고 애호한다는 뜻입니다. 우리 자신을 포함해서 말입니다. 그렇다면 이런 일들이 모두 자기 자신부터 시작되는 것 아닌가요?

왜 자기부터 시작해야만 하죠?

—— 천하 모든 사람을 구할 수 있는 이가 없기 때문입니다. 모든 사람을 구할 수 없다면 천하를 구할 수 없습니다. 따라서 천하를 구하

는 가장 좋은 방식은 모든 개개인이 자신을 구하는 일일 것입니다. 자신을 구하여 천하를 구원하는 것이죠. 실제로 모든 개인이 자신을 구원할 수 있다면 천하를 구원하는 것이나 마찬가지입니다. 그래서 도가는 능히 자신을 구원할 수 있는 이에게 천하를 맡길 수 있다고 말했던 것입니다.

자신을 구할 수 없다면 천하를 맡길 수 없나요?

────── 물론이죠. 옛 사람이 말한 것처럼 자기 집도 청소하지 않고 어찌 천하를 청소할 수 있겠습니까? 더욱 중요한 것은 만약 한 개인이 자기 자신조차 중시하지 않는다면 어찌 다른 사람을 중시할 수 있겠는가라는 점입니다. 자신조차 사랑하지 않는 사람이 어찌 천하를 사랑할 수 있겠습니까? 믿지 못하겠거든 죽음을 마다하지 않는 강호江湖의 협객들을 한번 보십시오. 자신의 목숨도 중히 여기지 않는 그들이 어찌 남의 목숨을 귀하게 여기겠습니까? 이렇듯 무엇보다 자신을 존중할 수 있어야 다른 이를 존중하게 되고, 무엇보다 자신을 사랑해야 비로소 사회를 사랑할 수 있습니다. 진정으로 천하를 귀하게 여기고 사랑할 수 있는 사람은 틀림없이 자신을 귀하게 여기고 자신을 사랑합니다.

어찌하여 자신을 사랑하고 천하도 사랑하는 사람이 천하를 먼저 사랑하고 자신을 나중에 사랑하는 일에 그다지도 인색할 수 있는 것이죠?

────── 천하를 맡기는 것이 그만큼 큰일이기 때문입니다. 노자에게 큰 물건이나 일은 오히려 작은 것이죠. 예를 들면 다음과 같습니

다. "큰 악기 소리는 오히려 소리가 없고, 가장 큰 형상은 형체가 보이지 않는다大音希聲, 大象無形." "가장 교묘한 것은 졸렬한 것 같다大巧若拙." 그렇기 때문에 크게 공적인 것은 오히려 사적이고, 크게 사적인 것은 공적인 것이 되죠. 다시 말해 가장 사사롭게 보이는 이가 오히려 가장 공적인 인물이기 때문에 그에게 천하를 맡길 수 있는 것이죠. 반대로 보기에 대중을 위한 것처럼 보이는 이는 오히려 심히 사사로운 이이기 때문에 천하를 맡길 수 없겠죠.

'강생康生'이란 자를 아십니까? 강생은 '대공무사大公無私'의 기치를 가장 높이 들고 가장 우렁차게 제창한 인물 가운데 한 명입니다. 그는 문화대혁명 기간에 사사로움을 타파하고 공공公共의 것을 세우자는 이른바 '파사립공破私立公'이란 미명하에 수많은 이들을 죽음의 구렁텅이로 밀어 넣었습니다. 그런데 그 자신은 어떠했습니까? 혼란의 기회를 틈타 수많은 문물을 편취騙取했죠. '심사審查' 또는 '검열'이라는 명분으로 아예 박물관에 있는 서화를 거의 자기 것으로 만들었습니다. 아시다시피 수장가收藏家들은 보통 자신이 소장하고 있는 작품에 자신의 인장을 찍기 마련인데, 혹시 강생의 인장에 뭐라고 쓰여 있는지 아십니까? 대공무사! 정말 위선의 극치였죠. 그래서 제가 말씀드리지 않았습니까. 위군자偽君子가 소인보다 더 무섭다고요.

이건 좀 특별한 경우가 아닌가요? 누구보다 진지하고 성실한 이들도 있잖습니까? 예를 들어 공자나 묵자 같은 사람들 말입니다. 그들은 천하를 구하고자 온몸을 던졌는데, 그것을 쇼라고 할 수 있을까요?

—— 물론 아니죠. 공자나 묵자, 또는 맹자 등이 '구시'를 위해 애

쓴 것은 진실하고 성실한 일이지 사리사욕을 위함이 아닙니다. 특히 묵자는 오직 뜨거운 피를 흩뿌리며 자신의 일에 최선을 다했지만 자신의 옷소매 속에는 맑은 바람밖에 없다고 할 정도로 청렴결백했습니다. 그렇지만 도가의 입장에서 본다면 이런 성실함이나 무사無私가 오히려 가장 큰 허위이자 가장 사사로운 일이라는 것이죠. 예를 들어 『장자·천도』에 보면 노담의 입을 빌어 이렇게 말하고 있습니다. 무슨 '인의도덕'을 외치거나 '구시'를 주장하면서 자신은 "모든 이들을 두루 사랑하고 사사로움이 없다兼愛無私고 생각하는 이들이 있다. 그러나 사사로움이 없다는 것이 바로 가장 사사로운 것이다無私焉,乃私也."

천하를 구원하겠다는 사람을 경계하다

도가는 왜 그렇게 말했나요?

──── 도가가 생각하기에 유가나 묵가가 동분서주하면서 적극적으로 구세의 길로 뛰어든 것은 '성인'이 되거나 '구세주'가 되려고 하기 때문이라는 것입니다. 정말 그렇다면 이것이야말로 가장 큰 사사로움이 아니겠습니까? 돈을 요구하거나 이익을 바라지 않는다고 해서 무사無私라고 생각하지 말라는 것입니다. 다른 것을 요구하는 것이 있으니까요!

다른 것이라니요? 무엇을 말합니까?

―――― 명名을 요구하죠. 명성, 명예, 만고에 유전되는 아름다운 이름, 또는 '경천위지經天緯地'의 영예를 바란다는 것입니다. 그렇다면 과연 이것이 무사일까요? 아니면 사사로움일까요? 바로 이런 이유로 도가는 어떤 개인이 천하를 다스리거나 구원하려고 애쓴다면 그런 이에게는 천하를 맡길 수 없다고 주장한 것입니다.

왜 그에게 맡길 수 없죠? 이기적이기 때문인가요?

―――― 사사로운 이기주의는 단지 문제 가운데 하나일 뿐입니다. 이보다 더 심각한 문제는 '광망狂妄', 즉 과대망상, 안하무인의 오만함이죠. 생각해보십시오. 어떻게 이 세상을 한두 사람의 힘으로 구원할 수 있겠습니까? 도가는 한 술 더 떠 한두 사람은커녕 아예 근본적으로 구할 사람이 없다고 단언했습니다.

그렇다면 도대체 누가 구원한다는 것입니까?

―――― 하늘입니다. 천하는 하늘의 것이죠. 오직 하늘만이 창조할 수 있고 하늘만이 구원할 수 있다는 말입니다. 유가나 묵가도 "천하를 구원한다."고 하지만 이 역시 "하늘을 대신하여 도를 행하고", "하늘을 대신하여 법을 세우는 것"이 아니겠습니까? 하늘의 일을 사람이 하고 있으니 광망이라는 것입니다. 모든 사람이 힘을 합쳐도 할 수 없는 일을 자기 개인의 어깨에 짊어지려고 하니 어찌 이중의 과대망상이 아니겠느냐는 뜻이죠.

안하무인으로 오만하게 과대망상을 꿈꾸면 어떻게 됩니까?

—— 또 다른 문제가 파생됩니다. '패도覇道'라는! 곰곰이 생각해 보십시오. 어떤 한 개인이 천하의 흥망을 몽땅 짊어진다면 그 얼마나 엄청난 용기이고 거대한 매력이겠습니까? 그러면 우린 이렇게 물을 수 있습니다. 당신의 그 용기와 매력은 어디에서 나온 것입니까?

선생님은 어디에서 나온 것이라고 보시는데요?

—— 자신自信이죠. 무릇 천하를 구하겠다는 사람이라면 자신이 없을 수 없죠. 예를 들어 맹자는 뭐라고 말했나요? "세상에 왜 우리와 같은 사회 엘리트가 필요한가? 우리가 깨달은 진리로 백성을 계몽하기 위함이다以斯道覺斯民. 또한 자신이 파악한 진리로 세상을 구원하기 위함이다平治天下. 이러한 일은 우리가 아니면 누가 하겠는가非予覺之, 而誰也? 우리가 아니라면 또 누가 할 수 있겠느냐當今之世, 舍我其誰?"정말 대단히 호기로운 발언이지만 두렵기도 합니다. 그들은 자신들이 깨달은 진리가 바로 자신들의 손에 있다고 확신하고 있기 때문이죠.

그것이 뭐 안 좋은가요?

—— 진리를 틀어쥐고 있는 것이야 당연히 좋죠. 그러나 스스로 진리를 손에 쥐고 있다고 믿는 것은 결코 좋은 일이 아닙니다. 자기 스스로 진리라고 생각하게 되면 필연적으로 '횡행패도橫行覇道'2로 빠질 수밖에 없기 때문이죠.

2 세력을 믿고 포악하게 굴다.

생각해보십시오. 일반인들이 생각하기에 진리는 오직 하나 아니겠습니까? 그렇죠? 그런데 만약 그것이 자신의 수중에 있다면 자신과 다른 의견은 어떻게 되는 건가요? 진리가 아니죠. 분명 오류가 될 수밖에 없죠. 오류라면 비판받아 마땅하겠죠. 진리를 수호하기 위해서는 반드시 다른 의견에 대해 강력하게 비난해야 할 것입니다. 그렇다면 그 결과는 무엇입니까? 바로 패도입니다.

그렇다면 어떻게 해야 한다는 말씀이십니까?

——— 관용이죠. 진리는 하나일 수 있습니다. 그러나 진리가 반드시 자신에게 있는 것은 아닐 수도 있습니다. 어쩌면 진리라고 생각하는 것이 전체가 아니라 일부일 수도 있죠. 내가 파악하고 있는 진리가 그 일부라면 나머지는 다른 사람이 가지고 있는 것이 되죠. 따라서 모든 이들이 각기 나름의 진리를 가지고 있다면 그것을 합쳐야 비로소 전체 진리가 될 것입니다. 물론 그것조차 더 큰 진리의 일부일 수도 있겠지만요.

예를 들어보죠. 선진제자들은 비록 관점이 서로 달라 숱한 쟁론을 벌였지만 각기 나름의 도리를 확보하고 있었습니다. 부분적으로 진리인 것도 있죠. 그래서 저는 어떤 한 학파에 기울어지지 말 것을 당부한 것인데요. 특히 한 학파만 독존하는 것은 절대 반대합니다. 제 주장은 "서로 다른 것을 전부 받아들여 자신에게 필요한 부분을 취하고, 이를 추상적으로 계승하여 지속적으로 발전시킨다."는 것입니다. 그러나 자신이 진리를 확보하고 있다는 자신하는 이들은 이렇게 하기가 정말 어렵죠.

실천이 어려우면 어떻게 하죠?

—— 단지 재야在野 사상가라면 필전筆戰 정도에서 그칠 것이니 그다지 문제가 되지 않습니다. 어쩌면 좋은 현상이라고 말할 수도 있죠. 서로 다른 관점, 의견이 있다면 맞붙어 논쟁하는 것이 바람직하니까요. 논쟁할 때는 자신의 의견을 견지하여 남김없이 말하고 철저하게 논증해야겠죠. 이렇게 하면 인류의 인식 발전에 큰 도움이 될 것입니다. "진리란 변론하면 할수록 분명해진다."는 말도 있잖습니까. 그런데 만약 그것이 민간이 아니라 정치권에서 일어난다면 문제가 달라집니다. 우선 사상가가 정치가로 바뀌겠죠. 그러니 더더욱 조심해야합니다.

왜 조심해야 합니까?

—— 수중에 있는 공권력을 이용하여 자신의 주장을 강제로 추진할 가능성이 크기 때문입니다. 이렇게 되면 두 가지 위험이 생기기 마련입니다. 하나는 횡행橫行이고 다른 하나는 패도입니다. 이른바 횡행이란 맞든 틀리든 관계없이 자기 식대로 행하는 것이고, 패도는 옳든 그르든 상관없이 제멋대로 행하는 것을 말합니다. 과연 그 결과가 어떻게 될지는 굳이 말하지 않아도 아실 것입니다. 그런 시대의 경우 최고 통치자나 영도자 개인의 도덕이나 인품이 좋으면 좋을수록 더 위험하게 되죠.

그건 또 무슨 말입니까?

—— "야, 정말 저 사람은 자신은 돌보지 않고 오직 다른 이들만을

위해 멸사봉공하고 있어!" 사람들이 이렇게 말하기 때문입니다. 소매 안에 맑은 바람만 들고날 뿐 사리사욕 없이 일방적으로 타인의 행복을 위해 일할 수도 있습니다. 그러나 이와 상반되게 사리사욕을 챙기지는 않지만 오히려 모든 이들에게 피해를 주는 경우도 적지 않습니다. 자신은 돌보지 않지만 결코 용서할 수 없는 죄를 짓는 경우가 허다하다는 뜻입니다. 이런 예는 수도 없이 많습니다. 히틀러나 빈 라덴, 폴 포트 등이 모두 그런 예가 아니겠습니까?

그래서 천하를 다스리고 구원하겠다는 사람에게는 천하를 내줄 수 없다는 것이군요.

—— 사실 그것에 더 중요한 원인이 있습니다.

12 부산을
떨지 않아야
구원할 수 있다

"군자가 아무것도 하지 않으면
백성은 스스로 다스려진다."

도가는 공자의 인애, 묵자의 겸애 모두 사실은 짝사랑이라고 말한다.
그 둘의 사랑은 어리석게도 일을 사서 만드는 것이다. 괜히 진지하게
행동하다 보니 쓸데없는 일에 관여하고, 쓸데없이 관여하다 보니 괜
한 화를 부르게 되고, 그 결과 사단을 불러일으키게 되는 것이다. 사
단이 일어났으니 또다시 간섭하게 되고 결국 관리를 하면 할수록 일
은 더 커지게 되는 악순환을 겪게 되는 것이다.
도가의 주장은 "부산을 떨지 않아야 세상을 구원할 수 있다."라는 것
이다.

'작은 정부, 큰 사회, 백성의 자치, 군주의 무위'라고 요약할 수 있다. 군주가 '무위'하면 백성은 스스로 다스려진다. 지도자가 아무것도 하지 않으면 하급과 민중은 무엇이든지 할 수 있다.

천하의 혼란은 부산을 떨기 때문이다

도가는 천하를 다스리려고 하는 이에게 천하를 주지 말라고 했는데, 그 근본 원인은 무엇입니까?

──── 그들이 보기에 천하가 크게 어지러운 것은 누군가 천하를 다스리려고 했기 때문이라는 것이죠. 인위적으로 다스리려고 하면 어지러워진다는 뜻입니다. 사실 지금 우리가 사는 세상 또한 그렇지 않나요? 그러니 애써 구시를 생각하는 이들에게 천하를 준다는 것은 타오르는 불에 기름을 붓는 것이나 마찬가지인 셈이죠. 그래서 다스릴 생각이 없는 이에게 천하를 주어야만 진정으로 구할 수 있다는 것입니다.

도가가 그렇게 생각했다는 말입니까?

──── 그렇습니다. 장자는 우리가 사는 세상이 이처럼 어지러운 것은 천하를 구하겠다고 생각하는 사람들 때문이라고 했죠. 황제부터

시작해서 요, 순, 우 임금이 모두 그런 인물이죠.

장자는 「천운」에서 그렇게 이야기했죠. 그의 말에 따르면, 어느 날 자공子貢이 노담老聃을 방문했습니다. 장자가 말하길, 자공이 노담에게 이렇게 물었답니다. "삼황오제가 천하를 다스리던 방식은 비록 서로 달랐지만 그분들이 명성을 누렸다는 점에서는 같습니다. 그런데 왜 선생님만 그분들을 성인이 아니라고 하십니까?" 노자가 자공에게 좀 가까이 오라고 하면서 삼황오제가 천하를 다스리던 방법에 대해 알려주겠다고 했습니다. 그러면서 황제는 그런대로 천하를 잘 다스렸다고 했죠.

황제가 천하를 다스릴 때는 백성들의 마음을 순일하게 만들었기 때문이죠使民心一. 당시 사람들은 모두 평등했고 같았기 때문에 누구도 자신의 친인척을 다른 사람보다 더 중요하게 여기지 않았다는 것입니다. 그래서 부모가 죽어도 특별히 비통해하지 않았죠. 그런데 요堯 임금이 천하를 다스리게 되자 문제가 생기기 시작했습니다.

그 문제는 요가 천하를 다스리면서 백성들이 서로 친하게 만들었다使民心親는 것이죠. 결국 사람들은 너나할 것 없이 자신에게 가까운 사람만 친애하니 친소親疏의 차별이 생기기 때문입니다. 순 임금 때가 되면 문제가 더 커집니다.

순의 문제는 그는 백성들끼리 친소를 구별하게 만들었을 뿐만 아니라 서로 경쟁을 하게 만들었다使民心競는 것입니다. 어린아이가 태어나 다섯 달 만에 말을 하고 조금씩 커가면서 사람들을 분별하게 되니, 이로 인해 어린아이 때 요절하는 경우가 있게 됐다는 것입니다. 그러나 더 나쁜 경우는 대우大禹 시절입니다.

우 임금은 천하를 다스리면서 백성들의 마음을 변하게 만들었습니다使民心變. 사람들은 저마다 모략을 쓰고 다투고 싸우면서도 나름의 이치가 있다는 구실과 변명을 하게 됐죠人有心而兵有順. 그 결과 "천하 사람들이 모두 경악하고 유가와 묵가가 생겨나게 됐습니다天下大駭, 儒墨皆起." 세상의 도와 인심이 크게 어지러워지자 유가와 묵가가 튀어나와 인심을 현혹시키고 사람들에게 폐해를 끼쳤다는 말이죠. 노자가 생각하기에 이는 모두 황제가 만든 재앙이라는 것입니다.

대우가 사람의 마음을 변하게 한 것은 순 임금이 사람들이 서로 경쟁하게 만들었기 때문이고, 순 임금이 사람들이 서로 경쟁하게 만든 것은 요 임금이 사람들이 서로 친하게 만들었기 때문이라는 말씀이군요.

———— 딱 맞는 말입니다. 친애하는 이가 있으면 소원해지는 이도 있기 마련이죠. 친소親疎의 구분이 생기면 점차 거리가 생기게 될 것이고, 사람들 사이에 거리가 생기면 경쟁이 유발되기 마련이죠. 경쟁이 심화되면 투쟁으로 발전하고, 투쟁이 극렬해지면 그것이 바로 전쟁입니다. 전쟁이 있으니 폭력이 난무하고 암투와 음모가 판을 치죠. 너나할 것 없이 자신의 사리사욕을 채우기 위해 남을 억압하고 강제하게 되니 천하가 크게 혼란해질 수밖에 없습니다. 이렇게 보면 재앙의 근원은 결국 요堯까지 거슬러 올라가게 되지 않겠습니까?

황제는 또 무슨 관계입니까?

———— 요 임금은 왜 백성들이 서로 친하게 만들었나요使民心親? 천하를 다스리기 위함 아니겠습니까? 그렇다면 가장 먼저 천하를 다스

린 사람은 누구인가요? 바로 황제죠!

황제가 모든 재앙의 수괴라는 말씀입니까?

——— 정확하게 말해서 황제의 '다스림治'이 수괴인 셈이죠. 모든 문제가 바로 '치治'에서 나온다는 뜻입니다.

다스리는 것이 왜 나쁘다는 말씀입니까? 천하가 잘 다스려지면 좋지 않고, 천하가 혼란스러워야 좋다는 말씀인가요?

——— 아니요. 그런 뜻이 아닙니다. '천하대치天下大治'의 '치'는 물론 좋죠. 나쁜 것은 '치천하治天下'의 '치'입니다. 전자는 명사, 후자는 동사입니다. 명사로서 '치'는 좋지만 동사로서 '치'는 안 됩니다.

동사는 왜 안 된다는 것입니까?

——— '치'가 명사일 때는 동작이 아니라 하나의 상태를 말하죠. 도가의 관점에 따르면, 사회가 '크게 다스려지는 상태'일 때는 동작이 없습니다. 인위적인 행동이 없는 것, 다시 말해 '불치不治'의 상태입니다. 불치, 즉 인위적인 다스림이 없는 것이 바로 대치大治라는 뜻이죠. "다스리지 않는 다스림이 큰 다스림이다不治之治, 是爲大治."라고 말하기도 합니다. 이는 도가의 변증법과 완전히 부합합니다. 앞서 말씀드렸습니다만, 대음희성大音希聲이나 대상무형大象無形, 대교약졸大巧若拙과 마찬가지로 '대치불치大治不治'인 것이죠. 이와 달리 '치'가 일단 동사가 되면 참으로 성가신 일이 많아집니다.

동사가 되면 그것은 '치'가 동작, 행동의 의미를 지니게 됩니다. 동작이나 행동이 있게 되면 고통과 괴롭힘이 생기게 되죠. 고통과 괴롭힘이 바로 '난亂'입니다. 그래서 삼황오제의 '치'가 있었기 때문에 요순이나 우 임금의 '난'이 생기고, 춘추전국 시대의 '대란大亂'이 일어나게 된 것이죠. 그래서 이렇게 말한 것입니다. "삼황오제가 천하를 다스린다고 했는데, 명목은 다스린다고 했으나 실제는 말할 수 없을 정도로 어지럽힌 것이기 때문이다三皇五帝之治天下, 名曰治之, 而亂莫甚焉."

부산스러움은 혼자 생각에 빠지기 때문

천하의 큰 혼란은 부산스럽게 굴기 때문이라는 말씀이시죠.

———— 맞습니다. 이것이 도가가 유가나 묵가의 갈림길이라고 할 수 있죠. 천하가 왜 혼란한가? 공자나 묵자는 "사랑이 부족하기 때문이다."라고 말했습니다. 그러나 노자나 장자는 "부산스럽게 굴기 때문이다."라고 생각했습니다. 그래서 공자나 묵자의 구시 방안은 "좀 더 사랑하자."는 것인 반면 노자와 장자는 "들볶지 마라."고 주장한 것이죠.

그렇다면 요, 순, 우부터 시작해서 하, 상, 주에 이르기까지 사람들은 왜 부산을 떨며 괴롭힘을 당해야만 했나요?

———— 무엇보다 자신이 옳다고 여겼기 때문이죠. 그다음은 자신을

짝사랑했기 때문이고요. 그래서 결국 망신을 당하게 된 것이죠.

그럼 왜 자신이 옳다고 여겼을까요? 삼황오제부터 시작해서 춘추전국시대까지 모든 집권자나 사상가들, 예를 들어 요, 순, 우, 탕, 주 문왕, 공자, 묵자 등은 모두 자신이 "천하를 태평하게 다스릴 수 있다."고 생각했습니다. 도가가 생각하기에 천하는 '천天'의 것인데 어찌 사람이 다스릴 수 있겠습니까? 또한 과연 누가 "하늘을 대체하여 천도를 행하고", "하늘을 대신하여 법도를 세울 수 있습니까?" 그래서 천하를 다스리겠다고 하는 사람들은 너나할 것 없이 스스로 옳다고 여겼던 것입니다.

어떻게 그럴 수 있죠?

──── 첫 번째는 안하무인, 기고만장이란 말로 대신할 수 있습니다. 약간의 규율을 파악하고도 마치 모르는 것이 없는 것처럼 여기고, 조그마한 성취를 가지고 할 수 없는 것이 없다고 생각하는 것이죠. 두 번째는 상인들이 앞다투어 물가를 올리는 것처럼 무슨 '선성先聖'이네, '명왕明王'이네 하면서 누군가의 머리 위에 높고 큰 모자를 씌우는 것이죠. 결국 자신들조차 감당하기 어려울 지경에 이르러 정말로 자신이 "영원히 정확하다."는 착각에 빠지고 마는 것입니다. 세 번째는 민중의 무지를 들 수 있습니다. 무지했기 때문에 그저 따라서 법석을 떨었죠. 사실 이는 기이한 일도 아닙니다. 대중들은 언제나 우상을 필요로 하거든요. 삼황오제나 요, 순, 우 임금 등은 당시 사람들이 존경해 마지않는 우상이었습니다.

정확하게 말하면 '성인 날조 운동'이죠. 중국 문화의 주류 전통, 특히 유가의 문화전통은 '귀신 숭배'가 아니라 '성인 숭배'입니다.

이에 대해 노자나 장자는 어떤 태도를 취했나요?

────── 표면적으로 볼 때 그다지 같은 것은 아닙니다. 다만 노자는 리모델링에 가깝고, 장자는 해체 쪽이라고 할 수 있습니다. 『노자』에 나오는 성인은 아무것도 하지 않고處無爲之事, 아무 말도 하지 않으며行不言之敎, 자화자찬하는 일도 없고不自伐, 자만하는 일도 없습니다不自矜. 대신 겸손하게 자신을 낮추고, 소극적이며, 자신을 자제하고 무위하니 뭔가 우매한 것 같기도 하고 멍청한 것 같기도 합니다俗人昭昭, 我獨昏昏. 俗人察察, 我獨悶悶.[1] 그래서 이제 막 태어난 갓난아이가 웃을 줄도 모르는 것처럼 보이기도 합니다如嬰兒之未孩. 이것이 바로 새롭게 리모델링한 성인의 형상입니다.

『장자』에도 성인이 나오죠?

────── 유가와 묵가의 '성인'이죠. 그런데 장자가 아예 껍데기를 벗겨버립니다. 유가나 묵가는 성인을 도덕의 모범으로 생각하지만 그들의 도덕이란 강도가 가진 것과 다를 바 없다. 장자는 이렇게 말했습니다. 좀 더 구체적으로 말하면 이렇습니다. 다른 사람 집안에 감추어져 있는 물건을 정확하게 알아맞히는 것이 바로 '성聖'이고, 도둑질할 때 선봉에 서서 들어가는 것이 '용勇'이며, 물러날 때는 가장 늦게 나

---

1 『노자』 제20장. "세상 사람들은 자신을 밝게 드러내나 나만 홀로 어둡고 우매하도다. 세상 사람들은 모두 살피고 따지는데 나만 홀로 우물쭈물 흐리멍덩하구나."

오는 것이 '의義'이고, 도둑질해도 되는가 여부를 판단할 수 있는 것은 '지智'이며, 훔친 물건을 공평하게 나누어 갖는 것은 '인仁'이다. 「거협胠篋」에 나오는 말인데, 장자는 이렇듯 도적들이 따르는 규율이 이른바 성인의 가르침에서 나오지 않은 것이 있느냐고 하면서 오히려 도적들이 훨씬 뛰어나다고 했습니다. 그래서 장자는 세상을 놀랄 만한 결론을 내놓죠.

"성인이 생겨나자 큰 도적이 일어났다聖人生而大盜起."

"성인이 죽지 않으면 큰 도적은 멈추지 않는다聖人不死, 大盜不止."

장자는 왜 이런 말을 했을까요? 장자 시대에 이르면 노자처럼 '정면 교육'이 더 이상 효과를 거둘 수 없었거든요. 다만 '해구解構'를 할 수밖에 없었죠. 그러나 노자, 장자 모두 유가, 묵가 두 학파의 성인에 대한 견해는 동일했습니다. 바로 혼자 그렇게 생각하고自以爲是, 홀로 짝사랑을 했다自作多情는 것입니다.

홀로 짝사랑을 했다니요?

──── 이 세상은 누군가 다스려야 하다고 생각했기 때문입니다.

그럼 그럴 필요가 없다는 건가요?

──── 네. 노자나 장자 두 사람 모두 하늘이 있으면 만물이 생겨나고, 만물이 생긴즉 사람이 있다고 했습니다. 하늘과 땅이 인류를 창조했으니 인류 역시 자연히 생존이 가능하다는 것입니다. 천지의 아들딸인 인류가 자연스럽게 생존 방법을 터득하고 있는데 왜 그런 사람을 누군가 나타나 '다스려야' 합니까? 대체 당신들의 선왕, 성인은 무

슨 근심이 그리 많고, 왜 그리 쓸데없이 바쁜 겁니까?

그럼 어떻게 해야 합니까?

────── 자연스럽게 흘러가는 대로順氣自然, 무위의 통치를 통해 백성들이 해야 되는 것을 하도록 내버려두고 간섭을 하지 말아야 합니다. 노자가 이에 대해 좀 심하다 싶은 정도의 표현을 했죠. "천지는 어질지 않으니, 마치 만물을 지푸라기 개 대하듯 하고, 성인은 어질지 않으니, 마치 백성을 지푸라기 개 대하듯 한다天地不仁, 以萬物爲芻狗, 聖人不仁, 以百姓爲芻狗."**2**

'추구芻狗'에 대해서는 두 가지 해석이 가능합니다. 하나는 '풀과 개', 또 하나는 '풀로 엮은 개'란 뜻입니다. 어쨌거나 이 모두 별로 중요치 않은 물건이란 뜻입니다. '백성을 지푸라기 개 대하듯 했다'라는 것은 곧, '백성을 하찮게 여겼다'라는 것입니다.

이건 말도 안 되는 정도가 아니라 신한 말입니다. 노자가 이 말을 할 때는 사실 별다른 악의는 없었습니다. 그의 말인즉, 하늘과 땅이 만물을 만들었으니, 이렇게 만들어놓고 뭐 또 관리가 필요하겠느냐? 그냥 내버려둬라고 한 것입니다. 거기에다 천지는 '어질지 않으니' 사람이 사람에게 별 신경을 쓰겠습니까? 백성들이 당신들의 간섭을 좋아할 거라고 생각합니까? 그렇지 않습니다! 그들은 당신이 자신들을 '지푸라기 개' 취급해주길 간절히 원합니다. 신경 쓰지 말고 내버려두면 백

---

2 『도덕경』 제5장. 추구(芻狗)는 옛날 제사 때 쓰던 지푸라기로 만든 개로, 제사가 끝나면 내다 버렸다고 한다.

성은 자유롭습니다. 그러나 신경 쓰고 뭐든지 관리하려 들면 그거야
말로 귀찮은 일 아닙니까? 그래서 공자의 인애, 묵자의 겸애 모두 사
실은 짝사랑이라는 것입니다.

짝사랑이 뭐 큰일입니까?

──── 긁어 부스럼을 만든 것이죠. 본래 천하에 별일이 없는데, 어
리석게도 일을 사서 만든 것입니다. 괜히 진지하게 행동하다 보니 쓸
데없는 일에 관여하고, 쓸데없이 관여하다 보니 괜한 화를 부르게 되
고, 그 결과 사단을 불러일으키게 됩니다. 사단이 일어났으니 또다시
간섭하게 되고 결국 관리를 하면 할수록 일은 더 커지게 되죠. 그게
바로 무엇이겠습니까? 괜한 시비를 불러일으켜서 악순환을 초래하
는 것 아니겠습니까? 바로 괜히 들쑤시다가 결국 구제불능이 되어버
리는 거예요.

가장 좋은 통치자는 보이지 않아야 한다

**그렇게 생각하면 도가의 주장은 "괜히 들쑤시지 말아야 구원할 수 있
다."라는 거네요. 어떻게 해야 괜히 들쑤시는 일이 없을까요?**

──── '작은 정부, 큰 사회, 백성의 자치, 군주의 무위'라고 요약할

수 있습니다. 먼저 '군주의 무위君無爲'부터 말해보죠. 노자가 말하길, 하나의 사회, 하나의 국가를 관리, 통치, 지도하는 데 네 가지 상황 즉, 네 등급이 있다고 했습니다. 첫 번째가 '군주가 있는 것 정도만 알게 하는 것下知有之'입니다. 노자는 이것이 '태상太上' 즉, 가장 좋다고 했습니다. 아랫사람과 백성들이 그저 최고위층에 한두 사람이 있다는 것만 알뿐, 실제 다스리는 자, 다스림을 받는 자의 관계는 성립되지 않는 것이죠. 그냥 그런 관계가 없다고 보는 것이나 마찬가지입니다. 그래서 '군주가 있다는 걸 모르게 하라不知有之'라고 적혀 있는 판본도 있어요. 다시 말해 사회와 국가에 지도자가 있지만 아랫사람이나 백성이 아예 그 사실조차 모른다는 뜻입니다.

형태는 있지만 '허설虛設'이란 말이군요?

──── 그렇습니다. '허군虛君'이란 말이죠.

왜 허군이어야 하는 것이죠?

──── 도가의 관점에 의하면 가장 훌륭한 사회는 구원이 필요 없는 사회, 통치가 필요치 않는 사회니까요. 일단 통치를 하기 시작하면 천하에 큰 혼란이 일어납니다. 가장 훌륭한 통치는 바로 통치를 하지 않는 것이고, 가장 훌륭한 지도자는 절대 보이지 않는 지도자입니다. 그러나 여기서 한 가지 주의할 사항은 보이지 않는다고 해서 존재하지 않는다는 것은 아니라는 것입니다. 지도자는 존재하지만 마치 존재하지 않는 것처럼 하는 상태가 되어야 합니다.

그다음은요?

—— 두 번째는 '백성이 친근하게 느끼고 찬양하는 정치親而譽之', 세 번째는 '두려워하는 정치畏之', 가장 하위의 정치가 '깔보고 무시하는 정치侮之'입니다. 상황이 이 정도면 바로 난세죠. 망국이 그리 멀지 않은 사회라고 말할 수 있습니다.

위의 네 가지 표현이 일방적인 건가요? 아니면 쌍방이 그렇게 여긴다는 건가요?

—— 대개는 모두 일방적인 의미입니다. 아랫사람과 백성이 지도자를 대하는 태도죠. 최상이 바로 있는 듯, 없는 듯 하는 것이고, 그다음이 지도자를 사랑하고 자랑스럽게 생각하는 것, 그다음이 지도자를 두려워하고 피하는 것입니다. 가장 하위가 바로 지도자를 미워하고 헐뜯는 것이죠. 그러나 손바닥도 마주쳐야 소리가 납니다. 저는 노자의 이 표현은 지도자와 민중 쌍방의 관계를 말하는 것이라고 생각합니다. 최고의 경지는 바로 지도자가 간섭을 하지 않고, 백성도 개의치 않는 단계, 다음은 지도자가 백성을 사랑하고 백성이 지도자를 자랑스럽게 여기는 단계, 그다음은 지도자가 백성을 위협하고, 백성은 그 지도자를 두려워하는 단계입니다. 그리고 최악의 경우는 바로 지도자가 백성에게 모욕을 주고, 백성 역시 지도자를 원수처럼 증오하는 사회입니다. 그러나 어쨌든지 간에 허군이 가장 탁월한 상태입니다.

지도자의 형태만 있을 뿐, 없는 것이나 다름없으면 뭐가 좋습니까?

—— 지도자가 상징적인 상태에 머물면서 아무것도 하는 일이 없

으면無爲 소란할 일이 없습니다. 그와 달리 실재하는 군주實君는 무엇인가를 할 것이고有爲, 그렇게 되면 소란스럽습니다. 요, 순, 우왕에서 하, 상, 주 왕조에 이르기까지 왜 그렇게 소란스러웠나요? 도가의 관점에서 보면 지도자가 지나치게 뭔가를 하려고 애를 쓴 데다 또한 그렇게 할 능력이 있었기 때문입니다. 바로 '실實'했기 때문입니다. 실권을 가지고 있고 실제 일을 처리할 수 있으니 당연히 소란을 피할 수가 없었죠.

그럼 정치가들에게 지도자의 권한을 포기하라고 해야 한단 말입니까?
—— 그건 아닙니다. 지도자의 권한을 포기하면 그게 지도자입니까? 정확하게 알고 넘어가야 합니다. 이른바 '태상' 즉, 아랫사람들이 그가 있다는 것을 알게만 하는 지도자라고 함은 지도자가 없다는 것이 아니라 그냥 없는 것처럼 보이게 한다는 것입니다. 실제로는 존재하는 것이죠. '부재중의 존재', '무 안의 유'가 되는 것입니다. 게다가 도가의 변증법에 의하면 바로 이러한 부재중의 존재, 무 안의 유야말로 '대재大在', '대유大有'가 되는 것이죠. 이것이 바로 최고의 경지입니다. 큰 음은 소리가 성글고 큰 형상은 형태가 없으며 큰 자리함은 자리하지 않고, 큰 존재는 없는 것과 같지 않겠습니까!

어찌해야 큰 자리는 자리하지 않고, 큰 존재는 없는 것과 같게 하죠?
—— 큰 것을 잡고 작은 것을 놓아야겠죠. 대정 방침을 고수하는 가운데 사소한 것들은 관여하지 말아야 합니다. 또는 근본을 확실하게 하든가요.

근본이 뭔데요? 무엇을 어떻게 해야 근본을 확실하게 잡죠?

──── 근본은 '무엇을 어떻게 하는 것'이 아니라 '무엇을 하지 않는 것'입니다. 도가의 무위, 다시 말하면, 우리가 찬성하고 주장하는 무위는 '일을 하지 않는 것'이 아니라 '소란을 떨지 않는 것'입니다. 어떻게 해야 일을 하면서도 소란을 피우지 않을까요? 이것이야말로 매우 심오한 연구과제입니다. 사실 일을 하게 되면 어쩔 수 없이 소란을 떨게 되죠. 그럴 때면 분명히 누군가 나서서 "안 돼!"를 외치게 되죠. 그리고 '소란스럽지 않도록' 하기 위해 "안 돼!"라는 소리를 지도자, 그것도 최고지도자가 하게 됩니다. 그렇기 때문에 지도자는 '무엇을 할 것인가'가 아니라 '하지 말 것'을 생각해야 합니다. 아무것도 하지 않으면 마치 존재하지 않는 것처럼 생각되죠. 그러나 지도자가 효과적으로 소란을 방지할 수 있다면 그는 가장 위대하고, 가장 중요한 존재가 됩니다.

지도자는 '하지 않을 것'만 생각하고, '무엇을 할 것인가'에 대해서는 아랫사람이나 백성에게 그 권한을 넘긴다는 것입니까? 문제가 없을까요? 예를 들어 사람들이 일을 안 한다거나 소극적이고 태만해진다거나 일에 진전이 없는 등등 말입니다.

──── 그렇지 않습니다. 노자가 말하길, 지도자가 아무것도 하지 않으면 백성들은 은연중에 절로 감화가 되고潛移默化, 내가 하는 것이 없으면 백성이 스스로 교화된다고 했습니다. 또한 지도자가 정결함을 좋아하면 백성은 바른 삶을 살게 되고, 지도자가 하는 일이 없으면 백성은 점차 부유해지고, 지도자가 욕심을 없애면 백성은 선량하고

순박해진다고 했습니다. 결국 군주가 무위하면 백성은 스스로 다스려집니다. 지도자가 아무것도 하지 않으면 아랫사람과 백성이 모든 일을 알아서 할 수 있습니다.[3]

이런 것이 바로 작은 정부, 큰 사회이겠죠. 그러나 여기서 정확하게 짚고 넘어가야 하는 부분이 있습니다. 도가가 말한 '큰 사회'란 다만 정부를 가리키는 것입니다. 사회 조직, 모임의 경우, 그들은 이 역시 "작아야 한다."고 주장합니다. 바로 '소국과민'이죠. 도가는 그것이 가능하다고 생각했으며, 또한 그런 적이 있었습니다.

---

3 『도덕경』 제57장. "내가 고요히 있는 것을 좋아하면 백성이 바르게 되고, 내가 아무것도 하지 않으면 백성이 스스로 교화되고, 내가 일을 꾸미지 않으니 백성이 절로 부유해지고, 내가 욕심을 내지 않으니 백성이 절로 순박해진다(我好靜而民自正, 我無爲而民自化, 我無事而民自富, 我無欲而民自樸)."

13 과거의 영광을 되돌릴 수 있는가

"문명과 부유함, 과학기술의 진보는
절대 죄악을 일으킨 이유가 아니다."

사람들은 현재에 불만을 가지고 있을 때에는 쉽게 과거를 생각하고 동경하게 된다. 그럴 경우, 사람들은 과거에 있었던 좋은 점, 장점만 기억하고 과거의 단점을 기억하지 못한다. "웃는 얼굴만 볼 뿐, 꾸며진 얼굴은 보지 못한다." 때때로 지금 기억하고 있는 과거의 장점 역시 과장된 부분이 많다.

꾸밈없는 도덕의 최고봉으로 돌아가기 위해서는 이에 따른 전제조건 즉, 아무것도 없는 가난함도 함께 받아들여야 한다. 과연 사람들이 이런 것을 원할까? 설사 그러길 원한다 해도 사람들이 반드시 순박해진다거나 도덕적이 된다고 보장할 수 없다.

과거 중국은 가난했다. 그렇다고 순박했는가? 사실 문명과 부, 과학 진보는 절대적으로 죄악을 낳는 근본적인 이유가 아니다. 빈곤과 우매, 낙후야말로 온갖 악의 근원이다.

나라를 다스림에 소극적으로, 무위함이 무방하고, 사람 노릇을 함에 마음도 생각도 비우는 것이 가장 좋다.

소란스럽지 않은 도의 시대

중국 역사에 정말 '작은 정부, 큰 사회, 백성의 자치, 군주의 무위'가 이루어진 때가 있었습니까?

—— 도가는 그렇다고 생각했습니다. '도道의 시대'가 있었다고 생각하죠.

도의 시대라니요?

—— 지도자가 조용히 일을 하지 않고, 백성들이 자유로워 그 누구도 함부로 나대지 않던 시대입니다. 그런데 왜 도의 시대라고 할까요? 도의 특징이 바로 무위, 즉 소란을 피우지 않는 것이니까요. 그런데 후대 사람들이 이를 버리고 소란을 떨기 시작하면서 '덕德의 시대'

로 들어갔습니다.

그렇다면 왜 덕의 시대라고 할까요? 소란을 떨기에 어지럽습니다. 어지러우면 다스려야죠. 그런데 뭘 가지고 다스리죠? 처음에는 도덕, 즉 덕으로 나라를 다스렸습니다以德治國. 그래서 덕의 시대라고 합니다. 노자의 말을 빌리면, 이 과정을 "도를 잃게 되자 덕이 생겼다失道而後德."고 했죠.

그게 언제였습니까?

―― 하, 상, 주 시대입니다. 그중에서도 서주西周시대가 전성기였죠. "덕으로 나라를 다스린다."라는 것이 주공의 주장이었고, 또한 효과를 본 적도 있었으니까요.

좋은 것 아닙니까?

―― 아니죠. 도를 잃으니 소란스러워졌습니다. 일단 소란스러워지기 시작하면 멈출 수가 없어요. 그저 계속 그렇게 혼잡한 상황이 이어집니다. 결국 덕으로도 치유가 되지 않으니 그것도 포기하고 다른 방법을 생각해야 합니다.

무슨 방법인가요?

―― 사랑이 등장합니다. 인애, 겸애 같은 것들을 동원해 구시에 나서죠. 그렇게 해서 사회는 '인仁의 시대'로 들어섭니다. 이를 "덕을 잃은 후 인이 생겼다失德而後仁."라고 표현한 것입니다. 공자와 묵자의 시대 즉, 춘추시대 말기에서 전국시대까지가 이에 해당합니다.

인애, 겸애도 모두 안 된다는 말씀입니까?

──── 네. 그러니 '의義'를 강조할 수밖에요. 이렇게 해서 사회는 '의義의 시대' 즉, "인을 잃고 후에 의가 생기는失仁而後義" 시대로 진입합니다.

그건 또 어떤 시대입니까?

──── 공자는 "인을 이룬다成仁."고 했고, 맹자는 "의를 취한다取義."고 했습니다. 바로 맹자의 시대, 즉 전국시대 중기에 해당합니다. 전국시대 말기에는 의 역시 소용이 없어져 버리게 되죠. 이에 순자가 나서 '예禮'를 말하면서 사회는 '예의 시대'로 들어갑니다. 이를 "의를 잃으니 후에 예가 생겼다失義而後禮."라고 한 것입니다. 예의 시대에 이르니 그야말로 더 이상 수습이 곤란할 정도로 혼잡한 상황이 됐습니다. 노자의 관점에 따르면 예는 "충과 신이 부족한 것이며 어지러움의 시작이다忠信之薄而亂之首."라고 했기 때문입니다.

예가 어찌 천하대란의 시작이자 원흉, 괴수입니까?

──── 예는 내면에서 우러나는 것이 아니라 강제성을 띠기 때문입니다. 생각해보십시오. 사람들 모두 마음속으로 우러나 노인을 존경하고 아이를 아낀다면 "노인을 공경하고, 어린이들을 사랑하라尊老愛幼."라는 규정이 왜 필요하겠습니까? 또한 모두 진심으로 타인을 존중하고 약자를 배려한다면 "예절과 사양함이 우선이다禮讓爲先."라는 규정도 필요가 없죠. 예로서 나라를 다스린다는 것은 인이 사라지고, 의가 사라져 사람들에게 인과 의가 있는 척하라고 강요할 수밖에 없었

기 때문입니다. 그 결과 앞에서는 존대하면서 뒤에서는 다른 꿍꿍이 속을 챙긴다는 것입니다. 사람 마음이든 세상의 도든 간에 모두 망가질 대로 망가지고 썩어 문드러졌습니다. 세상이 그저 얇은 종이 한 장에 싸여 있다고 보면 됩니다.

그래서 예의 시대가 난세라는 겁니까?

─── 네. 순자가 살았던 전국시대 말기는 중국 역사상 가장 혼란스럽고 가장 어두운 시대 가운데 하나였습니다. 군주와 신하, 아버지와 아들 사이에 서로 속고 속이고 너 죽고 나 살자는 식으로 검이 번뜩이고 피가 흘러 강물을 이루던 시대였어요. 결국 막다른 길, 심연으로 곤두박질쳤던 시대라 할 수 있습니다.

전국시대 말기가 가장 나쁜 시대였다고요?

─── 도가의 말에 의하면 그렇습니다. 순자가 살았던 전국시대 말기는 맹자, 장자가 살았던 전국시대 중기만 못했으며, 맹자와 장자가 살던 전국시대 중기는 공자, 묵자가 살았던 춘추시대 말기(또는 춘추전국시대 사이)만 못했고, 공자와 묵자가 살았던 춘추시대 말기는 또한 주공의 서주시대 초기만 못했습니다. 바꾸어 말하면 예의 시대가 의의 시대만 못했고, 의의 시대가 인의 시대만 못하며 인의 시대는 덕의 시대만 못했습니다. 그리고 이 모든 시대가 바로 도의 시대만 못했습니다.

왜 그랬을까요?

─── 도를 잃지 않았습니까. 도를 잃으면 덕을 강조할 수밖에 없

고, 덕이 사라지면 인을 강조할 수밖에 없습니다. 인이 먹혀들지 않으면 의를 말할 수밖에 없고요. 의도 제 역할을 못하면 예를 말하게 됩니다. 덕, 인, 의, 예 모두 구시를 위해 사용됩니다. 그 결과가 어떻습니까? 결국 갈수록 구제불능이 됐습니다. 구시의 과정이라는 것이 바로 요란하게 들쑤시는 타락의 과정, 멸망으로 향하는 과정입니다. 이러한 과정을 일컬어 "도를 잃은 후에 덕이 생기고, 덕을 잃은 후에 인이 생기며, 인을 잃은 후에 의가 생기고, 의를 잃은 후에 예가 생겼다."고 하는 것입니다.

이것이 바로 노자가 그린 '로드맵'입니까?

—— 네. 바로 유가의 4대 인물과 유학의 네 단계(주공의 도, 공자의 인, 맹자의 의, 순자의 예)에 대응된다고 할 수 있습니다. 『노자』가 절대 공자 이전에 완성된 책이 아니라고 말씀드리는 것도 그 때문입니다. 그렇지 않다면 오히려 신기한 일이죠. 물론 이 점에 대해서는 토론의 여지도 있습니다. 그러나 노자가 볼 때 분명히 유가의 방법으로는 세상의 도를 구할 수 없고, 천하를 구할 수도 없으며 그저 이를 악화시킬 뿐이라고 했을 것입니다.

늪에 빠진 사람처럼 허우적거릴수록 더 빨리 죽는다는 말씀인가요?

—— 마치 길을 잘못 든 사람이 가면 갈수록 더 방향을 잡지 못하고 헤매는 것과 마찬가지입니다. 유일한 출로는 늪을 벗어나 바른 길로 돌아오는 것입니다. 다시 말하면 도의 시대, 도의 사회로 돌아오는 것이죠.

가장 좋은 사회, 가장 좋은 사람

이른바 도의 시대란 어떤 시대인가요? 또한 도의 사회란 또 어떤 사회를 말하는 겁니까?

—— 덕의 시대가 하, 상, 주 시대라고 한다면 도의 시대는 바로 하, 상, 주 이전이겠죠. 더구나 장자의 말에 의하면 요, 순, 우 임금 이전의 시대라 봐야 합니다. 하, 상, 주는 국가시대였고, 요, 순, 우 임금 때는 부족시대였습니다. 이렇게 추론해보면 도의 시대는 바로 원시시대, 도의 사회란 바로 씨족사회입니다.

노자와 장자는 왜 원시씨족사회를 좋아했나요?

—— 그들의 이상에 맞으니까요. 노자가 말했습니다. 사람의 일생 가운데 가장 아름다운 시절이 언제인가, 바로 갓난아기 시절이라고요. 그것도 막 세상에 태어나 웃을 줄 모르던 그 시절로, 이를 "아직 웃는 것을 모르는 갓난아이 같다."라고 했습니다. 그렇기에 가장 좋은 시대, 가장 좋은 사회, 가장 좋은 사람 역시 모두 갓난아기 같아야 한다고 했습니다. 예를 들면 성인이 그렇습니다.

성인이 갓난아기 같다고요?

—— 네. 다만 '위대한 갓난아기'죠. 『노자』 제55장에 이르길, "갓난아기는 독이 있는 벌레나 뱀이 물지 못하고, 맹수도 할퀴지 못하며, 사나운 날짐승도 후려치지 못한다. 남녀 간의 교합을 알지 못해도 음

경은 오랫동안 발기하며 하루 종일 울어도 목이 쉬지 않는다."**1**라고
했습니다.

어떻게 그럴 수 있죠?

——— 정기가 충만하여 가득하고, 생명력이 왕성하여 쇠함이 없으
며 모든 몸과 마음이 극히 조화로운 상태가 됩니다. 이를 일컬어 "정
기가 지극하다精之至也.", 혹은 "조화가 지극하다和之至也."라고 하죠.

위대한 갓난아기는 왜 정기가 지극하고, 조화가 지극하죠?

——— 모유를 먹으니까요! 모유를 먹을 때 아이들은 자연히 면역
력이 생깁니다. 성인도 이와 같습니다. 다만 성인은 위대한 갓난아기
이니, 그의 어머니 역시 매우 위대합니다. 여기서 '위대한 어머니'가
바로 '도道'입니다. 성인은 바로 이러한 도에서 직접 영양을 흡수하는
것을 중시하고 따르기 때문에 '귀식모貴食母'**2**라고 합니다. 이런 사람
이 바로 도가 있는 사람인 것이죠.

최고의 사람이 바로 도가 있는 사람이고, 최고의 시대, 최고의 사회가
바로 도의 시대, 도의 사회란 말씀이죠. 그렇기에 당연히 모유를 먹고,
갓난아기 같다고 한 것이고요.

1 『노자』 제55장. "蜂蠆蛇不螫, 猛獸不據, 攫鳥不搏, 骨弱筋柔而握固, 未知牝牡之
   合而全作, 精之至也, 終日號而不嗄."
2 먹여주는 어미를 귀하게 여긴다.

—— 맞습니다. 원시씨족사회가 바로 이런 인류사회의 '영아嬰兒'
입니다. 그래서 가장 아름다운 시대입니다. 그렇기 때문에 '도'로 돌
아가는 것이 바로 원시씨족사회로 돌아가는 것이죠. 그걸 바로 "갓난
아기로 돌아가자復歸於嬰兒."라고 하는 것입니다.

원시씨족사회는 또 어떠한 사회였습니까?

—— "군주는 솟아난 나뭇가지 같고, 백성은 들의 사슴과 같다上
如標枝, 民如野鹿."(『장자』), "정치가 무능하면 백성이 순박해진다其政悶悶, 其
民淳淳."(『노자』) 노장은 이렇게 이야기했죠. 지도자는 마치 나뭇가지 같
고, 백성은 들판의 사슴 같다는 뜻입니다. 장자의 이상 사회이죠. "정
치가 무능하면 백성이 순박해진다."는 것은 지도자가 엉터리면 백성
도 순박하다는 것입니다. 바로 노자의 정치적 이상이죠.

그게 뭐가 좋습니까?

—— 순박하고 자유로우니까요. 그러나 노자와 장자는 각기 자신
들이 중요하게 생각하는 부분이 있었으니, 노자는 순박함이요, 장자
는 자유로움입니다.

장자는 왜 자유를 중요하게 생각했습니까?

—— 장자가 원하는 삶의 이상은 진실하면서도 자유롭게 사는 것
이었어요. 바로 '소요유逍遙游'이죠.³ 그러나 장자가 주장하는 삶의 이

---

3 이에 대해서는 21장에서 다시 심도 있게 다룰 것이다.

상은 일단 사회적 이상이 될 경우 노자의 정치사상과 잘 들어맞습니다. "군주는 솟아난 나뭇가지 같다."란 것이 바로 노자 정치 주장의 최고 경지인 "가장 이상적인 지도자는 아랫사람들이 그가 있다는 것을 알게만 하는 것太上, 下知有之"과 "가장 이상적인 지도자는 그가 있음을 알지 못하게 하는 것太上 不知有之"이 아니겠습니까?

노자는 왜 순박한 것을 그리 중요하게 생각했습니까?

—— 순박하면 소란스럽지 않으니까요. 노자가 확실하게 생각한 한 가지 문제가 있습니다. 바로 인간은 왜 소란을 피우려 하고, 또한 왜 소란을 피우게 되느냐는 것입니다. 답은 두 개입니다. 바로 '욕심이 많고多慾', '지혜가 많기 때문多智'입니다. 욕심이 많으니 소란스럽게 행동하고, 지혜가 많으니 소란을 피울 수 있습니다. 따라서 철저하게 소란을 피우지 않기 위해서는 두 가지, 바로 욕심을 줄이고 지혜를 버려야 합니다.

어떻게 해야 욕심을 줄일 수 있나요?

—— 세 가지가 있습니다. 첫째, "현자를 숭상하지 않는 것이다不尚賢."라는 것이고. 둘째는 "얻기 어려운 보물을 귀히 여기지 않아야 한다不貴難得之貨". 현자를 숭상하지 않으니 덕과 재능이 있는 사람을 추종하지 않습니다. 추종하지 않으니 또한 경쟁을 하지 않고요. 얻기 어려운 보물을 귀히 여기지 않으니 진귀한 보물, 진귀한 동물에 별로 신경을 쓰지 않습니다. 신경을 쓰지 않으니 이를 훔치는 사람이 없죠. 욕심 낼 만한 것이 보이지 않으니 자랑하지 않고, 자랑하지 않으니 유

혹됨이 없습니다. 모든 유혹이 사라지면 욕심도 줄어듭니다.

어떻게 해야 지혜를 버리죠?

──── 먼저 군주가 어리석고 그다음에 백성이 어리석어야 합니다. 국가의 통치가 어려운 이유는 바로 백성들이 너무 많은 것을 알기 때문입니다民之難治 以其智多. 따라서 예로부터 "도를 받드는 데 능한 사람은古之善爲道者 모두 도로써 백성의 지혜를 개발하지 않고非以明民 이로써 백성을 어리석게 한다將以愚之."고 했습니다. 그러니 백성을 어리석게 하려면 군주도 어리석어야 하죠.

이유가 무엇입니까?

──── 위가 좋으면 아래도 반드시 그 결과가 나타나니까요. 통치자의 눈과 마음이 맑으면 백성들 역시 따라서 영특해지지 않겠습니까? 이를 "정치가 면밀해지면, 백성들이 약아진다其政察察, 其民缺缺."라고 합니다. 지도자가 추호의 빈틈도 없이 면밀히 관찰하면 백성은 나쁜 생각을 품게 된다는 것입니다. 이와 달리 "정치가 무능하면 백성이 순박해진다."고 했으니 이는 지도자가 설렁설렁 대충 하면 백성도 순박하고 진실해진다는 것입니다. 그러하니 내숭을 떠는 한이 있어도 흐리멍덩해야지 절대 뛰어난 재주와 지혜로 영특하게 행동하거나 더더욱 총명함으로 나라를 다스려서는 안 된다는 것입니다. 그래서 "그런 까닭에 지혜로 나라를 다스리면 나라의 도둑이 되고, 지혜로 나라를 다스리지 않으면 나라의 복이 된다故以智治國, 國之賊, 不以智治國, 國之福."라고 한 것입니다.

그렇게 하면 천하가 태평해질 수 있습니까?

── 풀어나가야죠. 이런 방법들은 모두 '방법術'이지 '도'는 아니니까요. 결국 역시 '도'로, 원시씨족사회로 돌아가야 합니다.

도가가 꿈꾼 원시사회의 자유

원시씨족사회는 정말 순박하고 자유로웠나요?

── 자유가 있었다고 하기는 좀 그렇고, 정말 순박하긴 했습니다. 엥겔스는『가족, 사유재산 및 국가의 기원』이란 책에서 원시씨족사회를 순박한 도덕의 최고봉이라 지칭하며 이런 순박함을 버리고 최고의 역량에서 벗어나는 것을 타락이라 했습니다. 그러나 원시시대의 이런 순박함은 천성이라기보다는 다른 이유가 있습니다.
가난해서 아무것도 존재하지 않는 것이죠. 많은 이들이 원시사회가 좋았다고 합니다. 길에 버려진 것이 있어도 줍지 않고, 밤에도 문을 닫을 필요가 없었다고요. 물론 사실이 그렇습니다. 그러나 그건 물자가 없어서, 원래가 훔칠 물건도 없었기 때문입니다. 또한 사악함이 없고 천진하여 서로 방어함이 없는 원시사회가 좋았다고 말하는 이들도 있습니다. 그것도 맞는 말입니다. 그러나 그렇게 됐던 이유는 지능이 높지 않으니 그만큼 꿍꿍이속도 많지 않았던 것입니다. 만인이 평등하고 서로 사랑하니 원시사회가 좋았다고도 합니다. 씨족, 부족 내부에서는 그럴 수도 있었겠죠. 그러나 씨족과 씨족, 부족과 부족 사이의 경우 꼭 그렇다고 할 수는 없습니다. 황제도 치우와 싸우지 않았습니까? 염제와 황제는 어떻습니까? 그러니 무슨 천하태평이 있을 수 있었겠습니까?

그럼 원시사회로 돌아갈 수 없다는 것입니까?

———— 불가능한 일이죠. 또한 그렇게 해서도 안 되고요. 원시사회는 어찌 됐거나 다시 돌아올 수 없는 과거입니다. 이미 '과거의 역사'가 되어버리지 않았습니까? 아무리 좋다 해도 그건 이미 철 지난 꽃이겠죠?

철 지난 꽃이지만 그래도 아름다운 꽃이지 않았습니까?

———— 아름다움도 있고 추함도 있었죠. 사물은 모두 양면성을 지니고 있습니다. 달도 차면 기울고, 밝음이 있으면 이지러짐이 있다고 했죠. 원시사회라고 어찌 항상 맑은 날만 있고, 항상 행복만 있었겠습니까? 문제는 사람들이란 항상 현재가 불만스러우면 과거를 생각한다는 것이죠. 그럴 때마다 과거의 행복했던 것들만 생각하고 나빴던 기억들은 기억하지 못한다는 것입니다. 아름다움만 보고, 추함은 보지 못하는 것이죠. 또한 과거의 아름다움은 종종 과장되는 측면이 있습니다. 다시 말하면 사람들이 비할 데 없이 아름다웠다고 묘사하는 과거의 모습이 사실 그리 정확한 묘사가 아니라는 것입니다. 완벽하게 진실을 말하는 것은 아니라는 것이죠.

그러니까 원시사회로 돌아가는 것도 마땅치 않다는 것입니까?

—— 그렇습니다. 가능한 일도 아니고요. '순박한 도덕의 최고봉'
으로 돌아가기 위해서는 이에 따른 전제조건, 즉 아무것도 없는 가난
함도 함께 받아들여야 합니다. 그렇다면 사람들이 이런 것을 원할까
요? 설사 그러길 원한다 해도 사람들이 반드시 순박해진다거나 도덕
적이 된다고 보장할 수 없습니다.

과거 중국은 가난했습니다. 그렇다고 순박했습니까? 사실 문명과 부,
과학진보는 절대적으로 죄악을 낳는 근본적인 이유가 아닙니다. 빈
곤과 우매, 낙후야말로 온갖 악의 근원입니다. 룽잉타이龍應台[4] 역시
1950~1960년대 타이베이 거리에서 차량 추돌사고가 일어나면 곧
바로 싸움이 벌어졌다고 했습니다.

그런데 지금은요? 그저 명함이나 교환하고 점잖게 헤어진다는 것이
죠. 나머지 일들은 변호사나 보험회사에서 다 처리해주니까요. 발전
이야말로 변할 수 없는 대세입니다.

그렇다면 도가의 주장이 잘못됐다는 말씀인가요?

—— 후퇴하면 출로가 없지만 도가 역시 나름의 이치가 있습니다.
적어도 우리에게 뭔가 일깨워줄 수는 있죠.
세 가지를 일깨워줍니다. 언제나 경외감을 가지고 있어야 하며, 좀 소
극적으로 무위의 도를 실천하는 것도 무방하며, 가장 좋기로는 그냥
생각을 하지 않는 것입니다.

4 룽잉타이(龍應台): 1952~, 타이완 출신 작가.

그건 무슨 말이죠?

────── 앞에서도 말한 바와 같이 걸핏하면 소란을 피우고, 막무가내로 소란스러워지는 이유 중 하나가 오만함 때문이죠. 오만하게 되는 이유는 '자신이 모든 것을 다 알고 있고 능력이 뛰어나다'라고 생각하기 때문에 경외감이란 것을 모른다는 것입니다. 그래서 자연 정복이니 운명을 극복한 인간이니, 단시간 내에 올리는 최고의 성과니 산과 바다를 뒤엎는 인간의 개척정신이니 하는 말이 나오는 것입니다. 마치 순식간에 세상을 뒤엎을 변화를 불러일으킨다거나 세상을 손바닥에 가지고 노는 듯한 발언이니, 그야말로 마음 한가득 거대한 포부를 품은 모습이 아닙니까? 그런데 그 결과는 어떻습니까? 대가를 그대로 치르고 있죠? 사실 엥겔스는 『자연변증법』에서 이미 우리에게 경고를 보낸 적이 있습니다. 대자연을 상대로 승리에 지나치게 도취하지 말라고 했죠. 매번 이러한 승리에 대해 자연은 우리에게 보복을 했다고 했습니다. 바로 이럴 때 도가의 "지혜를 버린다."라는 말이 어느 정도 각성제 역할을 할 수 있지 않겠습니까?

소극적인 무위는 또 어떻게 해석해야 할까요? 소극적인 무위 역시 권
장할 만한 가치가 있습니까?

────── 소극적이란 말은 결코 나쁜 말이 아닙니다. 예를 들면 도시 계획의 경우에도 저는 소극적일 것을 주장합니다. 무엇을 해야 할지 계획하는 것이 아니라, 무엇을 하지 말아야 할지 계획해야 합니다. 무엇을 건설하지 말아야 할지, 어떤 곳은 건드리지 말아야 할지, 어디 수계를 남겨두어야 하는지, 어떤 건축물을 보호해야 하는지, 건축 통

제선을 확정하여 자손만대 통제구역이 손실되지 않도록 지켜야 합니다. 무엇보다 가장 두려운 것은 성과가 급급한 성과주의 결과물들입니다. 우선 거대한 청사진부터 만들어놓고 대거 토목공사나 전쟁을 벌이니까요. 그 결과 일이 잘못되면 백성의 삶을 고단하게 하고 물자를 낭비합니다. 결코 손실을 돌이킬 수가 없죠. 심지어 근본적인 손실로 나라와 백성에 재앙을 초래할 수 있습니다. 지도자로서 좀 소극적으로 행동하는 것도 무방한 일입니다. 명심하십시오. 소극적이어도 무방하다는 사실을요!

소극적인 무위가 지도자를 향한 말이라면, 생각을 하지 않는다는 것은 개개인에 대한 말인가요?

—— 그렇습니다. 나라를 다스리는 일은 소극적인 무위도 무방하고, 사람 노릇을 할 때는 '머리를 쓰지 않고 행동'하는 것이 가장 좋습니다. 입 막고, 귀 막고 살지 않으면 집안 어른이 되기 힘들다는 옛말이 있습니다. 사람이 지나치게 영리하고 능력이 있으면 좋지 않아요. 지나치게 뛰어나면 다른 사람이 두려워하고 자신도 피곤합니다. 대충 해야 모두 편안하고 근심이 없습니다.

이런 것들이 원시사회로 돌아가자는 도가의 주장과 무슨 관계가 있습니까?

—— 원시사회야말로 정치가 무능하고 백성이 순박한 사회, 위든 아래든 생각이 없는 사회가 아닙니까? 정확히 말하면 사회는 있는데 정부가 없고, 협조는 하지만 통치가 없는 사회죠. 당시 국가는 존재하

지 않고 부족만 있습니다. 물론 정부는 없고 '책임자'와 '인솔자'만 있을 뿐입니다. 그들의 업무 성격은 사실 가장이나 부족장, 반장과 유사합니다. 또한 그들은 씨족 성원 간의 관계이지 군주와 신하의 관계가 아닙니다. 따라서 씨족사회 방식으로 '작은 정부, 큰 사회, 백성 자치, 군주 무위'의 이상을 실현하는 것은 말이 좀 안 됩니다. 게다가 소국 과민의 시대는 이미 끝이 나지 않았습니까? 앞으로 등장하는 사회는 천하통일의 '대제국'이죠.

그렇다면 유가도 불가능하고, 묵가도 불가능하고, 도가도 불가능하면 대체 누가 '구시'를 할 수 있게 되는 것이죠? 바로 법가입니다.

14

같은 하늘 아래
서로 다른 꿈

"앉아서 도를 논한 삼가(三家)와
패도(覇道)를 횡행하는 법가."

이상주의자의 특징은 그의 주장이 반드시 스스로 생각하기에 '최고'
여야 한다고 여기는 것이다. 그 논리와 주장이 유용한지에 대해서는
신경을 쓰지 않는다. 현실주의자는 이와 다르다. 그의 방안을 최고라
고 할 수 있는지의 여부는 확신할 수 없다. 그렇다고 해도 그의 주장
이 쓸모가 있다는 것만은 확실하다.

유가의 입장은 이렇다. "하나의 사회, 하나의 국가에 대한 최선의 상
태를 위해서는 지나치지 않은 약간의 관리와 자유방임으로 흘러가지
않을 약간의 자유가 필요하다."

실리를 추구한 법가

법가의 주장으로 정말 '구시'가 가능합니까?

──── 우리가 어떤 식으로 이해를 하느냐에 달려 있습니다. 정확하게 말하면 '구시'를 생각한 무리는 유가와 묵가밖에 없습니다. 법가역시 도가와 마찬가지로 당시의 '시장'은 구제할 수 없다고 생각했습니다. 다른 점이 있다면 도가는 구제하지 않았기 때문에 원시상태로돌아갈 수밖에 없다고 한 반면, 법가는 구제를 하지 않았으니 새로운미래로 나아가는 편이 좋다고 생각했습니다. 그 결과 법가가 성공을거두었죠.

법가는 어떻게 성공했습니까?

──── 먼저 일부 국가가 패권을 쥐도록 도와주었습니다. 예를 들면관중管仲[1]은 제나라 환공桓公을 보좌했고, 이후 일부 패권 경쟁에 뛰어든 나라를 도와주었습니다. 또한 오기吳起[2]는 초나라 도왕悼王을 보좌했어요. 그러나 무엇보다도 법가의 최대 성과는 역시 진秦나라입니다. 상앙商鞅[3]의 변법을 통해 진나라는 공국公國에서 왕국이 됐고, 한비韓非의 이론을 바탕으로 진나라는 다시 왕국에서 제국이 됐습니다.

---

1 관중(管仲): ?~기원전 645, 춘추시대 제(齊)나라 재상.
2 오기(吳起): 기원전 440~기원전 381, 춘추시대 위(衛)나라 병법가.
3 상앙(商鞅): ?~기원전 338, 전국시대 진(秦)나라의 정치가.

이러하니 진나라의 '대국굴기'가 어찌 법가의 공이 아니겠습니까? 하물며 진시황이 '한 번 검을 들어 천하의 건곤을 확정하여 一劍定乾坤' 백가쟁명이 끝나면서 법가사상이 진나라 제국의 국가 이데올로기가 됐으니 법가가 가장 성공한 것 아닙니까?

그렇다면 법가의 사상이 가장 정확한 것입니까?

—— 그렇게 말할 수는 없습니다. 그런 식으로 말하면 '승리한 자가 왕이요, 패배한 자는 역적'이 되는 것 아닙니까? 다만 법가의 방식이 가장 유용했다고 말할 수 있을 뿐입니다.

법가의 학설이 왜 가장 유용했었나요?

—— 실리적이니까요. 법가가 유가, 묵가, 도가와 구분되는 이유 중 하나는 법가를 제외한 모두가 '이상주의'라는 점입니다. 오직 법가만이 '현실주의'입니다. 이상주의자의 특징은 자신의 주장이 최고의 것이라고 여긴다는 점입니다. 그게 유용하든 아니든 그런 것은 상관하지 않습니다. 현실주의자는 이와 반대입니다. 그의 방안이 최고라고 확신하진 않지만 분명히 유용할 것이라고 생각합니다. 법가가 바로 그렇습니다.

법가는 왜 현실주의자입니까?

—— 법가 인물의 신분, 그리고 그들이 대표하는 파벌, 계층과 관련이 있습니다. 사실 선진제자들은 모두 '사士'이며 또한 '사士'를 대표합니다. 그러나 파벌과 계층은 다릅니다. 대체적으로 유가는 문사

文士·儒士, 묵가는 무사武士·俠士, 도가는 은사隱士를 대표합니다. 따라서 유가의 사상은 '문사의 철학', 묵가의 사상은 '무사의 철학', 도가의 사상은 '은사의 철학'입니다. 법가는 모사謀士를 대표합니다. 법가의 사상은 '모사의 철학'입니다.

모사의 철학은 왜 반드시 유용한 것이죠?

──── 모사의 임무는 바로 계책을 세우는 것입니다. 누구를 위한 계책이냐고요? 바로 자신들을 고용, 채용한 사람들을 위한 것입니다. 사람들은 자신의 문제를 해결해달라고 모사를 고용했습니다. 모사의 계책이 유용하지 않다면 누가 그들의 말을 듣겠습니까?

따라서 법가 인물들은 관중이나 상앙처럼 장군이나 재상이 되든지 아니면 신도慎到[4]나 한비처럼 자신의 이론을 글로 남기는 방법으로 이를 운용하여 유용하게 활용할 수 있다는 것입니다. 그렇기 때문에 유가, 묵가, 도가는 모두 '앉아서 도를 논하지만' 법가는 '패도覇道를 횡행'했습니다.

법가에 대한 평가가 매우 낮군요.

──── 낮은 것이 아니라 객관적으로 표현한 것입니다. 조금 조롱의 뜻이 담기긴 했지만요. 사실 '패도를 횡행'이란 말을 강조한 이유는 각 학파의 '주법走法'이 다르기 때문입니다. 유가, 묵가, 도가는 '직진'을 한 데 비해 법가는 '횡행', 즉 모로 걸었으니까요.

----

4 신도(慎到): 기원전 395~기원전 315, 제(齊)나라 직하학사(稷下學士).

그들의 '도道'가 다르기 때문입니다. '도'는 원래 길을 말합니다. 길이 다르면 당연히 걷는 모습도 다르죠.

길이 문제입니까?

──── 물론입니다. 춘추전국시대에 왜 제자들이 등장해 쟁명을 벌였습니까? 직접적인 이유는 바로 세상이 혼잡하여 갈 길이 없었기 때문입니다. 쟁명의 핵심은 바로 '중국은 어디로 갈 것인가'였습니다. 이것이 바로 근본적인 문제죠.

그렇다면 이들이 주장하는 '도'의 차이점은 무엇입니까?

──── 도가는 '천도天道', 묵가는 '제도帝道', 유가는 '왕도', 법가는 '패도'를 주장합니다. '천도'란 여와, 복희, 신농의 '도'로, 씨족사회의 '도'를 말합니다. '제도'는 요, 순, 우의 도, 즉 부족연맹의 '도'입니다. 또한 '왕도'는 문왕, 주공의 '도'로 서주 봉건시대의 도입니다. 이 모두 '뒤를 돌아보는 것'이자 '후진後進'이라고 말할 수 있죠. 좀 점잖게 말하면 '직진'이라고 말해도 무방합니다. .

왜 '직진'이라고 하십니까?

──── 솔직하다 못해 고지식하고, 고집불통이기 때문이죠. 게다가 당당하게 계속해서 '후진'을 했으니까요. 그중에서도 도가가 가장 멀리 갔습니다. 황제黃帝도 부족한 듯 복희伏羲를 최고로 쳤습니다. 묵자는 조금 가까운 편이었죠. 우 임금까지 갔으니까요. 공자는 조금 실질적이었습니다. 서주시대로 돌아가지 못하면 좀 양보해서 동주시대까

지라도 받아들일 수 있다고 생각했으니까요.[5] 그야말로 죽어도 그것만 고집하겠다는 것 아닙니까?

삼가가 인정하는 것이 모두 과거의 죽어버린 이치이니 모두 '공담空談'일 수밖에요. 이에 계속 뒤를 향해 가다가 결국 앉아서 도를 논하게 됐죠. 그러나 어쨌거나 유용성에 대해서는 별로 개의치 않던 사람들이니 앉아서 도를 논해도 무방하겠죠.

법가는 왜 패도를 횡행할 수밖에 없었을까요?

──── 법가가 주장한 도가 패도이기 때문입니다. 법가의 패도는 또한 포악하게 실행할 수밖에 없으니까요. 법가는 포악하죠. 모든 사람이 반대하고 모두 안 된다고 하는데도 억지를 부렸습니다. 게다가 어떤 대가도, 희생도 아끼지 않았습니다.

예를 들어 상앙은 자신의 주장을 펼치기 위해 얼마나 많은 사람을 죽였는지 압니까? 유향劉向[6]이 기록한 『신서新序』에 보면 "어느 날 하루만에 죄인 7백여 명을 처형하여 위수渭水가 모두 붉게 물들었다."고 합니다. 마지막으로 상앙 자신도 혹형에 의해 비참한 최후를 맞이했죠. 이 역시 포악하게 패도를 실행한 패도 횡행이 아니겠습니까?

---

5 『논어·양화』. "내가 그곳을 동주로 만들어볼까(吾其爲東周乎)?"
6 유향(劉向): 기원전 77년~기원전 6년, 전한(前漢)시대의 경학가.

천하통일의 부작용

이상하네요. 패도는 왜 언제나 횡행해야 하는 것이죠?

—— 이를 위해서는 무엇을 패도라고 하는지 정확히 파악할 필요가 있습니다. 겉으로 볼 때 패도는 '오패지도五覇之道'입니다.

'오패'가 뭡니까?

—— 춘추시대에 등장한 다섯 명의 패주覇主로 춘추오패 또는 오백五伯이라고도 합니다. 춘추오패가 누구인가에 대해서는 두 가지 견해가 있습니다. 제齊나라 환공桓公, 진晉나라 문공文公, 초楚나라 장공莊公, 오吳나라 왕 합려闔閭, 월越나라 왕 구천勾踐이라는 설과 제나라 환공, 진나라 문공, 진秦나라 목공穆公, 송나라 양공襄公, 초나라 장왕이라는 설이 있습니다. 제나라 환공, 진나라 문공, 초나라 장왕은 두 설 모두에 포함됩니다. 그들은 당시 제후들 가운데 가장 강한 군주였습니다. 또한 그들의 국가 역시 당시 여러 나라 가운데 가장 강한 나라였고요. 그러니까 그 의미를 잘 생각해보면 패도라는 것은 제나라 환공, 진나라 문공의 '패권의 도' 또는 '대국굴기 도'라고 해야 마땅합니다.

그럼 실제로는 아니었단 말씀입니까?

—— 제 환공과 진 문공은 맞는데 상앙과 한비의 것을 보면 완전한 패도는 아니었습니다.

그건 또 무슨 말씀이시죠?

—— 상앙의 변법을 보면 잘 알 수 있습니다. 상앙 변법의 결과가 다만 진秦이라는 공국이 '대국굴기'를 이룬 것, 진나라 효공孝公이 '팔짱을 끼고 서하의 밖을 차지한 것拱手而取西河之外' 정도에 불과합니까? 그렇지 않습니다. 상앙 변법의 최종 결과는 진시황의 '일통천하一統天下', 진 제국의 '사해일가四海一家'입니다. 물론 여기엔 한비의 공도 있습니다. 그러나 상앙이 이를 시작했다는 것은 사실입니다. 진시황이 제 환공, 진 문공과 다른 것 역시 확실합니다.

제 환공, 진 문공과 진시황의 근본적인 차이가 뭡니까?

—— 제 환공, 진 문공은 한때 패권을 쥐었던 패주였으며 그들의 나라 역시 수많은 제후국 가운데 초강대국이었습니다. 그러나 진시황은 천하에 군림한 '독주獨主'였습니다. 그가 이룬 제국은 '전 세계'를 의미했습니다. 어찌 이들을 동격 취급하겠습니까? 상앙과 한비의 주장이 또한 어찌 그냥 '오패의 도'라고만 할 수 있겠습니까?

왜 그렇게 됐죠?

—— 간단합니다. 그저 '패주' 정도로는 시대의 수요를 만족시킬 수 없었으니까요.

'자산 재편성'이 필요했습니다. 처음에 말씀드리지 않았습니까. 춘추전국시대에 천하가 큰 혼란에 빠진 것은 원래의 구조가 무너지고 전 세계가 균형을 잃으면서 각 세력이 다시 권력의 재편성을 하게 됐기 때문이라고요. 당시 본사의 사장 격인 주 천자는 그저 '천하 공주共主'

라는 이름만 남았을 뿐, 점점 더 강력해지는 제후들을 통솔할 수 없었습니다. 천하를 평정하여 국제사회의 평화와 질서를 유지할 사람이 필요했던 것입니다. 누가 천하를 평정할 수 있을까요? 점점 더 강력해지고 있는 제후들 가운데 가장 강한 자가 될 수밖에 없었습니다. 그들이 바로 패주죠.

'인터폴'입니까?

—— 그렇습니다. 적어도 명목상으로는 그저 '인터폴'일 뿐, '세계의 왕'은 아니죠. 그들은 천하를 평정할 때 반드시 주 천자의 기치를 내걸어야 했습니다. 마치 현재 강대국들이 어떤 나라에 출병을 할 때 반드시 유엔으로부터 권한을 부여받아야 하는 것처럼 말이죠. 마찬가지로 그들이 파견하는 '평화유지군' 역시 다국적 연합군이긴 하지만 어쨌거나 '미병대회弭兵大會(정전협정회의)'를 열어 '정전협정'과 '동맹조약'을 체결해야 했습니다.

무슨 문제가 있나요?

—— 갈등과 분열, 혼란, 파열이 일어났습니다. '동일한 세계'에 '두 개의 중심'이 존재하고, '갖가지 꿈'이 있었으니(적어도 두 개 이상) 문제가 생기지 않을 수 있겠습니까?

두 개의 중심이라니요?

—— 하나는 공주共主(주 천자)이고, 또 하나는 패주(제 환공, 진 문공 등등)입니다. 공주는 지위가 가장 높은 '지존'입니다. 패주는 실력이 가

장 막강한 사람으로 '지강至强(최고의 힘)'입니다. 지존은 지강이 아니며, 지강 역시 지존은 아닙니다. 하나의 천하에 두 개의 중심이 있다니 그야말로 갈등이 생기고 분열이 되지 않겠습니까? 더구나 지강인 패주의 자리를 돌아가면서 맡는다니, 그야말로 혼란스럽지 않겠습니까?

왜 파열이 이루어졌죠?

—— 같은 세계에 살면서 서로 다른 꿈을 꿉니다. 그런 세상에서 명목상 공주인 주 천자는 적어도 자신의 명분, 체면, 존엄성을 지켜갈 수 있었습니다. 그러나 실질적인 패주인 제 환공, 진 문공과 같은 무리들은 그저 자신의 힘을 키울 기회만 노렸습니다. 그들은 '평화유지군'을 파견하고, '미병대회'를 열고, '정전협정'을 체결하고, '동맹조약'을 체결합니다. 그 목적과 동기는 명목상으로는 군주와 신하의 관계를 이어가는 가운데 국제질서를 유지하여 세계평화를 지키는 것이지만 실제 속내는 무엇이겠습니까? 아마도 세를 확장하면서 경쟁상대에게 타격을 주어 세계 패권을 쥐기 위해서일 것입니다.

따라서 그들의 평화유지 행동은 명목상으로는 왕을 존대하기 위함이지만 실제는 패권 장악이 목적입니다. 패주들을 따라 소란을 피우는 이들 역시 각자 다른 속셈을 가지고 주판알을 굴렸습니다. 어떤 이들은 그저 마지못해 그들을 따르는 이도 있었겠지만 스스로를 보호하고자 함이었습니다. 어떤 이는 교대로 권력을 잡는 동안 차기 순번제 의장이 되길 원했으니 적어도 상임이사국 정도는 되고 싶었을 것입니다. 결국 거의 모든 사람이 자산 재편성 과정에서 자신도 한몫을 챙기고 싶어 했습니다. 말 그대로 동상이몽이죠.

제자백가들은 어땠습니까?

──── 그들은 같은 문제에 서로 다른 꿈을 가지고 있었죠. 공통점이 있다면 모두 당시의 상태가 지속되도록 해서는 안 되며 개혁이 불가피하다고 여겼다는 점입니다. 그렇기 때문에 그들은 모두 동일한 문제, 바로 '중국이 어디로 갈 것인가'라는 문제에 매달렸습니다. 그러나 그들이 제시하는 답안은 모두 달랐습니다. 꿈이 다르니까요.
공자는 극기복례하길 원했고, 묵자는 국영기업 개혁을 원했고, 노자와 장자는 아예 봉건제도를 뒤집어 본사(천하), 지사(제후국), 자회사(대부의 집) 같은 것 자체를 없애자고 했습니다. 도가는 모두 중소기업이나 작업장 같은 것으로 만들어버리고 싶어 했습니다. 중국 대지에 수없이 많은 작업장, 중소기업이 산재하도록 하여, 각자 서로 간섭하지 않은 상태로 생존을 추구하며 각기 제 길에서 즐거움을 찾자고 했습니다. 심지어 백성이 늙을 때까지 서로 왕래하지 않고자 했으니까요. 이것이 바로 '강호에서 서로를 잊고 살다相忘於江湖'가 아니겠습니까!

패도의 본질은 중앙집권의 길

법가는 당연히 이런 소국과민 방안에 대해 찬성하지 않았겠죠?

──── 찬성하지 않았죠. 그러나 연민의 마음만은 같았습니다. 법가

역시 무왕, 주공이 세운 삼 단계 분권, 단계별 도급제의 서주 봉건제도를 없애자고 주장했으니까요. 관리를 하자니 권력을 집중시킬 수 없고 관리를 하지 않자니 그렇다고 자유롭지도 않다고 보았기 때문입니다.

그렇다면 유가는 왜 이를 찬성하고 보호까지 하려 했습니까?

──── 유가는 중용의 도를 주장했으니까요. 유가의 관점에서 보면 사회나 국가 모두 약간의 관리는 해야 하지만 지나치게 엄격한 통제를 해서는 안 된다고 생각했습니다. 약간의 자유는 주되 방임하지는 않는 것이죠. '서주봉건'처럼 권력을 가지고 있으면서도 권력을 놓는 부분도 있고, 권력을 집중시키면서도 분권을 시행했으니까요. 그것도 세 단계로 나누어서요. 그야말로 넘치지도 모자라지도 않는 상태, 마침맞게 적절한 수준을 유지하는 것입니다.

묵가는요? 그들은 이런 방식을 찬성했습니까?

──── 「상동尙同」에서도 보면 반대는 하지 않았습니다. 어쨌거나 이 제도는 "위아래 서로 겸애하여 윗사람과 의견을 같이한다上下兼愛, 逐級尙同."를 실현하는 데 유리하니까요.

도가와 법가만 이런 방식을 반대했습니다. 그러나 반대하는 이유는 달랐습니다. 도가는 '작은 정부, 큰 사회, 백성의 자치, 군주의 무위'를 주장했습니다. 그들은 권력을 놓는 것도 철저하게 놓아야 한다고 생각했습니다. 심하게 말하면 아예 '권력' 같은 것이 존재하지 못하도록 해야 한다고 했죠. 그렇기 때문에 서주시대 제도에서는 권력이 분산

되기도 하고, 권력을 놓기도 했지만 근본적으로 생각할 때 그것도 안 된다는 거였죠. 최고의 상태는 '무권', 즉 권력이 존재하지 않거나 '기권'을 하는 것이라 생각했습니다.

법가가 반대한 근본적인 이유는 아마도 법가가 '국가주의자'이기 때문일 것입니다. 법가가 하고자 했던 것의 목적은 오직 한 가지, 바로 부국강병이니까요. 그런데 '삼 단계 분권, 단계별 도급제'의 결과는 무엇이었습니까? 임금은 임금답지 못하고, 신하는 신하답지 못하고, 대부는 집을 잃고, 제후는 나라가 망하고, 천자는 자리를 비웠습니다. 이래 가지고 되겠습니까?

이에 대해 공자 역시 극도로 가슴 아파하지 않았습니까?

—— 그러나 그들이 확인한 현상도, 내린 판단도, 찾은 원인도 모두 달랐죠. 공자는 예악붕괴의 모습을 말하고, 상앙과 한비는 나라가 무너지고 집은 망한國破家亡 사회를 목격했습니다. 공지는 예악이 붕괴된 것은 제후와 사대부가 주례周禮를 지키려 하지 않았기 때문이라고 주장한 것에 비해, 상앙과 한비는 분권이 문제라고 말했습니다. 제후가 대부에게 권력을 분할해주지 않았다면 대부가 반란을 일으켰겠느냐, 또한 천자가 제후에게 권력을 나누어주지 않았다면 제후가 반란을 일으켰겠느냐는 식이었습니다. 달리 표현하면, 자회사가 없으면 지사들로 나뉘었겠습니까? 또한 지사가 없으면 본사의 자산이 바닥나는 일이 있었겠습니까?

그렇기 때문에 지사, 자회사를 폐지하고 모두 권력을 본사에 집중시키

는 것이 유일한 방법이라고 한 것인가요?

——— 네. 상앙과 한비가 주장한 것이 권력집중입니다. 먼저 '군주 집권'을 이룬 다음에 '중앙집권'을 이루는 것이죠. 군주 집권을 실현한 사람이 진나라 효공, 중앙집권을 실현한 사람이 진시황입니다. 더욱이 진시황이 대진제국을 통일하고 제국 제도를 만든 후 더 이상 자산 재편성 같은 일은 일어나지 않았으며 오직 '독점경영'만 존재했습니다.

그야말로 근본적인 치유책이군요. 상앙과 한비가 이처럼 먼 미래를 내다봤다는 겁니까?

——— 그처럼 미래지향적이었는지는 잘 모르겠습니다. 그러나 당시 문제를 해결할 수 있었던 방법은 오직 그들의 방법뿐이었습니다. 법가, 특히 상앙과 한비는 천하의 자산 재편성이 더 이상 돌이킬 수 없는 추세이자 막을 수 없는 조류라는 것을 분명하게 파악했습니다. 그래서 유가의 계획경제는 아무런 역할을 하지 못한 것이죠.

그럼 유가가 주장하는 것이 계획경제입니까?

——— 그런 식으로 비유할 수 있죠. 이른바 봉건, 봉토건국, 봉토입가封土立家**7** 모두 상급(천자 또는 제후)이 하급(제후 또는 대부)에게 권역을 하나 분할해주며 그 범위 안에서 경영을 하도록 하는 것입니다. 그것이 계획경제가 아니고 무엇입니까? 공자는 이런 구조를 유지하자고 주

---

7 제후가 분봉 받은 토지를 경이나 대부에게 분배함.

장했으니, 경영범위나 규모가 바뀌지 않는 이것이 계획경제를 보호
하자는 것 아닙니까? 또한 맹자가 이상으로 삼던 '왕도락토王道樂土'는
무엇이었습니까? 농가 한 가구당 경작지 1백 무畝, 택지 5무, 집 주위
에 뽕나무를 심고 마당에 닭과 개를 키워, 쉰 이상은 입을 옷이 있고
일흔 이상은 먹을 고기가 있게 만드는 것, 이 역시 계획경제의 느낌이
나지 않습니까?

당시 상황으로는 이를 실천하는 것이 아마 어려웠겠죠?

──── 묵가의 '국영기업 개혁', 도가의 '분전도호分田到戶'**8** 역시 그
리 쓸 만한 방법이 아니었습니다. 내일을 기약할 수 없는 불안한 군주
에게 쓸 만한 방법은 단 하나, 바로 자신의 '회사'를 초강력 집단으로
키우는 것이었죠. 그게 바로 '집권集權'입니다. 집권을 하려면 패도를
걸어야 합니다. 패도의 목적은 '인터폴' 역할을 하는 것이 아니라 '세
계 지도자'가 되는 것이죠. 당연히 이런 '패도'는 더 이상 제나라 환공,
진나라 문공의 도가 아니었습니다. '중앙집권의 도'였죠.

이런 패도를 실행하려면 반드시 난폭하고 사나워야 합니까?

──── 네. 권력을 한데 모으려면 권력을 회수해야 하죠. 그럼 누구
의 권력을 회수합니까? '봉건귀족'의 권력을 회수해야 합니다. 하지
만 그들은 '기득권자' 아닙니까? 권력을 내놓으라고 하는 것이 쉽겠
습니까? 자발적으로 자신의 권력을 포기시키는 것이 가능하겠습니

---

8 농민에게 경작할 토지를 분배함.

까? 그래서 법가는 쉽지가 않았습니다. 반드시 목숨 걸고 해야 가능한 일이었죠. '삼급분권'에서 '중앙집권'으로 가는 것은 그야말로 대변혁이었습니다.

문제는 당시 변혁을 '위에서 아래로' 행할 수밖에 없었다는 것이죠. 변혁에 찬성하는 군주들이 이를 감당할 수 있었을까요? 법가가 그들에게 가르쳐준 방법을 따라야 했죠. 바로 '양면삼도兩面三刀'입니다.

15 군주가 장악해야 할 양면삼도

"형벌은 공개적인 통제이며,
권모는 비공개적인 통제이다."

'양면삼도兩面三刀'라고 한다. 법가는 이를 군주집권을 보장하는 데 사용할 방법들로 제시했다. 양면은 상과 벌, 포상과 처벌을 말한다. 한비는 군주라면 반드시 이 두 가지 권력을 움켜쥐고 있어야 할 뿐만 아니라 중앙의 정책을 대하는 광둥 사람들의 태도처럼 충분히 실용적으로 활용해야 한다고 했다. "상은 후하고 분명하게 주어 백성이 이롭다고 느끼도록 해야 하고, 벌은 무겁고 확실하게 행하여 백성의 이를 두려워하도록 해야 한다." 형벌은 공개적인 통제이며, 권모술수는 은밀하며 사사로운 통제이다.

상벌을 관장하는 권세

법가가 '양면삼도'를 주장했다고 했는데, 정말입니까?

—— 이 표현은 앞서 말한 '패도 횡행'과 마찬가지로 강조할 필요가 있습니다. 또한 '양면'과 '삼도'로 분리해서 생각해보기도 해야 하고요. '양면'은 두 종류의 수단, '삼도'는 3대 요소의 뜻입니다. 이미 군주집권을 보장하는 데 사용된 방법들로 이를 합쳐 '양면삼도'라고 한 것이죠.

양면이란 무엇입니까?

—— 상과 벌, 포상과 처벌을 말합니다. 요즘 말로 하면 '당근'과 '채찍', 유혹과 위협이 동시에 사용되기 때문에 양면이라고 한 것입니다. 한비는 이를 '이병二柄'이라 불렀습니다.

왜 이병이라고 했을까요?

—— '병柄'은 권력으로, '권병權柄'이라고도 합니다. 한비는 상과 벌 두 가지 모두 권력이라고 여겼기에 이를 이병이라 했습니다.

누구의 권력입니까?

—— 군주의 것입니다. 또한 한비는 군주가 된 사람은 반드시 이 두 권력을 손에 꼭 쥔 채 한순간도 이를 느슨히 해서는 안 되고 내려놓으면 더더욱 안 된다고 했습니다.

내려놓으면 어떻게 되는데요?

──── 나라가 망하죠. 이에 대한 역사적 교훈도 찾아볼 수 있습니다. 『한비자·이병』에 보면 두 가지 예가 나와 있는데요. 상을 줘서 놓게 하는 방법과 벌을 줘서 놓게 하는 방법 두 가지입니다. 두 가지 모두 전국시대의 일입니다.

상을 주게 해서 망한 사람은 누구입니까?

──── 제나라 간공簡公입니다.

상을 내리는 권한은 누가 행사했습니까?

──── 전상田常입니다. 제나라 간공의 승상으로 권신이었죠. 그는 인심을 얻고 덕을 베푸는 식으로 권력을 부렸습니다. 예를 들면 대부를 해줄 경우 큰되로 빌려주고, 작은되로 돌려받았습니다. 큰되로 빌렸다가 작은되로 갚으니 백성들이 모두 좋아했습니다. 또한 수시로 제 환공에게 달려가 관리들의 공덕을 늘어놓고 상을 주도록 했습니다. 당연히 관리들이 그에게 찬사를 보냈죠. 그 결과 전상은 사랑을 받았지만 간공은 머리를 잃었습니다. 전상의 증손자 전화田和 때 이르러 제나라의 왕 성姓은 전田이 됩니다. 상권償權을 내릴 권한을 잃은 자의 최후라 할 수 있겠죠.

벌권을 상실해 망한 사람은 누구입니까?

──── 송나라 환후桓侯입니다.

벌권을 행사하는 사람은 누구였습니까?

—— 자한子罕입니다. 자한은 송나라의 건설부 장관 겸 공안국장 정도 되는 사람입니다. 관직이 그리 높은 편은 아닌데 야심이 적지 않았죠. 그가 송나라 환후에게 말했습니다. "치국의 수단이 위협과 회유 아닙니까? 한데, 문제는 모두 상은 좋아하고 벌은 증오한다는 것입니다. 이렇게 하는 것이 어떠십니까, 사람들의 환심을 사는 일은 환후께서 하시고 사람들의 미움을 사는 일은 제가 하겠습니다. 어떠십니까?" 송나라 환후는 일리가 있다고 생각하고 흔쾌히 그의 의견에 동의했습니다. 결과는 어땠을까요? 벌을 두려워하는 사람은 모두 자한 밑으로 몰렸습니다. 자한은 1년 만에 송 환후를 제거했습니다.

상과 벌, 두 가지 다 놓으면 안 될 것 같습니다.

—— 맞습니다. 하나도 놓으면 안 됩니다. 한비가 말하길, 전상이 상을 주자 간공은 목숨을 잃고, 자한이 벌만 이용하자 환후는 나라를 잃었다고 했습니다.

포상과 징벌, 상과 벌이 왜 그렇게 중요합니까?

—— 군주가 신하를 통제할 때 이 두 가지 모두에 의지해야 하니까요(밝은 군주가 자신의 신하를 이끌고 통제할 수 있는 것은 '이병'일 따름이다). 한비는 호랑이가 숲에서 패권을 장악하기 위해서는 무엇에 의존해야 하느냐, 바로 발톱이라고 말했습니다. 그럼 군주가 백성을 통치할 때는요? 바로 상과 벌이라고 했습니다.

다른 것에 의존할 수는 없나요? 예를 들면 사랑 같은 것 말이죠.

―― 안 됩니다. 그런 것은 쓸모가 없습니다. 한비 말에 따르면, 유가와 묵가는 모두 '선왕이 천하를 겸애한다' 하여 백성을 대할 때 마치 부모가 자녀를 대하듯 하라고 했습니다. 그런데 어땠습니까? 백성들은 여전히 범죄를 저지르고, 군왕 역시 여전히 사람을 죽였습니다. 이상한 일이죠. 그들 모두 자비로운 부모와 같은 사랑을 받지 않았습니까? 왜 범죄를 저질렀습니까? 사랑은 그래서 쓸모가 없다는 것입니다.

사실 '자민子民'[1] 같은 것은 말할 필요가 없습니다. 친자식이라고 해도 부모가 반드시 통제할 수 있는 것은 아니지 않습니까? 못 믿겠으면 문제 있는 아이들 예를 생각해보십시오. 부모가 잘못을 고치라고 나무라고, 마을 사람들이 생각을 고칠 줄 모른다고 비난하고, 선생님이 행동을 바꾸지 않는다고 교육하고, 경찰이 수갑을 가지고 와야 착실해집니다. 그렇다면 정말 효과적인 수단이 인애나 겸애입니까, 아니면 이병입니까?

법가는 상과 벌만 유용하다고 생각한 것 같군요.

―― 그렇습니다. 그래서 한비는 군주라면 반드시 이 두 가지 권력을 움켜쥐고 있어야 할 뿐만 아니라 중앙 정책을 대하는 광둥 사람들의 태도처럼 충분히 실용적으로 활용해야 한다고 했습니다.

---

1 통치자가 백성을 자식처럼 사랑함.

어떻게 충분히 실용적으로 활용하죠?

——— 상을 내릴 때는 상을 받는 사람이 감지덕지하고 각골난망할 정도로 상을 줘야 하고, 벌을 줄 때는 벌 받는 자가 가산을 탕진하고 혼비백산할 정도로 벌을 줘야 합니다. 한비의 말을 빌리면 "상은 후하고 분명하게 주어 백성이 이롭다고 느끼도록 해야 하고, 벌은 무겁고 확실하게 행하여 백성의 이를 두려워하도록 해야 한다賞莫如厚而信, 使民利之. 罰莫如重而必, 使民畏之". 다시 말하면 상은 높은 지위와 많은 녹봉을 줘야 하고, 한 번 준다고 한 것은 확실하게 이행해야 하니 "온화하여 마치 때에 맞춰 내리는 비와 같다曖乎如時雨昧."고 합니다. 또한 벌은 혹독하고 신속해야 하니 "벼락처럼 두려워해야 한다畏乎如雷霆."고 했습니다. 따라서 '양면' 이외에도 '삼도三刀'가 있어야 한다는 것입니다. 삼도는 무엇일까요? '세勢'와 '술術', '법法'입니다.

천하통치에 가장 먼저 필요한 것

세와 술, 법이란 무엇입니까?

——— 세란 권력과 지위로 이루어진 통치력, 즉 '위력' 또는 '권세'입니다. 술은 백성을 통치하고, 아랫사람을 통제하는 정치적 수단, 즉 '모략' 또는 '권술'이고요, 법은 정책 법령, 규장제도, 즉 '법규' 또는

'권능'입니다. 군주가 상과 벌을 행사하고 집권을 실현할 수 있도록 해주는 3대 요소이기 때문에 이를 삼도라고 했습니다.

그럼 어떤 도刀가 가장 중요합니까?

—— 역사상 다양한 견해가 있습니다. 첫 번째 파는 권력과 위세가 가장 중요하다고 생각했습니다. 통치자가 권세를 지니고 있으면 백성들은 그를 두려워합니다. 군주가 아무리 바보 같아도 영특한 사람을 통제할 수 있습니다. 이들을 '세파勢派'라 하고 그들의 주장을 '세치勢治'라 합니다. 세파의 대표적인 인물은 조趙나라 사람 신도입니다.

두 번째 파는 어땠습니까?

—— 두 번째 파는 권술과 모략이 가장 중요하다고 생각했습니다. 군왕은 모략이 있어야 하고, 신하는 성실해야 합니다. 군왕이 권술을 부릴 줄 알면 신하가 이를 두려워하기 때문에 수단을 부리거나 교활한 생각을 하지 않습니다. 이들을 '술파術派'라 하고 그들의 주장을 '술치術治'라고 합니다. 정鄭나라 사람 신불해申不害가 술파와 술치를 대표합니다.

세 번째 파는요?

—— 세 번째 파는 정책법령, 규장제도가 가장 중요하다고 생각했습니다. 국가에 제도가 있으면 백성이 규칙적이고, 일을 할 때 규장이 있으면 질서가 잡힙니다. 이들을 '법파法派'라 하고 이들의 주장을 '법치'라 하죠. 대표적 인물은 위衛나라 사람 상앙입니다.

세 사람은 시대적으로 누가 앞섭니까?

——— 세 사람 모두 거의 동시대 사람이었습니다. 신도(기원전 약 395
년~기원전 약 315년)가 상앙(기원전 390년~기원전 338년)보다 다섯 살 위고, 상
앙이 신불해(기원전 약 385년~기원전 337년)보다 다섯 살 많습니다.

세치, 술치, 법치 주장이 거의 동시대에 나왔다는 말씀입니까?

——— 네. 바로 세, 술, 법이 모두 일리가 있고 모두 쓸모가 있음을
말해주고 있습니다. 전국시대 말기에 오면 한비가 이를 통일하여 완
전한 법가의 주장을 만들었습니다. 한비는 군왕이란 먼저 권세가 있
어야 하고 그러한 연후에 모략과 법규가 있어야 한다고 말했습니다.
『한비자·권세』에서는 신도의 말을 인용하여 비룡과 등사騰蛇가 왜 높
이 오르는가 말했습니다. 바로 그들은 구름을 타고 안개를 부리기 때
문이라고 했습니다. 일단 구름이 열리고 안개가 흩어져 땅에 떨어지
면 지렁이, 개미와 별 다를 것이 없습니다. 마찬가지로 군주의 한 마
디에 왜 모든 이가 이를 따릅니까? 군주가 권세를 지니고 있기 때문
입니다. 위력, 권세가 사라진다면 누가 그의 말을 듣겠습니까?

**그런 식으로 말하면 군주의 권위란 것은 모두 그의 지위에서 나오는 것
으로, 덕이니 능력이니 하는 것과 상관이 없다는 말씀입니까?**

——— 네. 그런 것을 일컬어 "권세와 지위는 족히 의지할 만하고勢
位之足恃, 현명한 지혜라는 것은 그다지 부러워할 것이 없다賢智之不足慕."
라고 하죠.

권세가 그렇게 중요합니까? 덕이나 재능은 소용이 없다고요? 비룡과 등사가 구름과 운무를 탈 수 있다면 지렁이와 개미는 왜 탈 수 없습니까? 개인의 소양이 요인이 되진 않는다는 겁니까?

────── 물론 지금 하신 말도 일리가 있습니다만 한비 등이 한 말이 더 맞는 말입니다. 지렁이와 개미가 운무나 구름을 탈 수 없습니다. 그러나 이를 덕이나 재능이 없는 사람이 군주가 될 수 없다는 것과 동일한 문제로 취급할 수 없습니다. 당시 군주는 세습이었다는 점을 알아야 합니다. 세습에 의해 군주가 된 사람 가운데 왜 '지렁이', '개미'가 없었겠습니까? 어찌 모두 덕과 재능을 겸비하고, 지성하고 지명한 사람만 있었겠습니까? 민선을 통해 선출된 지도자라고 해서 반드시 믿을 만한 사람은 아닙니다. 전 대만 총통 아볜阿扁[2]이 덕과 재능을 겸비했다고 말할 수 있습니까? 그러나 일단 대권을 손에 쥐고 되면 모두 '비바람'을 부리지 않습니까? 자연계의 '세'란 그것이 구름이든 안개든 지렁이, 개미를 푸른 구름 위에 태워 하늘로 오르게 할 수 없습니다. 그러나 인간 세상의 '세'는 정말 사람들 가운데 '지렁이'를 '용사龍蛇'로 만들 수 있습니다. 아무리 덜떨어진 사람도 그런 자리에 앉으면 거드름을 피우며 독단적이 되고 말죠.

그렇다면 군주나 지도자의 인품과 재능이 상관없다는 말씀입니까?

────── 상관없다는 것이 아니라 믿을 수 없다는 것입니다. 한비가 '양면삼도'를 말한 목적은 무엇일까요? 군주의 집권 때문이었습니다.

---

2 전 대만 총통 천수이볜(陳水扁)을 지칭함.

조건은요? 바로 군주의 세습이었습니다. 세습이라는 전제하에 권력을 집중했습니다.

군주가 인품과 재능을 겸비했다면 좋겠지만 만일 그렇지 못하다면요? 유가와 묵가의 관점에 의하면 그건 아니 될 말입니다. 왜냐하면 그들은 군주의 개인적인 자질에 희망을 걸기 때문입니다. 그러나 법가는 오히려 이런 경우에 부정적입니다. 왜냐하면 그들은 군주의 권력과 위세에 더 많은 희망을 걸기 때문입니다. 법가가 유가와 묵가보다 더 현실적이고 더 깊이가 있죠. 그들은 더 이상 군주를 비룡이나 등사로 보지 않기 때문입니다.

그럼 지렁이나 개미로 봤단 말씀입니까?

—— 그렇지는 않습니다. 정확하게 말해 비룡이나 등사로 보지도 않았지만 그렇다고 지렁이나 개미로 보지도 않았습니다. 그냥 이 양자 사이에 자리한 평범한 사람으로 간주했습니다. 한비의 말을 빌자면, 요나 순 임금으로도, 또는 걸왕이나 주왕으로도 보지 않았다고 할 수 있습니다. 요 임금이나 순 임금, 걸왕이나 주왕도 백 년에 한 번 날까 말까 한 사람입니다. 세습에 의해 자리에 오른 절대 다수의 군주들은 요나 순 임금처럼 좋지도 않고, 걸왕이나 주왕처럼 사악하지도 않습니다. 그저 평범한 보통 사람이었죠. 이런 사람들이 치국평천하를 하려면 무엇에 의지해야 할까요? 인품과 재능일까요? 그들은 그럴 만큼 높은 인품과 재능을 가지고 있지 않습니다. 턱도 없이 부족한 사람도 많습니다. 그럼 어떻게 하죠? 답은 간단합니다. 권세에 의존할 수밖에요.

권세가 있으면 반드시 나라를 잘 다스릴 수 있나요?

—— 한비는 그런 말을 한 적이 없습니다. 그러나 쓸모가 있다는 것만은 확실합니다. 그래서 군주가 권력을 모으고 천하를 다스리기 위해서는 무엇보다 먼저 권세가 필요합니다. 그러나 다만 '세'뿐만 아니라 '술'과 '법'이 있어야 합니다.

겉으로는 법, 안으로는 술

왜 술과 법까지 필요합니까?

—— 권세가 보장하는 것은 군주의 권력 행사뿐입니다. 천하가 태평해질 것이라고 보장할 수는 없습니다. 당시 걸왕과 주왕의 권세는 요, 순과 별 다를 바가 없었습니다. 그러나 결과적으로 걸왕과 주왕은 천하를 큰 혼란으로 몰고 간 데 반해, 요 임금, 순 임금은 천하대치大治를 이루었습니다. 효용성과 결과에 대한 평가는 서로 별개의 문제임을 알 수 있습니다. 그렇기에 세만 있어서는 안 됩니다. 그것만으로는 부족하다는 말씀입니다.

그렇다고 술과 법이 모두 있어야 합니까? 술만 있거나, 법만 있으면 안 됩니까?

—— 안 됩니다. 술과 법은 각각의 역할, 기능, 대상이 있고, 또한 각기 특징도 다르기 때문입니다. 둘 다 필요합니다. 한비는 「정법定法」에서 신불해는 술을, 상앙은 법을 중히 여기는데 그 둘의 주장 가운데 무엇이 더 중요한지 질문을 던진 적이 있습니다. 대답은 열흘 밤낮 밥을 먹지 않아도 죽고, 엄동설한에 옷을 입지 않아도 죽는다는 것이었습니다. 술과 법 중에 어느 것이 더 중요할 것 같습니까? 이처럼 술과 법은 의복과 음식과 같습니다. 서로 치환할 수도 없고, 대체할 수도 없습니다.

그렇다면 술과 법은 뭐가 다른가요?

—— 술은 관리들을 상대하기 위한 것이며, 법은 백성을 상대하기 위한 것입니다. 「정법」, 「난삼難三」에서 한비는 이에 대해 분명하게 이야기했습니다. "술(권술모략)은 반드시 군주가 손에 쥐고 있어야 하는 것人主之所執으로, 이것으로 천 갈래, 만 갈래로 뻗어 있는 일들을 종합해서偶衆端, 속셈으로 가득 찬 군신들을 부려야 한다御君臣." "법(정책법규)은 헌령은 관에서 명시하여, 형벌이 백성의 마음에 깊이 자리하니, 법을 지킨 자는 상을 주고 법을 어긴 자는 벌을 내린다憲令著於官府, 刑罰必於民心, 賞存乎愼法, 而罰加乎姦令者也."

그건 무슨 뜻인가요?

—— '저著'는 제정한다, '필必'은 잣대가 되다, '신법愼法'은 법령을 삼가 준수한다, '간령姦令'은 법령에 저촉됨을 의미합니다.

법가가 말하는 '법'이란 정부에서 제정한 기준이란 것이군요. 이런 기준으로 상벌을 결정한다는 뜻 아닙니까?

—— 바로 그렇습니다. 상벌이 바로 앞에서 말한 '이병'입니다.

이야기가 다시 '양면'으로 돌아왔군요.

—— 그렇습니다. 그러나 그저 양면만 있고 삼도가 없다면 그건 법가가 아닙니다. 실제로 포상과 처벌, 상과 벌은 예로부터 군주의 통치수단이었습니다. 그렇다면 법가의 특징은 무엇입니까? 바로 포상, 처벌, 상, 벌 모두 규칙이 있어야 한다는 점을 강조한 것입니다. 그저 내키는 대로 할 수 없다는 것이죠. 이런 규칙이라는 것이 바로 법입니다.

법에 따라 상을 주고, 법에 따라 벌을 준다고요?

—— 네. 상은 신중한 태도로 법령을 준수한 사람에게만 줄 수 있습니다. 이를 일컬어 "상존호신법賞存乎愼法"이라 하죠. 처벌 역시 법령에 저촉되는 행동을 한 사람에게만 적용이 됩니다. 이를 "벌가호간령罰加乎奸令"이라 하죠. 더욱이 포상과 처벌, 상과 벌은 적절하게, 합법적으로 이루어져야 하며 규정의 내용을 따라야 합니다. 한비의 말을 빌리면 "법에 따라 나라를 다스린다以法治國."는 것입니다.

그렇게 백성들을 다스린다는 것이죠?

—— 주로 그렇습니다. 법가가 볼 때 법을 지켜야 하는 것도, 법을 어기는 사람도 바로 백성이니까요. 그렇기 때문에 법가의 법이라

는 잣대는 정부가 제정하긴 하지만 백성의 마음속에 세워야 합니다. 백성의 마음속에 세워서 뭘 하느냐고요? 그들에게 법의 장단점, 법의 혹독함을 알게 해야 합니다. 이를 "형벌필어민심刑罰必於民心"이라 합니다. 더욱이 한비의 시각에서 볼 때 백성을 통치할 때 이보다 더 좋은 수단은 없었습니다. 이를 "백성들의 행동을 하나로 통일하는 데에는 법보다 나은 것이 없다一民之軌, 莫如法."라고 하죠.

그렇다면 관리에 대해서는 왜 법을 사용할 수 없죠? 관리를 대하는 수단 역시 포상과 처벌, 즉 상과 벌이라는 이병 아닙니까? 그것 역시 규정에 따라 처리하지 않습니까? 왜 술이 있어야 하죠?

—— 관리를 대할 때도 당연히 법을 사용할 수 있습니다. 또한 사용해야 하고요. 그건 문제가 없습니다. 문제는 관리들의 신분이 특수하기 때문입니다. 백성은 순수한 '백성'입니다. 수중에 '공권력'이란 것을 가지고 있지 않으니 법으로 충분히 상대할 수 있죠. 그러나 관리의 손에는 권력이 있습니다. 문제가 복잡합니다. 예를 들어 그가 권력으로 사적인 이득을 도모했다면 어떻게 합니까? 위를 범하여 난리를 일으켰다면 어떻게 해야 합니까? 암중모색할 수 있는 방법이 있어야 합니다. 그래서 한비가 군주에게 가르쳐준 방법이 바로 술, 즉 권술모략입니다.

권술과 모략으로 암암리에 관리들을 상대한다는 겁니까?

—— 물론입니다. 절대 공개적으로 일을 벌일 수 없습니다. 한비가 말하길, 술은 반드시 "마음속에 간직해야 한다藏之於胸中."고 했습니

다. 더욱이 엄밀히 숨겨야 군신을 몰래 부릴 수 있습니다潛御群臣. '잠어'란 몰래 부린다는 뜻입니다. '잠潛'이라고 썼으니, 그 글자가 이미 천기를 누설하고 있는 셈이죠. 법은 이와 정반대죠. 반드시 공개적이어야 합니다. 법은 대다수 사람들을 겨냥한 것이며, 술은 극소수 사람들을 겨냥한 것입니다. 따라서 법은 공개할수록 좋습니다. 백성들은 빈부귀천에 관계없이, 또한 현명하든 지혜롭든 모두 법을 알아야 합니다. 술은 은밀할수록 신통합니다. 가장 측근이라고 해도 파악할 수 없어야 합니다. 이를 "법은 드러나야 좋은 것이며, 술은 보이지 않도록 해야 한다法莫如顯而術不欲見(現)."라고 합니다. 하나는 공개적으로, 하나는 몰래 한다는 말입니다. 형벌은 공개적인 통제이며, 권모는 비공개적인 통제이죠.

겉으로는 법을, 속으로는 술을 사용합니까?

—— 네. 게다가 두 가지 수단 모두 분명하게 사용해야 합니다. 한비는 술이 없는 군주는 다른 사람의 제어를 받고, 민중은 법이 없으면 위를 범하고 반역을 꾀한다고 했습니다. "군주에게 술이 없으면 위에서 폐단이 있게 되고, 신하에게 법이 없으면 아래에서 혼란이 있게 된다君無術則弊於上, 臣無法則亂於下."는 말이죠.

술과 법은 통치의 두 손과 같다 하겠군요.

—— 네. 그래서 한비는 술과 법이 "모두 제왕이 갖춰야 할 것皆帝王之其也"이라고 했죠. 그러나 군주가 술과 법을 사용할 수 있는 것은 모두 그가 권세를 지니고 있기 때문입니다. 그래서 세의 역할도 과소평

가할 수 없습니다. 세는 권위를 세우고, 술은 신하를 부리고, 법은 백성을 통제합니다. 모두 군주가 손에 쥐어야 할 칼이기 때문에 '삼도三刀'라 했습니다.

그렇다면 도刀는 무엇입니까?

──── 지휘의 칼도 되고, 살인의 칼도 됩니다. 한비는 이를 '살생의 칼자루殺生之柄'라 했죠. 삶과 죽음을 주기도, 빼앗기도 하는 권력입니다.

무엇으로 세상을 통치할 수 있는가

수치심만 느끼지 않는다면 언제나 범죄를 저지르는 사람이 있습니다. 속담에 도둑이 훔칠 것을 걱정할 것이 아니라 도둑이 마음에 두는 것을 걱정하라.는 말이 있습니다. 때로는 생각이 행동보다 두렵습니다. 그저 제도에 의존한 결과 백성들이 피해 가려 할 뿐, 수치를 모른다고 하면 그건 시시각각 생각을 굴리는 도둑을 양산하는 것이 아니겠습니까? 하물며 금지령이 있으면 누군가 금지령을 어기려는 사람이 있기 마련입니다. 더구나 금지하면 할수록 사람들은 금지령을 어기고 싶어 합니다.

16 현실적인 정치를 제안하다

"보통 사람은 나라를 다스릴 때
능력에 기댈 수 없다.
제도, 바로 '법'에 기댈 수밖에 없다."

보통 사람이 나라를 통치하려고 한다면 개인의 능력에만 기댈 수 없다. 그렇기에 제도, 즉 법에 의존할 수밖에 없다. 법으로 나라를 다스리려 한다면 어떻게 해야 할까? 입법은 공개적이어야 하며, 법의 집행은 공정해야 하고, 사법은 공평해야 한다. 그렇지 않다면 나라의 법은 위엄과 명망을 상실한다.

표준은 통일시켜야 한다. 표준은 유일해야 하며, 각기 다른 정책을 내놓을 수 없다. 사람마다 그 표준이 달라져서는 안 된다. 표준은 고정 불변이어야 하니 아침과 저녁의 기준이 다를 수 없다. 표준은 공개적이어야 하니 은밀하게 조작될 수 없다. 이렇게 하면 누군가 수단을 부리는 일이 불가능하다. 이렇게 되면 사회 공평과 정의, 인간과 인간의 평등이 실현될 수 있다.

법으로 나라를 다스리는 것은 유가와 도가를 통일시키는 것, 즉 '무위하되 질서를 세우는 것'이다. 또한 유가와 묵가를 통일시켜 '질서가 있되 평등하게 하는 것'이다.

법가의 법치

법가는 겉으로는 "법으로 나라를 다스린다."고 해놓고 권모술수를 부리는 것 아닌가요? 결국 군주의 전제, 독재를 보호하고 유지시켜주기 위한 것 아닌가요?

—— 그 말도 맞습니다. 그러나 이상할 것은 없습니다. 앞에서도 말했죠. 유가는 '문사의 철학', 묵가는 '무사의 철학', 도가는 '은사의 철학', 법가는 '모사의 철학'이라고요. 따라서 유가, 묵가, 도가 모두 '천하를 위해' 일을 도모하지만 유독 법가는 '군주를 위해' 일을 도모할 뿐입니다. 법가가 다른 세 학파와 구분되는 가장 근본적인 특징입니다. 또한 바로 이러한 이유 때문에 법가는 가장 성공적인 학파인 동시에 문제도 가장 심각했습니다.

왜 법가가 가장 성공적이었죠?

────── 당시 모든 정치적 주장은 오직 군주를 통해서만 실현될 수 있었으니까요. 법가의 주장은 군주의 이익을 위해 도모했으니 당연히 군주의 구미에 잘 맞을 수밖에 없고 가장 성공적일 수 있었죠.

그렇다면 문제가 가장 심각했다는 것은 또 무슨 말입니까?

────── 그들은 오직 군주만 생각했기 때문입니다. 그들은 군주 이외의 다른 사람을 전혀 생각하지 않았습니다. 심지어 그들 자신조차도요. 법가가 설계한 정치 방안에는 자신에 대한 보호도 들어 있지 않았습니다. 그 결과 칼을 바친 것도 법가지만 군주가 칼을 들고 이를 시험한 대상도 법가였습니다. 상앙, 한비 모두 그렇게 죽었습니다.

상앙과 한비는 어쩌다 자신의 목숨조차 보전을 할 수 없었습니까?

────── 그들의 법, 즉 '왕법王法' 때문이었죠. 왕법이라는 이름처럼 오직 군주의 통치만 보호할 뿐, 백성의 권익은 보호할 수 없었습니다. 예를 들어 모함을 당한 상앙이 자신을 변호할 권리가 있었습니까? 없었습니다. 또한 마찬가지로 억울하게 죽은 한비 역시 자신을 보호할 보호법이 있었습니까? 역시 그런 법은 없었습니다. 죽기 전까지 그들을 위한 공개재판은 열린 적이 없으며 그들을 변호하는 사람도 없었습니다. 이유가 뭘까요? 그들의 법은 제왕을 위한 법으로, 백성을 위한 법이 아니었기 때문입니다.

따라서 법가의 법치는 결코 진정한 법치가 아니었습니다. 그들이 말하는 '이법치국以法治國'은 오늘날 우리의 이법치국이 아니었으니 함께 거론할 수 없습니다. 그렇기 때문에 법가에 대해 이야기할 때 저는 항상 혼동을 피하기 위해 언제나 법가의 법 또는 법가의 법치라고 말할 것을 주장해왔습니다. '율치律治' 또는 '형치刑治'라고 부르자고도 했는데 수용이 잘 안 되더군요. 불편한 부분도 있고요. 그래서 지금까지는 '법치'란 표현을 그대로 쓰고 있습니다. 어쨌거나 법가의 법치는 "법에는 사람이 없다法中無人."는 것을 기억해야 합니다. 다시 말해서 백성, 대중의 합법적인 권익을 보호하는 입법 정신도, 이 부분의 조항도 없었다는 것이죠. 법가의 법의 가장 근본적인 문제입니다.

법가의 두 번째 문제는 무엇입니까?

────   법에 대한 입법이나 집행이 너무 엄격하고 가혹했습니다. 예를 들어 상앙은 농사에 힘쓰지 않고 상업에 종사하거나, 농사에 힘쓰지 않는 자의 부인이나 아이들을 모두 관노로 삼았습니다. 또한 치안을 위해 함부로 쓰레기를 무단 투척하는 자는 육형肉刑[1]에 처했습니다. 상앙이 하루에 7백 명을 죽였다고 하더니 어떻게 그럴 수 있는지 이해가 되죠.

폭정이었죠?

────   물론 인정仁政은 아니었지만 폭정도 아니었습니다. 적어도 법가 자신은 그렇게 인정하지 않았습니다. 한비의 말을 빌리면 "어진

---

1 신체를 손상시키는 형벌. 죄의 경중에 따라 이마에 죄명을 입묵하거나 발꿈치, 코, 생식기 등을 자르는 등의 형벌이 가해진다.

자, 난폭한 자 모두 나라를 망하게 하는 자이다仁暴者, 皆亡國者也."라 하여
인정도 폭정도 찬성하지 않았습니다.

그럼 뭐라고 불러야 하죠?

────── 가혹한 정치苛政입니다. 예를 들어 한韓나라 소후昭侯가 술에
취해 자고 있을 때 모자 담당 관리典冠가 그에게 옷을 덮어주었습니
다. 그 결과 의복, 모자 담당자가 모두 처형당했습니다. 전자는 직무
유기, 후자는 월권을 저질렀다는 이유였죠. "가혹한 정치는 호랑이보
다 더 무섭다苛政猛於虎."고 하죠. 백성들 역시 견딜 수가 없죠.

또 다른 예도 있습니다. 예를 들면 법가의 창시자라 할 수 있는 관중
이 재상이던 제나라 백성들은 이주할 수도, 함부로 직업을 바꿀 수도
없었습니다. 한비의 주장에 따르면 백성은 심지어 사상언론의 자유
도 없었습니다. 한비의 명언 가운데 "사악한 법을 금지하려면 먼저 사
악한 사상을 금지해야 하고, 그다음 사악한 말을 금지해야 하며, 이어
사악한 행위를 금지해야 한다禁奸之法, 太上禁其心, 其次禁其言, 其次禁其事."는
것도 있습니다. 함부로 말하고 함부로 행동할 수도 없고, 더더욱 함부
로 생각하는 것도 불가능하다는 것이죠.

모두 알다시피 현대법치의 원칙은 다만 일부 행동(모든 것이 아님)을 금
지할 뿐, 사상과 언론은 금지하지 않습니다. 그러나 한비는 이와 정반
대였어요. 무엇보다 먼저 금지해야 할 것이 '생각'이라고 해서 모든
사상문화 유산을 없애는 동시에 모든 지식인들을 없애고 국가 법령
과 정부관리만 남겨두려 했습니다.

이를 일컬어 "명군의 나라는 서책은 없고 법으로 가르침을 삼고, 선왕

의 말은 없고, 관리가 스승이 된다明主之國, 無書簡之文, 以法爲教, 無先王之語, 以吏爲師."라고 했습니다. 이것이 '분서갱유'의 이론 기초이자 지도사상 아니겠습니까?

그래서 법가사상을 '썩은 계란'이라고 하는 것일까요?
—— 그러나 그 안에 '뼈'도 있고, 추상적으로 계승할 수 있는 것도 들어 있죠.

제도가 사람보다 믿을 만하다

그렇다면 법가의 사상 가운데 우리가 무엇을 계승할 수 있나요?
—— 먼저 그들이 왜 가혹한 정치를 주장하고, 양면삼도를 주장했는지 살펴야 합니다. 세습 군주의 강산이 온전하게 유지되도록 하기 위해서였기 때문이죠. 한비 등은 세습제를 전제로 군주 개인의 소양은 믿을 수 없다는 것을 잘 알고 있었습니다. 세습 군주 개개인이 천성적으로 영특하고, 성정이 인자하고 덕이 넘침이 어찌 요와 순 같기를 바라겠습니까? 그들 역시 그저 보통 사람과 같을 것이라고 생각할 수밖에 없었습니다.

군주가 보통 사람이라고 왜 가혹한 정치를 해야 합니까?

——— 선왕만 못하고, 성인만 못하고 심지어 현자만도 못하니까요. 선왕은 위대한 공적을 남겼고, 성인은 고상하고 맑은 풍격에, 현자는 영특한 머리와 지혜의 소유자입니다. 모두 명망이 높은 사람들로 숭배를 받고 있으니 사람들을 제압할 수 있죠. 보통 사람은 이런 능력이 없으니 다른 것에 의지해야 합니다. 그럼 무엇에 의지하죠? 첫째, 권세, 둘째는 수단, 셋째는 채찍과 당근, 넷째는 엄한 형벌에 의지해야 합니다. 그러나 무엇보다도 이 모든 요소를 구현할 수 있는 정책법령, 규장제도, 즉 법가의 법에 의존해야 합니다.

위세를 유지하고 권모술수를 부리려면 기본이 있어야 하기 때문이죠. 군주가 지혜가 없으면 이런 방법을 배울 수 없습니다. 그렇기에 최고의 방법은 국가체제 자체에 자동화시스템을 갖추어 자동으로 운행될 수 있도록 해야 합니다. 군주의 임무는 그저 버튼을 누르기만 하면 됩니다. 제왕이 천하를 다스림에 버튼만 누르면 되니 아무리 어리석은 사람도 할 수 있습니다. 그렇게 보면 법가의 제도는 바보를 위해 설계되기도 했고, 총명한 사람을 위한 것이기도 합니다.

누가 총명한 사람인데요?

——— 관리죠. 세습 군주는 바보일 수 있지만, 세습이 아닌 관리들은 대부분 총명한 사람입니다. 당연히 총명한 건 좋은 일이지만 재능이 있다고 반드시 인덕을 갖춘 사람이라고 할 수는 없습니다. 덕은 없는데 재능만 많다면 그야말로 일이 번거로워지죠. 적어도 그 '바보'가 통제할 수 있는 물건은 아니죠?

인품과 재능을 겸비할 수는 없나요?

──── 그렇게만 된다면 좋죠. 그렇지만 어디 그런 인재를 그리 많이 구할 수 있나요? 한비가 말하길, 한 나라에 필요한 관리가 수천 수만 명이라고 했어요. 그중에 인품과 재능을 모두 겸비한 사람은요? 열 손가락도 채우기 힘들 것입니다. 모든 관리들이 덕과 재능을 모두 갖추었다면 그런 나라는 다스릴 필요도 없겠죠. 그냥 제쳐두면 됩니다.

그럼 어떻게 해야 하죠?

──── 관리들 역시 보통 사람입니다. 보통 사람들은 이익을 좇고 해는 피해 가죠. 사람들의 본성이 이렇습니다. 그렇기에 상이 후하면 용감한 사람이 등장하고, 고압적인 정책을 펼치면 어진 백성이 나옵니다. 이는 여러 차례 입증된 사실입니다. 관리 역시 예외는 아닙니다. 그러니 상이든 벌이든 반드시 법에 따라 일관되게 일을 처리해야 합니다. 제도를 갖춰서, 그러니까 '제도화'를 해야 한다는 말입니다. 관원들을 관리하는 데 매우 중요합니다.

왜 관리들에게 특히 중요하죠?

──── 관리들은 도덕적으로 볼 때 보통 사람이지만 머리는 총명한 사람이죠. 군주가 그저 마음가는 대로, 사람마다 각기 다르게 포상과 처벌을 한다면 관리는 잔머리를 굴리고, 기회를 노려 사욕을 취합니다. 이와 달리 제도화가 이루어져 있다면 총명한 관리는 규정을 준수하며 멸사봉공해야 자신에게 가장 이롭다는 것을 즉시 이해하게 됩

니다. 그렇게 시간이 흐르다 보면 점차 자연스럽게 습관이 들기 때문에 군주는 걱정 없이 달리 손을 쓰지 않고도 다스릴 수 있겠죠?

후한 상과 강압적인 통제가 그처럼 확실한 방법인가요?

────── 한비는 믿을 만한 방법이라고 말했습니다. 물론 이런 방식이 잘 통하지 않는 사람도 있습니다. 고대 전설 속 은사인 허유許由 같은 사람은 회유가 불가능하며, 춘추시대 큰 도적인 도척盜跖에게는 전혀 위협적인 방식이 안 됩니다. 그러나 그런 자들은 어차피 소수에 불과합니다. 나라를 다스리고 제도를 설계할 때는 다수, 일반 평범한 사람이 기준입니다. 한비는 정치란 보통 사람들을 겨냥한 것治也者, 治常者也이며, 규칙 역시 보통 사람들이 대상道也者, 道常者也이라 했습니다. 보통 사람을 겨냥하지 않으면 "나라를 다스리고 백성을 부리는 길을 잃게 됩니다治國用民之道失矣". 따라서 정치가는 개성적인 도덕이 아니라 "대중을 얻고 소수를 버려用衆而舍寡" 보통 사람에게 맞는 제도에 의존해야 한다. 이를 일컬어 "덕에 힘쓰지 않고 법에 힘쓴다不務德而務法."라고 했습니다.

보통 사람을 겨냥해 정치제도를 설계하면 한 치의 오차도 없는 것인가요?

────── 한 치의 오차도 없다고 말하기 어렵고 십중팔구는 그렇습니다. 그래서 법뿐만 아니라 술이 있어야 한다고 했지 않습니까! 그러나 권모술수에 비해 한비는 제도가 더욱 기본적이고, 믿을 만한 것이라고 생각했습니다. 이 제도를 설계할 때 관리와 백성이 성인일 거라고

기대하진 않았으니까요. 한비가 말하길, "고명한 군주는 나라를 다스릴 때 절대 사람들이 각자 스스로 알아서 선을 행하길 기대하지 않으며 不恃人之爲吾善也, 다만 그들이 나쁜 일을 하지 않도록 하는 데 중점을 둔다 用其不得爲非也."고 했습니다.

어떻게 하면 사람들이 나쁜 일을 하지 않도록 할 수 있을까요? 방법 역시 단 하나, 바로 확실하게 실행 가능한 제도를 확보하여 악한 일을 저지를 용기도, 그렇게 할 수도 없게 만드는 것입니다. 악한 일을 하고 싶어도 할 수 없도록 말이죠. 이것이 바로 "사람들이 자신을 위해 선한 일을 하길 기대한다면 그런 자는 경내에 십수 명도 되지 않을 것이니, 사람들이 악한 일을 하지 못하도록 하면 한 나라를 정연하게 하나로 정리할 수 있다 恃人之爲吾善也, 境內不什數, 用人不得爲非, 一國可使齊."는 것입니다.

제도가 사람보다 믿을 만하다는 것입니다. 바로 법가가 유가나 묵가, 도가보다 더 깊이 파악하고 있는 부분이 이것입니다. 그러나 법가가 설계한 제도 자체는 문제가 있다는 걸 명심하십시오. 바꾸어 말하면 법가가 설계한 전제적 제도는 취할 것이 못 됩니다. '제도가 사람보다 믿을 만하다'는 주장은 매우 고명합니다. 그렇기에 법가가 남긴 유산은 추상적으로만 계승해야 합니다.

법치를 위한 한비의 세 가지 원칙

법가가 남긴 유산도 계승할 수 있습니까?

────── 그럼요. 공개적인 입법, 공정한 법 집행, 공평한 사법은 계승할 수 있죠. 또한 마땅히 계승해야 합니다.

법가 역시 공개, 공정, 공평을 주장했습니까?

────── 네. 한비가 말한 "법은 드러나야 좋은 것法莫如顯", "백성이 이를 알도록 해야 한다使民知之."는 것은 공개, "법은 신분이 귀하다 하여 아첨하지 않으며, 먹줄은 나무가 굽었다 하여 굽지 않는다法不阿貴, 繩不撓曲."라는 말은 공정, "과오에 대한 형벌은 대신을 비켜 가지 않으며, 선에 대한 포상은 필부라고 해서 빠트리지 않는다刑過不避大臣, 賞善不遺匹夫."라고 함은 공평을 뜻합니다.

한비는 어떻게 이런 주장을 할 수 있었죠?

────── 그의 방안이 보통 사람을 위해 설계된 것이기 때문일지도 모릅니다. 보통 사람은 나라를 다스릴 때 능력에 기댈 수 없습니다. 제도, 바로 '법'에 기댈 수밖에 없죠. 법에 의해 나라를 다스린다면 입법은 공개적이어야 하고, 법의 집행은 공정해야 하고, 사법은 공평해야 합니다. 그렇지 않을 경우 위엄과 명망을 얻을 수가 없어요. 법의 위엄이 사라지면 세습한 작위 이외에 아무것도 없는 군주는 누구에게 희망을 걸겠습니까? 그래서 한비는 포상과 처벌이라는 '두 개의 칼자

루'가 군주의 권한이지만, 이를 행사하기 위한 근거는 역시 국가의 법령일 뿐 개인의 취향이 될 수 없다고 했습니다.

군주는 권력을 장악하고, 법은 나라를 다스린다고요?

───── 네. 법에 근거하고, 법을 지켜야 합니다. 사실 어떤 도구를 사용하기 위해서는 그 도구의 규칙을 따라야 합니다. 일단 어떤 도구를 사용하게 되면 그 도구의 제약을 받죠. 따라서 법가의 '법치'는 진정한 의미의 법치나 현대적인 의미의 법치는 아니지만 법치의 일부 특징을 가지고 있습니다.

어떤 특징일까요? 인정에 구애됨이 없이 공평무사하죠. 법가는 왜 적극 '법치'를 주장했겠어요? '인치人治'는 믿을 수가 없기 때문입니다. '법치'가 '인치'보다 왜 믿을 만하냐고요? '법'은 '사람'이 아니니까요. 법은 사람이 아닌 것, 그것이 바로 법치의 특징입니다. 사사로운 정은 없고, 그저 법만 인정할 뿐, 사람은 인정하지 않습니다. 의미심장하죠. 법률 앞에서 만인은 평등하고, 평등해야만 하며, 평등할 수밖에 없다는 것입니다.

법가가 그렇게 인식했다는 겁니까?

───── 그렇게 인식했을 뿐만 아니라 몸소 행동으로 실천했습니다. 예를 들어 상앙은 태자의 죄도 물었습니다. 결과적으로 태자의 사부에게 죄를 물었지만요. 그러나 '개를 때리는 것은 개 주인을 모욕하는 것'이란 말이 있죠? 바로 그런 논리에 따르면 바로 태자의 죄를 다스린 것입니다. "왕자가 법을 범하니 서민과 같이 죄를 묻는다."는 말이

법가에서는 빈말이 아니었습니다. 심지어 상앙의 죽음도 이런 특징을 증명했습니다. 즉, 일단 법률이 성립되면 모든 사람에게 동등한 효력을 발휘한다는 이야기입니다. 입법자 본인, 예를 들어 상앙 자신까지도 포함합니다.

한비도 그렇게 했습니까?

—— 한비는 실천할 기회가 없었지만 매우 중요한 '법치의 3원칙'을 내놓았습니다. '일一, 고固, 현顯'입니다. 한비의 말대로라면 '법막여현法莫如顯'입니다. "법은 평등하고 변함이 없으며, 백성으로 하여금 이를 알도록 해야 한다法莫如一而固, 使民知之."는 것입니다. '일'은 통일, 또는 유일하다는 뜻이며, '고'는 고정적으로 변함이 없다는 뜻, '현'은 공개적이어야 한다는 뜻입니다. 다시 말하면 법은 통일된 기준, 유일한 기준, 변함없는 고정된 기준, 공개적인 기준이어야 한다는 말입니다. 그렇게 기준이 하나로 통일되면 사람에 따라 다르게 적용되는 일이 없습니다. 기준이 유일하면 모든 곳에서 동일한 기준이 적용되고, 기준이 고정적이면 시도 때도 없이 기준이 달라지는 일이 없습니다. 또한 기준이 공개되면 암암리에 조작되는 일이 없습니다. 이렇게 되면 누군가 수단을 부리는 일이 불가능해지면서 정의로운 사회, 공평한 사회, 평등한 사회가 이루어집니다. 물론 그럴 가능성이 있다는 것뿐입니다.

그건 묵가의 이상 아닌가요.

—— 그렇습니다. 그러나 묵가는 이상만 있을 뿐 방법이 없었습니

다. 법가가 그 방법을 찾아낸 것이죠. 사람과 사람 사이에 어떻게 평등을 실천합니까? 법이 있으면 가능합니다. 법률 앞에 만인이 평등하니까요. 마찬가지로 공개적으로 입법이 이루어지고, 공정하게 법이 집행되며, 사법이 공평하면 정의로운 사회를 구현할 수 있습니다. 묵가가 남긴 문제, '평등해진 이후에 누구의 말을 따르는가'에 대한 문제도 법가가 해결했습니다.

바로 '법'을 따르는 것이죠. 법이 통일을 이루어 유일한 기준이 되고, 고정불변의 것으로 공개되는 기준이 되니까요.

또한 도가의 문제도 해결됐습니다. 도가의 문제가 무엇이었습니까? 사회는 통치할 수가 없으니 통치하면 할수록 어지럽게 된다는 것, 또한 통치하지 않을 수도 없는 것을 통치하지 않으면 어지럽혀진다는 것이었습니다. 그래서 도가는 사람에게 통치를 하지 못하게 하거나 또는 사람이 통치를 하지 않아야 한다고 주장했습니다.

사람이 통치하지 않으면 누가 통치합니까?

──── 법이 통치하죠. 이른바 법치라는 것은 바로 "사람이 통치하지 않고 법이 통치한다. 법이 나라를 통치하고 사람은 인위적인 것을 하지 않는다."였습니다.

도가의 주장 역시 실현할 수 있게 됐군요.

──── 사실 유가의 희망도 실현됐다고 말할 수 있습니다. 유가의 희망이란 것이 무엇이었습니까? 천하에 도가 있게 하는 것이었습니다. 천하에 도가 있는 것, 이것은 어떤 상태입니까? 질서정연한 모습

이죠. 그렇다면 법치의 결과 사회는 어떤 모습을 갖추게 됩니까? 그 역시 질서정연한 모습이겠죠.

따라서 법으로 나라를 다스린다는 것은 유가와 도가를 통일시키는 것, 즉 '무위하되 질서를 갖추게 하는 것'입니다. 동시에 유가와 묵가를 통일시키는 것으로 '질서를 갖추며 평등해지는 것'입니다. 질서를 갖추고 평등하며 무위의 상태가 되는 것, 이는 유가의 희망이자 묵가의 이상이며 도가의 주장이니, 그 모든 것이 실현됐다고 할 수 있는 것 아닙니까?

가만히 보니 법가라는 '썩은 계란'에 뼈가 있네요?

—— 사실 중국 역사상 가장 위대한 사상인 유가, 묵가, 도가, 법가 모두 우리에게 매우 소중한 사상문화유산을 남겨주었습니다. 이 가운데 일고의 가치도 없거나 맞는 부분이 하나도 없는 사상은 없습니다. 오히려 그들이 어떤 문제들을 놓고 펼쳤던 논쟁을 돌이켜보면 우리도 많은 깨달음을 얻을 수 있습니다. 다음에서 살펴볼 인성에 관한 문제도 그렇습니다.

17 사람을 제도로 교화할 수 있는가

"국가와 사회에 문제가 생기는
이유는 결국 사람의 마음,
인성에 문제가 생겼기 때문이다."

국가나 사회가 문제가 있는 이유는 결국 인심과 인성에 문제가 생겼기 때문이다. 따라서 '세상을 구제'하려면 먼저 '사람을 구제'해야 한다. 또한 '사람을 구제'하려면 먼저 '마음을 구제'해야 한다.

선진제자들은 사람의 인성과 본성에 대해서 각기 다른 해석을 내놓았다. '인성에 악함이 있다'와 '인성은 본래 악하다'라는 것은 비록 표현상으로는 별 차이가 없지만 이로 인해 결과적으로 서로 용납이 안 될 정도로 큰 이견이 벌어지게 된다.

'인성에 악함이 있다'는 것은 동시에 선함도 존재한다는 것을 의미한다. 예악으로 교화할 수 있고, 덕으로 나라를 다스릴 수 있으니 희망적인 것이다. '인성이 본래 악하다'는 말은 그렇게 좋은 말은 아니다. 오직 제도나 법률, 심지어 한비의 주장처럼 위협과 회유, 엄한 형법이 있어야 한다.

세상보다 먼저 사람, 사람보다 먼저 마음

지금 '구세'에 대해 이야기하던 중 아니었나요? 왜 갑자기 인성을 이야기하십니까?

——— 간단합니다. 선진제자백가들은 나라와 사회에 문제가 생기는 이유가 결국 사람의 마음, 인성에 문제가 생겼기 때문이라는 것을 발견했습니다. 그래서 세상을 구하기 위해서는 먼저 사람을 구해야 하고, 사람을 구하려면 먼저 마음을 구해야 합니다. 세상의 도가 사람의 마음에 있으니까요.

이런 문제를 가장 먼저 발견한 사람은 누구입니까?

——— 공자입니다. 공자는 당시 예악붕괴에 대해 정말 가슴 아파하지 않았습니까? 그렇다면 그는 예와 악이 왜 무너졌는지 생각해봐야 했습니다. 공자는 극기복례하길 원했죠? 그렇다면 대체 예가 무엇이

고, 악이 무엇인지 대답해야 하고요. 공자가 이렇게 반문한 적이 있습니다. "예가 선물이란 말인가? 그 어찌 옥기나 비단을 뜻하겠는가禮云禮云, 玉帛云乎哉? 악이 설마 악기를 말하겠는가? 그것이 어찌 종이나 북을 말하겠는가樂云樂云, 鐘鼓云乎哉?" 당연히 그런 것을 가리키는 것이 아니죠.

그럼 무엇입니까?

—— 사랑이죠. 예를 들면, 삼년상을 치르는 것은 사랑을 표현하기 위해서입니다. 공자는 어린아이가 세 살이 되면 부모가 더 이상 아이를 안아주지 않는다고 했습니다三年之愛於其父母. 그래서 부모가 세상을 떠나면 자녀로서 상복을 입고 허리에 삼끈을 매고 삼년상을 치르는 것입니다. 3년 동안 부모의 품안에 안겼던 것三年乃免於父母之懷에 대한 보답입니다.

세상의 모든 예가 사랑입니까?

—— 본질적으로 그렇습니다. 악樂은 더 그렇고요. 사랑이 없는데 어떻게 음악을 하고, 즐거움을 느끼겠습니까? 그래서 공자는 "사람이 어질지 않으면 예가 무슨 소용이 있겠는가人而不仁如禮何, 어질지 않으면 음악이 또 무슨 소용이 있겠는가人而不仁如樂何?"라고 했습니다. 별반 대수롭게 여기지 않으면 무슨 일이든지 할 수 있죠. "시가인숙불가인是可忍孰不可忍"이라 하지 않았습니까?
'시가인숙불가인'의 첫 번째 풀이는 이렇습니다. 공자는 원래 "시가인야, 숙불가인야是可忍也, 孰不可忍也"라 했죠. 이 말은 대개 "이런 일도 참는데, 참지 못할 일이 뭐가 있겠는가?"라고 풀이합니다. 그러나 또 다른 해석도 있습니다. "이런 일도 모두 참고 할 수 있었는데 마음을 모질게 먹지 못할 일, 하지 못할 일이 뭐가 있겠는가?"라는 것입니다. 요컨대 사랑하는 마음이 없어지면 예의도 없어지고, 음악도 없어지면서 예악이 붕괴된다는 것입니다. 그래서 문제의 근본이 사람의 마음에 있다는 것이죠.

공자 이후 묵자 역시 그렇게 생각했습니까?

——— 네. 묵자는 분명하게 말했습니다. 당시 사회 문제는 모두 "서로 사랑하는 마음이 없어서 생기는 것以不相愛生"이라고요. 다른 점이 있다면 공자는 사랑을 하지 않기 때문에 윗사람을 범하고 반란을 일으킨다고 했고, 묵자는 사랑이 없기 때문에 약육강식을 하게 된다고 했습니다. 그렇기 때문에 공자의 주장은 차별과 등급이 있는 인애이며, 묵자의 주장은 차별과 등급이 없는 겸애입니다. 다시 말하면 그들이 파악한 증상도 다르고 내린 처방도 다르지만, 두 사람 모두 마찬가지로 사람의 마음 때문에 문제가 생겨났다고 여겼다는 점입니다.

공자와 묵자 이후는요?

——— 장자 역시 비슷한 견해를 가지고 있었습니다. 그러나 장자는 문제가 사랑하는 마음이 사라졌기 때문이라고 여기는 대신 진실한 성정이 사라졌기 때문이라고 봤습니다. 여기서 말하는 '정'은 바로 '성정', 즉 천성적인 것, 자연적인 것, 진실한 인성을 말합니다. 장자는 인류가 원래 진짜 성정을 가지고 있었다고 생각했습니다. 그러나 황

제가 천하를 통치하기 시작하여 요, 순, 우 임금의 통치를 거치는 동안 시끄럽게 소란을 피운 데다 유가, 묵가가 혀를 놀리고 인심을 현혹시키면서 결국 이런 성정이 사라져버렸다고 합니다.

그 말씀은, 장자는 '진정한 성정을 잃었기 때문에' 문제가 생겼고, 공자와 묵자는 '선한 마음을 잃었기 때문에' 문제가 생겼다고 여긴단 말씀입니까?

—— 네. 그러나 선善에 대한 공자와 묵자의 이해는 다릅니다. 공자는 '군신부자'를 말했고, 묵자는 '인간평등'을 이야기하지 않았습니까! 장자는 '천성자유'를 말했고요. 그래서 유가, 묵가, 도가는 비록 문제의 근본이 사람의 마음, 인성에 있다고 생각했지만 세상을 구원하기 위한 그들의 주장은 서로 달랐습니다.

법가 중에서는 주로 한비가 이 점에 대해 언급했습니다. 한비 역시 문제의 근본은 사람의 마음, 인성에 있다고 생각했어요. 하지만 사람의 마음과 인성에 '문제가 생겼다'고 여기지는 않았습니다. 사람의 마음과 인성에는 원래부터 문제가 있었다고 봤죠. 무슨 문제일까요? 악하다는 것입니다. 그것도 본래부터요. 천성이 악하고, 영원히 악하다고요. 즉 '인성은 본래 악하다'는 것입니다.

성악설은 순자의 관점이 아니었나요?

—— 아닙니다. 순자가 "인성은 본래 악하다."라고 주장했다는 말은 오독입니다. 진짜 "인성은 본래 악하다."라고 말한 사람은 한비였어요. 한비가 이 주장을 했기 때문에 "제도가 사람보다 믿을 만하다."

고 여길 수 있었던 것입니다. 제도가 왜 믿을 만할까요? 제도는 사람이 아니니까요. 사람은 왜 믿을 수가 없죠? 인성은 본래 악하니까요. 그러나 그러다 보니 문제가 커졌습니다.

문제가 커진 이유는 간단합니다. 인성이 선하다면 현재 상태에 관계없이 사람의 마음은 구원이 가능합니다. 세상의 도 역시 마찬가지고요. 그러나 반대로 "인성은 본래 악하다."라고 한다면 완전히 구제불능이죠.

인성은 선을 향한다는 맹자

그렇다면 인성은 대체 선한 것인가요, 악한 것인가요?

—— 정확하게 말할 수 없습니다. 저는 그저 각 학파의 관점을 소개할 뿐, 결론은 각자의 몫으로 남길 수밖에 없습니다.

그럼 좀 상세하게 말씀해주십시오.

—— 역사상 가장 먼저 인성에 대한 문제를 언급한 사람은 고자告子입니다. 고자는 잘 알려지지 않았습니다. 『묵자』에 등장한 적이 있죠. 맹자와 토론을 벌이기도 했고요. 아마 묵자보다 나이가 어리고, 맹자보다는 나이가 많은 것 같습니다. 맹자와 주로 인성에 대해 토론

을 벌였습니다. 고자의 관점은 인성에는 본래 선과 악이 없다는 것입니다. 고자는 인성이란 본래 선하지도 악하지도 않다고 생각했습니다人性之無分於善不善也. 인성은 마치 물과 같아서性猶湍水也, 동쪽 둑이 터지면 동쪽으로 흐르고決諸東方則東流, 서쪽 둑이 터지면 서쪽으로 흐른다決諸西方則西流고 했습니다. 그러니 무슨 선악의 구분이 있겠습니까?

맹자는 뭐라고 말했습니까?

──── 맹자는 "물길은 확실히 동서의 구분이 없지만水信無分於東西, 그렇다고 위아래 구분도 없겠는가無分於上下乎. 사람 역시 선하지 않음이 없으니人無有不善, 이는 마치 물이 아래로 흐르지 않음이 없는 것과 같다水無有不下. 이를 일컬어 물의 성은 아래로 향하고, 인성은 선을 향한다水性向下, 人性向善."고 했습니다. 사람이 선하지 않음이 없다면 왜 악한 짓을 할까요? 환경과 조건이 그렇게 만드는 것입니다. 맹자가 말하길 풍년에는 게으른 사람이 많아지고, 흉년에는 횡포한 사람이 많아진다고 했습니다. 설마 천성적으로 사람이 나태하거나 횡포하단 말입니까? 아닙니다. 환경과 조건이 그 마음에 영향을 주는 것입니다. 이는 물에 비유할 수 있습니다. 물은 원래 낮은 곳으로 흐르죠. 그런데 물을 막으면 산으로 갈 수도 있죠. 그렇다고 이것이 물의 본성이라 할 수 있습니까?

그렇다면 인성이 본래 선하단 말씀입니까?

──── 아뇨. 다만 인성은 선으로 향한다고 할 수 있을 뿐입니다. 맹자가 "인성이 선한 것은 물이 아래로 흐르는 것과 같다人性之善也, 猶水之

就下也.",라고 했기 때문입니다. 다시 말하면 인성의 선은 마치 물이 아래로 흐르는 것과 같이 그저 한 가지 방향, 한 가지 추이, 한 가지 가능성만 있다는 것입니다. 하물며 맹자는 본래 인간에게 천성이 있다는 것을 인정하지 않았고, 천성이 어떤 의미가 있는지 토론했습니다. 맹자가 고자에게 "생긴 그대로를 '성性'이라 하는 것은生之謂性, 흰 것을 희다고 하는 것猶白之謂白與과 같습니까?"라고 물었습니다. 고자는 "그렇습니다."라고 대답했죠. 이에 맹자가 다시 물었어요. "그렇다면 개의 본성이 바로 소의 본성이고, 소의 본성이 인간의 본성입니까?"

그 뜻은 명확합니다. 첫째, 추상적으로 인성을 논하지 말라는 뜻입니다. 추상적으로 말하면 깃털, 눈, 옥 모두 같을 수 있습니다(모두 흰색이기 때문이다)만, 그렇다고 정말 이 세 가지가 모두 같겠습니까? 그냥 '백白' 자만 가지고 말한다고 무슨 뜻이 있겠습니까? 둘째 역시 '인간의 천성'에 대해 논하지 말자고 했죠. 천성이라고 한다면 인간이나 동물이나 다를 것이 없으니까요. 고자가 말한 식욕, 색욕, 성욕은 결국 동물도 다 마찬가지로 생각하고 행하는 것이 아니겠습니까. 만약 이것이 '인성'이라고 한다면 "개의 본성이 소의 본성과 같고, 소의 본성이 사람의 본성과 같은가犬之性猶牛之性, 牛之性猶人之性?"라고 했죠.

그래서 인성에 대해 논하지 말라 했고, 꼭 이야기를 하겠다면 인간의 자연성에 대해서만 이야기하지 말고 사회적 속성에 대해 이야기하라고 했습니다. 더더욱 인성을 인간의 자연성과 동일하게 취급해서는 안 된다고 했고요. 그래서 인성은 본래 선한 것이 아니라 다만 선을 향하고 있다고 말할 수 있을 뿐이라 했습니다.

맹자의 이 말은 또 무슨 의미가 있습니까?

────── 유가가 주장한 인의도덕의 근거가 됐습니다. 유학에 대한 맹자의 공헌이라 할 수 있습니다. 그러나 맹자 역시 부족한 부분, 문제가 있는 것도 사실입니다.

첫째, 인성이 선은 향해 간다고 했는데 그런 가능성이 어디서 오는 것인가란 것입니다. 맹자는 이를 '내게 본래 있는 것 我固有之'이며 '외부에서 부여받은 것이 아니다 非由外鑠'라고 했습니다. 이 말이 곧 '천성'이란 것 아닙니까? 많은 학자들이 맹자가 '인성은 본래 선한 것'이라 주장했다고 말하는 것도 당연합니다. 그러나 만약 인성이 본래 선한 것이라 한다면 대체 무엇이 근본이고, 어디서 오는 것입니까? 바로 맹자가 대답할 수 없는 문제, 정확히 알고 있지 않은 문제입니다. 이것이 바로 첫 번째 허점입니다.

두 번째는 바로 인간이 선을 향하고 있다는 것입니다. '물이 아래로 흐르는 것과 같다'라고 했는데 어찌 악한 짓을 할 수 있느냐고 물었더니 맹자는 환경과 조건이 그렇게 만들었다고 했습니다. 좀 야하게 말하면 '양가집 규수가 어쩔 수 없이 기생질을 하게 된 것'이죠. 환경이나 조건은 자연적인 것도, 인위적인 것도 있습니다. 그렇다면 '물이 아래로 흐르는 것'처럼 선을 향하는 사람이 어쩌다 '어쩔 수 없이 기생질을 할 수밖에 없는' 환경, 조건에 처하게 됐을까 의문이 드네요. 이 문제는 맹자도 대답하지 못했습니다. 이에 대해서는 순자가 대답할 수 있었죠.

인성에는 악함이 있다는 순자

순자는 뭐라고 했나요?

——— 순자는 맹자가 진정으로 인성을 이해해서 '성선'을 주장한 것이 아니라是不及知人之性 인성이 '성위지분性僞之分'임을 잘 몰랐기 때문이라고 말했습니다.

성위지분이 뭔가요?

——— 인성이 두 가지 부분으로 구성되어 있다는 것이죠. 그 하나는 '성性', 다른 하나는 '위僞'입니다. 성은 '태어날 때부터 그러한 것'을 말합니다生之所以然者謂之性. 위는 '배워서 능할 수 있고 전념하여 사람이 이룰 수 있는 것'을 말한다可學而能, 可事而成之在人者, 謂之僞. 여기서 말하는 '위'란 바로 인간의 사회적 속성이죠. '성'이라는 것은 인간의 자연적 속성입니다. 둘을 합해야 우리가 오늘날 말하는 '인성'에 해당합니다. 이러한 분석을 손자는 성위지분이라 했습니다.

이처럼 분명하게 구분하는 것이 무슨 의미가 있나요?

——— 악은 어디서 왔는지, 선은 또 어디서 왔는지, 어떻게 하면 악을 선으로 바꿀 수 있는지 대답할 수 있습니다.

그럼 선과 악은 어디서 비롯됐나요?

——— 악은 사람의 자연적 속성에서 비롯됐습니다. 인류의 선천적

'성'이 바로 '악'이니까요. 그렇다면 선은 어디에서 나온 것인가요? 인간의 사회적 속성이죠. 인간의 사회적 속성인 '위僞'입니다. 인위적이라는 말씀입니다. 따라서 사회적, 인위적인 '위'가 있어야 '선'이 될 수 있다는 것입니다. 자연적이며 천성적인 '성'은 '악'입니다. 그래서 순자는 "사람의 본성은 악한 것이며, 착한 것은 인위적인 것이다人之性惡, 其善者僞也."라고 한 것입니다. 이것이 순자가 말한 인성론의 핵심입니다.

자연적인 성은 악한 것이다, 그럼 '인성은 본래 악하다'라는 것 아닌가요? 악한 성은 천성적인 것으로 '위'보다 먼저, 그러니까 근본이 아닙니까?

—— 그렇게 말하는 것도 일리가 있습니다. 문제는 순자가 말한 인성은 전체이며 그 안에 본성과 인위가 들어 있다는 것입니다. 더욱이 순자는 후천적인 인위야말로 진짜 인성이라고 말할 수 있다고 했습니다. 결국 선천적인 것은 악한 본성으로 사람의 '동물성'이라고 합니다.

동물성이 인성이 아닙니까?

—— 물론입니다. 심지어 「비상非相」, 「왕제王制」에서 순자는 인간이 인간인 까닭은 절대 그가 두 다리로 서고 몸에 털이 없어서가 아니라非特以二足而無毛也, 물질과 생명, 감각에다 도덕까지 있기 때문에有氣, 有生, 有知, 亦且有義 비로소 '천하에서 가장 귀한 존재'라고 했습니다. 인간이 가장 고귀한 존재인 까닭이 도덕적이기 때문인데 어찌 순자는

'인성이 악하다'고 했을까요? 순자는 생물학적 의미의 인간과 사회학적 의미의 인간을 구분해놓고서 왜 또 동물성을 인성으로 간주했을까요? 기껏해야 인성의 일부분, 그것도 2차적인 것인데요.

그렇다면 어떻게 순자의 관점을 표현해야 하죠?

──── '인성에 악함이 있다'고요. 더욱이 반드시 세 가지를 강조해야 합니다. 첫째, 인성에는 악함도 선함도 있다는 것, 둘째, 인성의 악함은 본질적인 것이 아니고, 선함이 바로 본질적이라는 것입니다. 셋째, 인성 가운데 본질적이지 않은 악이 본질적인 선을 통해 전승을 거두고 극복할 수 있다고 말입니다.

어떻게 전승을 이루고 극복하는데요?

──── 순자의 표현을 인용하면 '화성이기위化性而起僞'입니다. 여기서 '화化'는 개조를 뜻하니, '화성'이라 하면 바로 천성을 바꾼다는 뜻입니다. '기起'는 흥기의 뜻으로 '기위'란 착한 마음이 일어난다는 뜻이고요. 순자는 인성을 바꾸면 악을 눌러 선해질 수 있다고 했습니다. 이렇게 되면 앞에서 말한 세 가지 문제(악이 어디서 오는가, 선은 또 어디서 오는가, 어떻게 해야 악을 선으로 바꾸는가)가 모두 해결됩니다.

맹자가 남긴 문제까지 모두 해결이 됐군요.

──── 방법은 다르지만 결과는 같습니다. 맹자는 한마음으로 선을 향하기만 하면 "사람들 모두 요, 순이 될 수 있다人皆可以爲堯舜."고 했고, 순자는 열심히 바꾸려 노력하면 "길거리 사람도 우 임금이 될 수 있다

故塗之人可以爲禹."고 했습니다. 두 사람 모두 보통 사람도 성인이 될 수 있다고 했습니다. 다만 방식이 다를 뿐이죠. 맹자의 방법은 '요, 순, 우를 배우자'는 것이었고, 순자의 방법은 '세계관을 바꾼다'였습니다.

그렇다면 무엇으로 인성을 개조합니까?

―――― 예와 악으로 교화합니다. 예는 본성性을 개조하고, 악은 감성情을 개조합니다. 성과 정 모두 '본성性'입니다. 예와 악은 모두 '인위僞'이고요. "인위적인 노력이 없으면 본성은 절로 아름다워지지 않는다無僞則性不能自美."고 했습니다. 그러니 예악이 꼭 필요합니다. 따라서 '인성은 악함이 있다'라는 순자의 말은 유가가 주장하는 예악제도의 근거가 됐죠. 유학에 대한 순자의 공헌이 셈입니다.

맹자는 인의도덕의 인성적 근거를 제공했고, 순자는 예악제도의 인성적 근거를 제공했단 것이죠. 인의예악이 모두 거론됐죠. 그래서 순자에 이르러 선진유가도 끝이 납니다. 또한 유가에서 법가까지도 한 걸음 차이밖에 나지 않게 된 것입니다. 이밖에도 순자라는 유가의 대가 덕분에 명성이 자자한 두 명의 법가 학생을 구제할 수 있었고요. 바로 한비와 이사입니다.

왜 한 걸음 차이라고 말씀하십니까?

―――― 예악은 제도인데, 법가가 가장 중요하게 생각한 것 역시 제도였으니까요. 그러나 한비의 제도와 순자의 제도는 달랐습니다. 순자는 '예악제도'를 주장했고, 한비는 '형법제도'를 주장했습니다. 인성에 대한 각자의 견해가 달랐기 때문입니다. 순자가 '인성에 악함이

있다'고만 생각한 것에 반해 한비는 '인성은 본래가 악하다'고 여겼습니다.

'인성에 악함이 있다'와 '인성은 본래 악하다'는 것이 다른가요?

────── 인성에 악함이 있다는 것은 동시에 선함도 존재한다는 것을 의미합니다. 희망적이죠. 예악으로 교화할 수 있고, 덕으로 나라를 다스릴 수 있습니다. 순자가 아무리 별난 주장을 한다 해도 결국은 유가의 틀 안에 있습니다. 인성이 본래 악하다는 말은 그렇게 좋은 말은 아니죠. 오직 제도나 법률, 심지어 한비의 주장처럼 위협과 회유, 엄한 형법이 있어야 합니다. 따라서 '인성에 악함이 있다'와 '인성은 본래 악하다'라는 것은 비록 표현상으로는 별 차이가 없지만 이로 인해 결과적으로 서로 용납이 안 될 정도로 큰 이견이 벌어지게 됩니다.

유가와 법가 논쟁의 근본이 바로 여기에 있군요?

────── 네. 논쟁은 핵심은 바로 '덕치'냐, 아니면 '법치'냐입니다.

18

덕치냐
아니면 법치냐

"묵직하고 냉철한 한비를 생각하면
공자의 후덕한 도나 묵자의 고집스러움,
장자의 낭만 같은 것의 의미가 사라져버린다."

한비의 묵직하고 냉엄한 얼굴 앞에 공자의 후한 도, 묵자의 고집스러
움, 장자의 낭만은 순식간에 힘을 잃는다. 얄팍하고 공허한 것이 되어
생기를 잃고 무력해진다. 심지어 우스꽝스러운 존재가 되어버리기도
한다. 이것이 바로 진실의 힘이다.

공명과 이욕을 추구하고 해害를 피해 이득을 취하는, 묵가와 법가는
실리를 강조하는 것이 닮았다. 서로 다른 점이 있다면 묵가는 이해利害
로서 '도덕'을 말하고, 한비는 이해로서 '제도'를 말하는 것이다.

속담에 "도둑이 훔칠 것을 걱정하지 말고 도둑이 마음에 두는 것을 걱

정하라."는 말이 있다. 때로는 '생각'이 '행동'보다 더 두려운 것이다. '양법良法'만 있고 '호인好人'이 없다면 세상은 태평할 수 없다.

공자는 도덕에 대해 이야기하면서 "자기 학생조차도 다스리지 못하거늘 어찌 나라를 다스리겠는가?"라고 말했다. 도덕은 나라를 다스릴 수는 없지만 사람을 기를 수는 있다. 법제는 사람을 기를 수는 없지만 나라를 다스릴 수 있다. 건전한 법제에 사회 역시 도덕적인 국가라면 어찌 오랫동안 평안을 구가할 수 없겠는가.

한비가 직시한 사람 사이의 이해관계

유가와 법가의 주된 이견이 덕치인가, 법치인가였다고요?

—— 네. 유가는 '덕으로 나라를 다스린다'고 했고, 법가는 '법으로 나라를 다스린다'고 했습니다.

이런 이견이 인성에 대한 그들의 인식과 관계가 있습니까?

—— 그럼요. 한비는 유가와 묵가 모두 사랑(인애 또는 겸애)을 강조했고, 또한 도덕(예양禮讓 또는 상호이익)을 강조했다고 말했습니다. 그렇지만 하나 묻고 싶습니다. 현실 생활에서 진짜 역할을 하는 쪽이 사랑입니까, 도덕입니까? 아닙니다. '이해利害'입니다.

한 가난한 소작농(장공長工)이 농사를 짓는데, 지주가 밥도 주고 임금도 줍니다. 한비는 지주가 밥과 돈을 주는 이유가 과연 "소작농을 사랑하거나 자기 스스로 도덕적이기 때문이겠는가?"라고 묻고 있습니다. 아니죠. 그것은 자신의 논밭을 경작하는 소작농이 열심히 일할 수 있도록 하기 위함이죠. 또한 소작농이 땀을 비 오듯이 흘리며 열심히 논밭을 가는 것이 "지주를 사랑하거나 도덕적이기 때문인가?"라고 묻고 있습니다. 그것도 아니죠. 그저 밥을 먹고 임금을 많이 받기 위해서입니다.

마차 가게를 하는 사람은 다른 사람이 부귀하길 원하고, 관 가게를 하는 사람은 사람들이 빨리 죽길 원합니다. 이는 전자가 인자한 사람이고, 후자가 잔인한 사람이기 때문이 아니라 사람들이 부를 쌓지 않으면 마차를 팔 수 없고, 사람들이 죽지 않으면 관을 팔 수 없기 때문입니다. 마차 가게를 하는 사람이나 관 가게를 하는 사람이나 모두 그저 자신이 기준이 될 뿐, 이에 도덕적인 문제, 인의에 관한 품성 문제를 개입시킬 수 없습니다. 물론 사랑이란 덕목도 마찬가지입니다.

한비는 사람과 사람 사이에 오직 이해관계만 작용한다고 생각했습니다. 그의 관점에서 보면 사람과 사람 사이에는 '예양'이나 '상호이익' 따윈 존재하지 않습니다. 오직 '계산'과 '방어'만 있을 뿐이죠.

한비의 말에 의하면 군신, 부자, 부부 모두 그렇습니다. 군주가 관직을 약속하고 후한 상을 내리는 이유도 모두 신민을 매수해서 자신을 위해 목숨을 바치도록 하기 위한 것이라 합니다. 마찬가지로 신하 된 사람들이 왜 온 힘을 다해 나라의 일에 최선을 다하겠습니까? 승진을 하고 돈을 벌기 위해서가 아닙니까? 그렇게 생각하면 군주와 신하의 관계라는 것도 한 사람은 관직과 녹봉을 위해, 다른 쪽은 지혜와 체력을 파는 관계입니다. 그러나 거래 관계는 아니죠. 그냥 계산을 한다는 것입니다. 나라에는 도움이 되지만 자신에게 불리하다면 신하는 일을 하지 않습니다. 또한 신하에게는 유리한데 나라에는 유리하지 않다면 군주 역시 그런 일을 하지 않습니다. 그래서 "군주와 신하는 계산의 만남이다君臣也者, 以計合者也."라고 한 것입니다.

부자 사이에는 사랑이 있어야 하지 않을까요?

—— 역시 마찬가지입니다. 한비는 일반적으로 사람들이 아들을 낳으면 축하하고 딸을 낳으면 죽였던 것도 아들은 노동력이지만 딸은 손해라고 생각했기 때문이라 했습니다. 자녀에 대한 부모의 생각 역시 "계산하는 마음으로 대하다用計算之心以相待."라고 했죠.

부부 사이에도 사랑이 없습니까?

—— 더더욱 그렇죠. 한비가 말하길, 위衛나라에 한 부부가 기도를 했답니다. 아내는 베 백 필을 벌고, 평안무사하게 지내기를 빌었습니다. 남편은 아내의 바람이 너무 소박하다고 생각했습니다. 그러자 아내는 재산이 많아지면 분명히 첩을 들일 것이라 말했습니다.
이런 것을 생각하면 그야말로 부부의 관계가 계산과 방어가 아니고 무엇이겠습니까? 한비는 군왕들에게 수차례 경고를 보냅니다. 절대 다른 사람을 믿지 말 것이니, 더더욱 아내와 자식을 믿어서는 안 된다고요.

왜 믿을 수가 없죠?

────── 군왕의 이익이 실로 너무 크기 때문에 사람들이 자꾸 허튼 생각을 하며 위험을 무릅씁니다. 일단 타인을 믿기 시작하면 경계심을 잃게 되고, 그렇게 되면 불충한 무리들이 호시탐탐 기회를 노립니다. 어떻게 아내나 자식까지 불신할까요? 군왕의 아내와 자식은 이해관계가 가장 크니까요. 일반적으로 군왕은 아들이 하나가 아닙니다. 그런 아들들이 반드시 한 어머니가 낳은 아이들이 아니고요. 하지만 군주의 자리를 계승하는 것은 단 하나뿐입니다. 아들이 왕위를 계승하면 그 어머니가 태후가 되니 아들도 어미도 군주가 되죠. 그럼 다른 아들들과 어머니들은 어떻게 됩니까? 아들도 그 어미도 신하가 됩니다. 천양지차가 생기는 것이죠.

왕위 승계에는 규칙과 제도가 마련되어 있지 않습니까?

────── 그건 천하에 도가 있을 때 말입니다. 예악이 붕괴되면 꼭 그렇지 않죠. 군주가 제멋대로 행동하니까요. 더욱 문제가 되는 건, 한비의 말을 빌리면 남자가 쉰이 넘어서도 색을 밝히는 경우丈夫年五十而好色未解, 여자가 서른이 넘어 미모가 퇴색한 경우婦人年三十而美色衰矣입니다. 어미가 총애를 잃으면 아들의 군주 자리도 흔들립니다. 그 순간 최대의 '이익'이 최대의 '해악'이 되어버립니다.

그럼 어떻게 해야 할까요? 권력을 탈취할 수밖에요. 호색한에 첩과 첩의 아들을 총애하는 군주의 권력을 빼앗아야 합니다. 그럴 경우 독주나 교살 같은 방법이 쓸 만하죠. 왕후와 태자가 군주 옆에 있으니 일을 저지르기도 쉽고요. 그래서 한비는 아내나 자식도 믿지 말라고 했습니다. 그러니 누굴 믿겠습니까? 없습니다.

한비는 '참담한 인생을 직시'했다고 말할 수 있습니다. 그것도 정말 놀라울 정도로요. 중국 역사상 한비만큼 인간의 본성에 자리한 '악'을 거론한 사람은 없었어요. 그것도 솔직하고, 냉정하게, 또한 한비만큼 그렇게 담담하게 말한 사람은 없었습니다. 그의 관점을 쉽게 받아들일 수가 없죠.

그러나 『한비자』를 읽고 나면 공자의 '극기복례'가 조금 진부하다는 느낌을 받게 됩니다. 또한 묵자의 '천하겸애' 사상은 사치스럽다는 느낌이 들고, 장자의 '자재소요自在逍遙'는 좀 헐렁하다는 느낌이 듭니다. 사실, 묵직하고 냉철한 한비를 생각하면 공자의 후덕한 도나 묵자의 고집스러움, 장자의 낭만 같은 것들의 의미가 사라져버립니다. 모두 허무하고 무력하고, 단순소박하다는 생각과 함께 심지어 좀 우습기까지 합니다. 한비의 생각이야말로 진정한 힘이 느껴지죠.

그래서 한비가 사람을 믿지 않고 제도를 믿었나요?

──── 한비는 사실 제도에 대해서도 확신을 하지 않았습니다. 그저 제도가 어느 정도 기능은 할 수 있을 것이라고 생각한 것이죠. 사상이나 도덕교육, 여론에 대한 감시감독 같은 다른 모든 것들은 아무런 소용이 없다고 생각했습니다.

동일한 문제에 대한 서로 다른 관점

한비는 왜 이런 생각을 하게 됐을까요?

—— 한 가지 문제, 즉 '세상에 왜 선과 악이 존재할까'에 대해 생각했기 때문입니다. 우리도 생각해야 하는 문제죠. 이 문제를 정확하게 사고하지 않는 한 앞에 언급한 문제에 대해 대답할 수 없습니다.

어떤 식으로 생각해야 되죠?

—— 동기를 물어보는 것이죠. 사람들이 취미가 악한 짓을 하는 것이라 악한 행동을 한 것일까요? 물론 아닙니다. 반대의 경우도 마찬가지입니다. 사람들은 취미로 착한 행동을 하는 것이 아닙니다.

왜 선행하는 것을 좋아하는 사람이 없다고 생각하십니까?

—— 변증법에 따르면 선행을 좋아하는 사람이 있으면 악행을 좋아하는 사람이 있기 마련입니다. 그럼 다시 한 번 묻겠습니다. 왜 어떤 사람은 선행을 좋아하고, 어떤 사람은 악행을 좋아할까요? 천성이 아닐까 싶지만 그건 아닙니다. 사람이란 모두 마찬가지입니다. 인성 역시 모두 같습니다. 다르면 '인성'이라고 부를 수가 없죠. 그렇기 때문에 인간의 천성은 맹자가 말한 것처럼 '선을 향한다'고 하든지, 아니면 한비가 말한 것처럼 '본래 악하다'라고 생각해야죠. 그러나 어쨌거나 일부는 '천성이 선을 향하고 있고', 다른 일부는 '천성적으로 악을 좋아한다'라고 생각할 수 없습니다.

순자는 인성에 선과 악이 모두 존재한다고 말했습니다. 그건 개인 한 사람 안에 존재한다는 이야기이지 각기 다른 사람을 지칭한 말이 아닙니다. 다시 말하면 한 사람이 선과 악을 함께 가지고 있기 때문에 때로 선을 행하기도 하고, 때로 악을 행하기도 한다는 말입니다. 이는 역으로 악을 저지르거나 선을 저지르는 것이 절대 천성적으로 어떤 사람은 선행을 즐기고, 어떤 사람은 악행을 즐기기 때문이 아니라는 것을 설명해줍니다.

그럼 왜 악행을 저지르는 것일까요?

────── 이해관계 때문이죠. 한비가 말했습니다. "이익이 있으면 사람들이 다가오고, 해가 있을 것 같으면 사람들이 떠나가니, 이것이 사람의 마음이다安利者就之, 危害者去之, 此人之情也." 다시 말하면 사람이란 모두 이익을 좇고 해를 피해 간다는 말씀입니다. 이익이 될 것 같으면 우르르 떼를 지어 몰려가고, 해가 될 것 같으면 행여 화를 피하지 못할까 걱정합니다. 인지상정이죠. 이해관계가 그리 크지 않을 경우에는 도덕을 운운하거나 규칙을 준수하기도 합니다. 그러나 일단 유혹을 제어할 수 없거나 도저히 견뎌낼 수 없을 정도로 위급한 상황이면 그 때는 도덕이고 법이고 안중에 없습니다.

증거도 있습니다. 한비가 이런 이야기를 한 적이 있습니다. 초나라 성왕成王이 상신商臣(이후 초나라 목왕穆王)을 태자로 책봉했다가 다시 배다른 동생 자직子職으로 태자를 바꾸려 했습니다. 그러자 상신이 스승인 반숭潘崇을 찾아가 어찌해야 될지 조언을 구했습니다. 반숭이 말했습니다. "이 사실을 받아들일 수 있겠습니까?" 상신은 그럴 수 없다고 했죠. 반숭이 다시 물었습니다. "그럼 나라를 떠나 화를 면하겠습니까?"
상신이 다시 그렇게 할 수 없다고 했습니다. 반숭은 다시 "정변을 일
으키겠습니까?"라고 물었습니다. 상신이 그렇게 할 수 있다고 대답했
습니다. 결국 상신은 병사를 이끌고 궁으로 들어가 아비를 목매달아
자살하게 만들었습니다. 상신이 어찌 아버지를 살해하고, 군주를 시
해하는 것이 극악무도한 죄악임을 몰랐겠습니까? 이해관계가 너무
컸기 때문에 아비에게 못할 짓을 저지르고 만 것입니다.

좋은 일을 하는 것도 이해관계에서 비롯됩니까?

———— 한비의 관점에서 보면 그렇습니다. 지주가 소작농에게 식사
를 가져다주고 소작농이 지주를 위해 일을 하는 것도 결국은 모두 자
신들을 위해서가 아닙니까! 다만 입장이 다르고, 가치판단이 달랐을
뿐이죠. 소작농에게는 '선(예를 들면, 식사를 날라주는 행위)'이지만 지주에게
는 '이익'을 위한 것일 뿐입니다. 바꾸어 말해도 마찬가지고요. 그렇게
보면 이해利害와 선악은 동일한 문제에 대한 다른 표현방식일 뿐입니
다. 자기에게는 이해인데, 다른 사람에게는 선악이 되는 것이죠. 굳이
도덕적으로 말하자면, 타인이나 자신에게 이로운 건 '선'이고, 타인에
겐 해가 되지만 자신에겐 이로운 것은 '악'이라고 할 수 있겠죠. 그러
니 선이든 악이든 결국 모두 자신에게 이익이 되어야만 합니다.

자신에게는 전혀 이익이 없고, 오직 타인에게만 이익인 경우는요?

———— 우리는 그럴 수도 있다고 생각합니다. 그러나 한비는 그런
경우는 없다고 생각했습니다. 자신에게 이로워야 좋은 일이라는 것

입니다. 한비는 자신에게 이롭지 않은데 누가 아침 일찍 일어나려 하느냐고 생각했습니다. 그렇기 때문에 좋은 일을 하도록 사람들을 격려하려면 단 한 가지 방법밖에 없다는 것이죠. 바로 좋은 사람은 좋은 보답을 받게 하는 것입니다. 또한 사람들이 나쁜 일을 하지 않도록 하기 위한 유일한 방법은 악행에 대해 처벌을 가하는 것이고요.

또다시 포상과 처벌이라는 '이병'으로 되돌아왔군요. 따라서 도덕교육을 실시한다 해도 이해利害관계에 대한 이야기를 분명하게 해주어야 합니다. 모든 이들에게 좋은 일은 하는 것이 결국 자신에게 이로우며, 나쁜 일을 하는 것이 결국 자신에게 불리하다는 사실을 알려줘야 합니다. 당신이 다른 사람을 도우면 상대로 당신을 도울 것이고, 당신이 다른 사람을 해하면 다른 이도 당신을 해하기 때문입니다. 해를 입는 것이 좋겠습니까, 아니면 도움을 받는 것이 실리적이겠습니까? 모두 생각해보십시오.

이것은 묵자의 관점이었죠?

──── 네. 공리와 실리를 중요하게 생각했었죠. 이익을 좇고 해를 피하는 방식의 합리성을 인정한 것이 묵가와 법가의 공통점입니다. 다른 점이 있다면 묵자는 이해로써 도덕을 말하고, 한비는 이해관계를 들어 제도에 대해 말한 것뿐입니다. 다시 말하면 묵가의 관점에서 보면 사람이란 모름지기 이득을 좇고 해를 피해 가기 때문에 도덕을 강조해야 한다고 했습니다. 이유가 뭐냐고요? 상대방도, 나 자신도 도덕을 중요하게 생각하지 않으면 사람들 모두 다른 사람을 해하고 자신의 이익만을 좇기 때문입니다. 결과적으로 모두 손해를 보게

됩니다. 반대로 도덕을 중요하게 생각하면요? 사람들 모두 사랑받고, 도움을 받을 수 있습니다. 자신을 포함해서요.

맞는 말 아닙니까? 법가는 왜 반대했죠?

────── 묵자가 한 말이 다만 도리에 불과했으니까요. 도리를 누가 믿습니까? 말에 그치지 말고 행동에 옮겨야죠! 혹자는 사람들에게 좋은 사람은 좋은 보답을 받고, 악행은 지독한 처벌을 받게 된다는 사실을 절실히 느끼게 해줘야 한다고 말합니다. 그런데 누가 그렇게 되도록 보장할 수 있습니까? 바로 제도입니다.

제도는 믿을 만한가요?

────── 믿지 못할 때도 있습니다. 한비가 직접 한 이야기 하나가 있는데 이 문제를 잘 설명해줍니다. 오자서가 초나라를 탈출하다가 관문을 지키는 관리에게 체포됐습니다. 오자서가 말했습니다. 대왕이 그에 대한 수배령을 내린 까닭은 자신에게 진귀한 진주 한 알이 있기 때문인데 지금 진주를 잃어버렸다고요. 만약 관리가 자신을 대왕에게 보내 대왕이 진주의 행방을 묻는다면 관리가 삼켜버렸다고 하겠다고 말했습니다. 그러니 알아서 하라고요. 결국 성문을 지키던 관리는 오자서를 풀어주었습니다.

초나라라고 형법과 제도가 없었겠습니까? 그런데 왜 아무런 소용이 없었죠? 이치는 매우 간단합니다. 아무리 완벽한 제도라 해도 제도를 부리는 것은 사람입니다. 따라서 '뛰어난 법'만 있을 뿐, '좋은 사람'이 없다면 천하는 여전히 태평성세를 누리지 못합니다. 제도만 강조할 뿐, 도덕을 무시하면 혼란이 더욱 가중됩니다.

법으로 나라를, 덕으로 사람을

그건 말이 이상한데요? 제도는 훌륭한데 사람이 모자라면, 기껏해야 제도가 힘을 못 쓰는 것이지, 왜 혼란이 더욱 가중됩니까?

────── 세상의 도는 사람의 마음에 있으니까요. 인심이 나빠지면 세상의 도가 어찌 나빠지지 않을 수 있겠습니까?

제도에 의지해 사회를 관리하면 사람의 마음이 나빠질 수 있나요?

────── 공자는 그렇다고 생각했습니다. 공자가 말하길, 정치 강령으로 다스리고道之以政, 형벌로 단속하면齊之以刑, 그 결과는 백성들이 이를 피해 가려고만 할 뿐, 수치를 모른다民免而無恥고 했습니다. 백성들이 감히 범죄를 저지르진 못하겠지만 수치심을 느끼지 못한다는 말입니다. 그러니 여전히 악한 짓을 할 수 있고, 범죄도 저지를 수 있습니다. 특히 법이 닿지 않은 곳, 법 집행이 느슨할 때는요. 조금 전 이야기에 나온 성문 지키는 관리 역시 법을 어기고 오자서를 놓아주지 않았습니까? 『수호전』에 나오는 송강宋江은 '지명 수배범'인 조개晁盖에게 오히려 기밀을 누설하지 않았습니까? 이런 일은 수도 없이 많습니다.

제도를 완벽하게 마련하고 법을 엄격하게 집행하면 되지 않습니까?

—— 아뇨. 수치심만 느끼지 않는다면 언제나 범죄를 저지르는 사람이 있습니다. 속담에 "도둑이 훔칠 것을 걱정할 것이 아니라 도둑이 마음에 두는 걸 걱정하라."는 말이 있습니다. 때로는 '생각'이 '행동'보다 두렵습니다. 그저 제도에 의존한 결과 백성들이 피해 가려 할 뿐, 수치를 모른다고 하면 그건 시시각각 '생각을 굴리는' 도둑을 양산하는 것이 아니겠습니까? 하물며 금지령이 있으면 누군가 금지령을 어기려는 사람이 있기 마련입니다. 더구나 금지하면 할수록 사람들은 금지령을 어기고 싶어 합니다. 아담과 이브 역시 그 유혹을 떨쳐버리지 못했죠. 그렇게 본다면 법가의 '법으로써 나라를 다스린다'는 것은 마치 육포로 개를 때리는 것과 마찬가지로 범죄를 교사하는 행위입니다. 그래서 유가는 이를 반대했죠.

그럼 어떻게 해야 합니까?

—— 유가는 역시 도덕, 도덕적 역량에 의지해야 한다고 말했습니다. 공자는 도로 사람들을 다스리고道之以德, 예로 질서를 유지하면齊之以禮, 백성들이 수치스러워 할 뿐만 아니라 자율적으로 바르게 된다有恥且格고 했습니다. 자율적으로 행동하면 감히 범죄를 저지를 수 없을 뿐만 아니라 아예 범죄를 저지를 생각조차 할 수 없게 되며, 범죄를 저지를 수 없게 된다는 것이죠. 바꾸어 말하면 좋은 사람 역할만 하고, 나쁜 일을 하지 않으며, 나쁜 일은 '생각'조차 하지 않는다는 것이죠. 공자가 볼 때, 법치를 강조하고 제도에 의존하면 막을 수 있는 것은 사람들이 나쁜 일을 하는 것뿐이겠지만 도덕을 강조하고 교육에 힘쓰

면 사람들 모두 좋은 사람이 될 수 있다고 주장했습니다. 지엽적인 문제와 더불어 근본을 치유할 수 있다는 점에서 유가의 주장이 좋죠. 그런데 좋은 것은 인정하더라도 실제로 달성하기는 힘든 이론입니다. 도덕은 양심에 호소할 수밖에 없으니까요. 양심은 개개인 각자의 일입니다. 다른 사람이 통제할 수 없는 일입니다. 공자의 학생 재여宰予가 '삼년상'에 반대하자 공자가 그에게 물었습니다. "부모가 돌아가신 지 3년이 되지 않았는데 좋은 밥에 비단옷을 입으면 마음이 편안한가?" 재여가 말했습니다. "잘 지내는데요." 그의 대답에 공자는 그저 씩씩거리기만 할 뿐, 달리 방도가 없었죠. "네 마음이 편안하다면 그럼 됐구나!" 공자가 이렇듯 도덕에 대한 주장을 해놓고 자신의 학생조차 제어하질 못했는데 어찌 나라를 다스리겠습니까?

그렇다면 도덕으로는 나라를 다스릴 수 없단 말인가요?

—— 네. 불가능할 뿐만 아니라 부작용도 있을 수 있습니다. 덕으로 나라를 다스리려면 통치자 또는 지도자가 먼저 솔선수범해야 합니다. 그렇다면 군왕이 성인이 되고, 관리는 현자가 되어야죠. 그들이 높은 품격과 절개로 몸소 타의 모범이 되어 바른 언행으로 이를 가르쳐야 사람들의 복종을 이끌어 진정한 예악교화를 실천할 수 있습니다. 그렇지만 실천이 불가능하면요?

선택은 하나뿐입니다. 그런 척하는 것이죠. 실제로 역대 왕조에서 덕으로 나라를 다스린 결과 그들은 오랫동안 평안하게 다스림을 행할 수 없었습니다. 다만 대대로 위군자僞君子를 만들어낼 수 있었을 뿐입니다. 이런 위군자들이 어디서 나왔습니까? 바로 유가에서 세운 성현의 표준에 따라 억지로 만들어진 것이죠.

법가의 '법으로 나라를 다스림'이 좋단 말입니까?

──── 물론 완전무결하다고 볼 수 없습니다. 다만 적어도 한 가지
는 취할 수 있다는 것입니다. 바로 제도입니다. 일반인의 기준에서 만
들어야 합니다. 그래야 따를 만하죠. 어쨌거나 이 세상에 성인은 극소
수이고 평범한 사람이 대다수이지 않습니까. 대다수 사람들의 척도
에 따라 규범을 만든다면, 첫째로 무엇보다 실천이 가능하고, 둘째로
아무리 나쁘다 해도 극에 이르진 않습니다. 최악의 결과도 고려해서
사전에 방비를 하니까요.

'최선'을 추구할 것이 아니라 '최악'이 되지 않도록 하자는 것인가요?

──── 적어도 제도를 설계할 때는 그렇게 할 수밖에 없습니다. 지
금까지 세상에 완벽한 제도란 없었습니다. 다만 '최악의 경우가 아닌'
제도가 있었을 뿐입니다. '최악의 경우가 아닌' 것들이 스스로 '최선'
이라 여기는 것들보다 좋은 경우가 많았습니다.

**그러나 최고의 목표를 정하면 이룰 수 있는 것은 중간 정도 성과라 했
습니다. 보통 사람들 기준으로 했다가 점점 더 상황이 나빠지는 것 아
닙니까?**

──── 그 말도 일리는 있습니다. 그래서 유가의 주장 역시 전면 부
정을 하는 것은 아닙니다. 더욱이 앞에서 말했던 것처럼 아무리 완벽
한 제도라고 해도 결국 제도를 집행하는 것은 사람이니까요. 법이 아

무리 좋아도 사람이 글렀으면 안 되는 것 아닙니까. 그래서 '법치' 또는 '법제'에만 의지할 수 없습니다. 역사적으로도 '법으로 교육한다'는 법가의 이론도 실패했으니까요. 그럼 어떻게 해야 할까요?

법으로 나라를 다스리고, 덕으로 사람을 교육해야죠. 사실 도덕으로 나라를 다스릴 수는 없지만 사람을 기를 수 있습니다. 법제로 사람을 기를 수는 없지만 나라를 다스릴 수는 있고요. 그러니 상호보완을 할 수 있죠. 또한 한쪽만 취해서 벌어지는 문제를 해결할 수도 있고요. 한 나라가 법제도 건전하고 사회도 도덕적이라면 오랫동안 평안한 통치가 이루어지지 않겠습니까?

그럼 유가와 법가가 상호보완을 할 수 있다는 말씀이네요?

────── 그럼요. 그러나 역대 왕조들처럼 '외유내법外儒內法'이니 '양유음법陽儒陰法'처럼 겉으로는 유가를 내세우며 속으로는 법가의 마음가짐을 가져서는 안 됩니다. 분업협력하고, 추상적으로 이를 계승해야죠. '추상적인 계승'이란 것은 그 안의 합리적인 실속만 취하고 구체적인 규정은 버리는 것을 말합니다. '분업협력'이란 나라를 다스리는 일에는 법가의 학문을 많이 살피고, 사람을 기르는 일에는 유가의 학문을 많이 들여다보라는 말씀입니다. 물론 전반적으로 모든 것을 받아들일 수는 없고요.

어떻게 세상에서 사람을 지킬 것인가

인류가 도덕적이며 정의를 실현해야 하는 이유는 결국 인간의 행복을 위해서입니다. 더욱이 각각의 개인, 모든 사람, 모든 이의 행복을 위해서죠. 행복은 인성에 부합합니다. 인성에 위배되는 행위는 사람을 행복하게 해줄 리가 만무합니다. 인성에 위배되는 것은 모두 '허위 도덕'입니다. 예를 들어 부모의 명령에 의한 혼인약속 같은 것이죠. 반대로 자유, 평등, 공정 같은 것은 인성에 부합되기 때문에 영원한 정의입니다. 매우 간단하고 동시에 매우 근본적인 방법입니다. 인성에 입각해야만 의로운 깃발을 높이 쳐들 수 있습니다.

19 도덕적 사회를 꿈꾸다

"대다수의 사람이 좋은 일만 하며
살아가는 것이 어려운데
대체 무슨 근거로 상대가 좋은 사람인지,
나쁜 사람인지 판단하는가?"

대다수 사람들은 살다 보면 나쁜 일은 피하고 좋은 일만 하는 것이 어렵다는 것을 알 수 있다. 좋은 일만 하고 나쁜 일을 매번 피할 수는 없는 노릇이다. 그렇다면 무슨 근거로 어떤 사람이 좋은 사람인지, 나쁜 사람인지를 판단하는가? 맹자는 그 사람이 '차마 그러지 못하는 마음 不忍之心'을 가지고 있는지를 봐야 한다고 생각했다.

소극적이란 좋지 않은 것을 의미하는 것은 결코 아니다. 소극적인 인 恕은 적극적인 인 忠보다 더욱 중요하다. 자신이 하고자 하는 것 역시 남에게 베풀지 않는 것이야말로 완벽하고 더욱 중요한 '서恕'이다.

불평등하다 해도 대등해야 한다

덕으로 사람을 기르려면 유가의 학문을 많이 들여다보라, 그러나 전면적인 수용할 수는 없으며 '추상적인 계승'만 가능하다고 하셨는데요. 유가의 사상 가운데 정말 추상적으로 계승할 것이 있나요?

―― 네. 인애가 그것입니다. 주로 공자의 사상이죠. 거기에 맹자가 내용을 보충하면서 공을 세웠고요. 유가가 말하는 인애란 사실 세 가지 내용을 포함합니다. 친친지애親親之愛, 충서지도忠恕之道, 측은지심입니다. 그중 친친지애가 기본이고, 충서지도는 방법이며, 측은지심이 마지노선입니다. 앞 두 개는 공자가 말한 것이고, 마지막 하나는 맹자가 보충한 것입니다.

친친지애가 뭐죠?

―― 기본적인 정의는 '자신의 가족을 사랑하라'는 것입니다. 여기서 첫 번째 '친親'은 동사로, 친애하다의 뜻입니다. 두 번째 친은 명사로 가족을 뜻하고요. 가족 중에서도 먼저 부모, 그러니까 '양친'을 말하고 그다음이 형제입니다. 부모를 친애하는 것을 '효'라 합니다. 형제를 친애하는 것을 '제悌'라 하고요. 공자는 사람이라면 이 두 가지 사랑을 모두 가지고 있어 구태여 교육할 필요가 없고, 이를 증명할 필요도 없다고 합니다. 인애의 자연적 기초이죠. 그래서 맹자는 "어버이를 섬기는 것이 인이다親親, 仁也."라고 했습니다.

부모를 사랑하고, 형제를 사랑하는 것이 바로 친친지애, 인仁입니까?

────── 그렇게 간단하진 않습니다. 엄밀하게 말하면 이를 확대해서 해석해야 완벽한 의미의 '친친지애', 완벽한 의미의 '인애'가 됩니다.

어떤 식으로 확대해서 해석합니까?

────── 첫째는 순차적으로 조금씩 넓혀 대등한 관계에서 서로 사랑해야 합니다. '효'를 예로 들어보죠. 효의 본뜻은 부모를 공경하는 것입니다. 공자가 '효'에 대해 말할 때 "부모가 계실 때는 멀리 가지 아니하며", "3년 동안 아버지의 도를 고치지 않으며" 같은 것들이 모두 이 뜻입니다. 부모를 공경하고 사랑해야 한다는데, 그렇다면 부모의 부모는요? 마땅히 이와 같아야 합니다. 조부모에까지 사랑이 미쳐야 합니다. 그럼 조부모의 부모는요? 그 역시 마찬가지입니다. 그래서 다시 증조부모까지 사랑해야 합니다. 결과적으로 부모에 대한 공경과 효동에서 출발해서 모든 웃어른들을 사랑해야 합니다. 이것이 바로 순차적으로 확대해나가는 방법입니다. 대등한 사랑이라는 것은 자녀가 부모를 사랑해야 하는 것과 마찬가지로, 부모 역시 자녀를 사랑해야 한다는 뜻입니다.

유가의 주장이 "군주는 신하의 벼리가 되고, 아버지는 아들의 벼리가 되고, 지아비는 아내의 벼리가 된다君爲臣綱, 父爲子綱, 夫爲婦綱."라는 '삼강오륜'을 유가의 주장이라고 오해하는 경우가 있습니다. 미안하지만 그건 후대 유가의 주장이지 선진시대 유가의 주장이 아닙니다. 선진시대의 유가는 공자, 맹자, 순자 할 것 없이 모두 이런 '불평등조약'을 내세운 적이 없습니다. 반대로 그들은 사람과 사람 사이가 비록 불평등하다 해도 반드시 '대등'해져야 한다고 했습니다.

불평등한데 대등하게 대하라니 그게 무슨 뜻입니까?

────── 앞서 8장에서 말한 적이 있는데요. 상대하는 모든 쌍방, 즉 군신, 부자, 부부는 모두 도덕적 요구를 해야 하는 동시에 도덕적 제약을 받지 않는 자도 없고, 도덕적 의무를 지지 않아도 되는 자가 없다는 것입니다. 이것이 바로 '대등'입니다. 그러나 군신, 부자, 부부의 지위는 다르죠. 각각에 대한 요구도 다르고요. 비천한 자(신하, 자녀, 아내)는 지위가 낮고, 권리도 적고 의무는 많습니다. 그렇기 때문에 또한 '불평등'하죠.

그런데 대등이란 것은 또 뭡니까?

────── 자녀는 마땅히 부모를 사랑해야 하며, 동시에 부모 역시 자녀를 사랑해야 합니다. 부모의 사랑을 '자慈', 즉 '자애'라 하죠. 그걸 합쳐서 '효자孝慈'라고 하고요. 부모는 자녀를 사랑해야 하고, 자녀의 자녀(손자, 손녀) 등등, '순차적으로 확대하여' 모두 사랑해야 합니다. 그렇게 자녀에 대한 사랑에서 출발하면 아랫사람 모두 사랑을 얻을 수 있습니다.

횡적으로는 '제悌'입니다. 형제간의 우애를 '제'라 하죠. 친형제 사이에 우애가 있어야 하고, 친형제 이외에 다른 형제, 예를 들어 당형제, 사촌형제, 한 가문의 형제, 나아가 형제나 마찬가지인 친구, 동료, 고향 사람 모두 사랑해야 하는 것 아닙니까? 그들을 사랑하면 그들도 당신을 사랑하지 않겠습니까? 대등의 원칙에 따르면 당연히 그렇게 될 것이고, 또 그래야 마땅합니다.

그렇게 되면 전후좌우 모두 사랑을 얻을 수 있습니다. 바로 공자가 뛰어난 점이 이런 것입니다. 효는 종적인 것으로 아래에서 위로 향하는 것이며, '제'는 횡적인 것으로 이로부터 파급되어 넓혀지죠. 종적, 횡적 양방향의 사랑이 있으니 자신, 자신의 주변에서 출발해서 세상 모두 사랑이 가득하게 됩니다.

이심전심, 나를 미루어 다른 이에게도 미치게 합니다. 맹자의 "내 집안의 노인을 공경하여 그 마음이 다른 집안의 노인에게 미치게 하고, 내 집안의 어린이를 사랑하여 그 마음이 다른 집안의 어린아이에게 미치게 하라老吾老以及人之老, 幼吾幼以及人之幼." 같은 것입니다. 친친지애를 보급하고 대중화하는 두 번째 행보입니다.

두 번째 행보가 첫 번째 행보와 어떻게 다릅니까?

────── 첫 번째는 연장, 확대하는 것입니다. 친형제에서 가문의 형제까지이죠. 두 번째는 유추해가는 것입니다. 나이 든 사람이라면 모두 '효'로 대하고, 어린아이는 모두 '자애'로 대하고요. 혈연이나 친족 관계의 유무는 더 이상 문제가 되지 않습니다. 그렇게 되면 친친지애를 널리 알려 가족(부모형제)에서 친족(혈연관계의 사람)으로, 친족에서 인척(혼인관계의 사람)으로, 인척에서 친구로 확대하여 '친'이란 말로 시작하는 사람부터 나중에는 전혀 상관 없는 사람까지 확대해갈 수 있습니다. 결과는 어떻게 되겠습니까? '사해 안이 모두 형제'가 되는 것이죠. 이 역시 공자의 학생 자하子夏의 말입니다만 공자의 이상과 주장을 대표할 수 있죠. 확실히 좋은 주장인데, 문제는 실천이 가능한가라

는 건데요. 공자는 가능하다고 말했습니다. 실행할 방법도 있었으니까요.

공자의 충서지도

공자가 말한 인애를 실천하는 방법이 무엇입니까?

────── '충서지도忠恕之道'입니다. '충忠'이란 "자신이 서고자 하면 남을 먼저 세우고, 자신이 달성하고자 하면 남이 먼저 달성하도록 하라己欲立而立人, 己欲達而達人."입니다. '서恕'란 "내가 하고자 하지 않는 것을 남에게 시키지 마라己所不欲勿施於人."입니나.

이것도 사실 양면적이죠. 효와 제는 종과 횡, 충과 서는 정면과 반면입니다. 충은 적극적인 '인'이고, 서는 소극적인 '인'이라 할 수 있습니다. 그렇다고 해서 서가 충만 못하다는 것을 의미하지 않습니다. 소극적인 것이라 해도 꼭 안 좋은 것은 아닙니다. 반대로 소극적인 '인恕'이 적극적인 '인忠'보다 더 중요합니다. 공자 자신이 더욱 중요하게 생각한 것도 '서恕'입니다.

자공이 공자에게 물었습니다. "평생 동안 지키고 실천할 한 마디 말이 있습니까?" 이에 공자는 "그것은 서恕일 것이다! 내가 하고자 하지 않는 것을 남에게 시키지 말아야 한다."라고 했습니다.

공자는 왜 그렇게 말했을까요? 그가 충과 인을 주장한 것도 결국 자신을 포함해 모든 사람이 행복해지길 원했기 때문입니다. 다른 사람이 행복하길 원했기 때문에 "자신이 서고자 하면 남을 먼저 세우고, 자신이 달성하고자 하면 남이 먼저 달성하도록 하라."고 하지 않았겠습니까?

그런데 두 가지 문제가 있습니다. 첫째, 보통 사람의 경우 모든 사람이 다른 사람을 세우고, 다른 사람이 목표한 바를 달성하도록 도울 능력이 있는 것은 아닙니다. '마음은 그렇지만 역부족'이면 어떻게 인애를 실천에 옮기겠습니까? 둘째, 사람들은 대개 서고 싶어 하고, 목표를 달성하고 싶어 합니다. 그러나 만일 다른 이가 이런 희망을 가지고 있지 않은데 우리가 그를 세우려고 하고, 뭔가 달성하도록 밀어붙이면 그것 역시 "내가 하고자 하지 않는 것을 다른 이에게 시키지 말라."에 저촉되는 것이 아니겠습니까?

'서'는 이런 두 가지 문제가 없나요?

—— 없습니다. 첫째, 자신이 하고자 하지 않는 것을 남에게 시키지 않는 것은 누구나 실천할 수 있는 일입니다. 둘째, 다른 이가 하고자 하지 않는 것을 나에게 시키지 않는 것 역시 누구나 동의하는 일입니다. 그렇다면 '서'가 더 믿을 만한 것 아닙니까? 제가 보기에 '서'가 더 믿음이 가고, 더 위대한 것 같습니다.

'서도恕道'에는 전제가 하나 있습니다. 바로 타인에 대한 존중입니다. 나도 사람, 당신도 사람, 모두가 사람입니다. 내가 사람으로서 원하지 않는 것은 마찬가지로 사람인 다른 상대에게 강제로 시키지 않습니다. 이것이 바로 인도주의입니다. 원시적이며 소박한 인도주의죠. 더구나 원시적이고 소박한 것일수록 인류 보편적 인식에 가깝다고 할 수 있습니다. 예를 들면, 유엔본부 건물에도 이 말이 새겨져 있고, 1993년 세계종교지도자대회에서 내건 '황금률'에도 이런 말이 있었습니다.

여기서 황금률이란 사람과 사람, 나라와 나라, 민족과 민족, 종교와 종교가 '서로 잘 지내는 법'입니다. 첫째, '사람을 사람으로 대하라'. 둘째, '자신이 하고자 하지 않는 것을 남에게 시키지 말라'입니다. 사실 이 두 가지를 더하면 '인仁'이 됩니다.

'인'이란 글자의 본뜻이 '사람을 사람으로 생각하라'이니까요. 그래야 자신이 원하지 않는 일을 남에게 시키지 않죠. 그렇게 생각하면 공자는 전 세계, 전 인류에 속하는 사람이라고 말해야 옳습니다. '충서지도'를 널리 전파하여 실행하면 분명히 세계평화를 실현하는 데 이롭겠죠.

그러면 공자의 충서지도가 전혀 문제가 없었을까요? 물론 있습니다. 공자가 분명하게 설명하지 않은 몇 가지 문제가 있습니다. 예를 들어 '서'의 정신에 따라 자기가 원하지 않는 일을 남에게 시키지 말아야 합니다. 그렇다면 자기가 원하는 일은 남에게 시킬 수 있단 말인가요?

그럴 수 있겠죠? 시킬 수 없다면 "자기가 서고자 하면 남을 먼저 세우고, 자기가 달성하고자 하면 남을 먼저 달성하도록 한다."라는 말이 안 통하겠죠. 만약 자신이 하고자 한다고 마음대로 다른 사람에게 시킬 수 있다면 '서'의 이치에 들어 있는 타인을 존중하는 마음은 완전히 무시되어 '인애'의 초심에 역행하는 일이겠죠. 인애의 초심이 다른 이를 행복하게 하는 건데, 위와 같은 경우 다른 사람은 오히려 '강압'과 '압박'을 받게 되니까요. 그럼 행복하겠습니까?

그렇지만 좋은 뜻에서 그런 것이잖아요. 그에게 주는 것 역시 좋은 것이고요.

── 좋긴 좋죠. 그러나 그건 당신의 판단이지 상대의 느낌은 그렇지 않습니다. 당신이 좋아한다고 상대도 반드시 좋아하란 법은 없으니까요. 당신이 원한다고 해서 다른 이가 그걸 꼭 갖고 싶어 하는 것도 아니고요. 예를 들어 많은 사람들이 게 요리를 좋아하지만 전 안 좋아하거든요. 만약 당신이 '하고자 하는 것'을 억지로 나에게 하라고 시킨다면 내가 불편하지 않겠습니까?

그럼 어떻게 해야 합니까?

── 내가 게를 먹고 싶어 하면 내게 주면 됩니다. 내가 싫다고 하면 억지로 주지 말고요. 마찬가지로 상대가 서고 싶어 하거나, 뭔가 달성하고 싶어 하는데, 당신이 그걸 도와줄 수 있는 조건이 된다면 그를 도와주면 됩니다. 이것이 '충'입니다. 다른 이가 그럴 뜻이 없으면 미안하지만 당신이 정말 하고 싶은 것도 다른 이에게 시키면 안 됩니다. 그래야 비로소 더욱 중요한, 그리고 완전하고 철저한 '서恕'가 되죠.

맹자의 측은지심

공자의 충서지도에도 문제가 있습니까?

── 네. 겉으로 보면 충서지도를 실행하는 것은 그리 어렵지 않습니다. 적어도 '서도恕道'는 그렇습니다. 그런데 사실은 그게 아니에요. 예를 들어 우리 가운데 그 누구도 살해되길 원하는 사람은 없습니다. 다른 생명도 마찬가지고요. 그렇기 때문에 "자신이 하고자 하지 않는 것을 남에게 시키지 말라."는 원칙에 따르면 우리는 살인을 할 수 없고, 심지어 동물도 죽여서는 안 됩니다. 어떻습니까? 적은 죽여야 합니까, 죽이지 말아야 합니까? 죄인은요? 식용동물은요?

죽이지 않아도 되면 안 죽이면 되겠죠. 죽이면 '인'이 아니니까요.

── 죽일 수밖에 없으면요? 예를 들어 살인광이 미친 듯이 계속 살인을 저지르면요. 당장 죽이지 않으면 계속 더 많은 사람을 죽일 텐데, 그게 오히려 더 '불인不仁'한 것 아닌가요? 그럼 어떻게 해야 할까요? 죽일 수도, 죽이지 않을 수도 있을 때는 절대 죽여서는 안 됩니다. 어쩔 수 없이 죽여야 할 때도 학살을 해서는 안 됩니다. 적이나 범인, 식용동물에 대해서도 마찬가지입니다. 중국의 경우 아직도 사형제가 폐지되지 않았습니다. 또한 대부분의 사람이 채식을 하는 것도 아니고요. 그러나 사형을 집행할 때는 비교적 인도적인 방식을 택합니다. '조리돌림'[1]은 하지 않죠. 식용동물을 도살할 때도 되도록 고통을 줄이는 방식을 택합니다. 원숭이를 산 채로 요리하는 일은 하지 말아야

합니다. 그래야 인애의 마음을 보존하여 '인자'가 될 수 있습니다.

그것도 유가의 주장인가요?

────── 유가의 사상에 이런 근본정신이 있다고 할 수 있습니다. 바로 맹자의 '측은지심'이죠. 측은지심은 간단히 말해 '차마 그러하지 못하는 마음不忍之心'입니다. 맹자가 제나라 선왕宣王에게 이렇게 물었습니다. "어느 날 대왕께서 도살하려던 소를 놓아주고 대신 양 한 마리를 선택했습니다. 이런 일이 있었습니까?" 제 선왕이 말했어요. "있습니다." 맹자가 다시 물었죠. "대왕께서는 왜 그렇게 하셨습니까?" "차마 부들부들 떠는 소를 바라볼 수 없었소. 아무런 죄도 없는데 사지로 끌려가야 하다니!" 맹자가 말했습니다. "죄 없이 사지에 가는데 소와 양이 무슨 구분이 있습니까?" 제 선왕이 말했습니다. "과인 역시 정확하게 뭐라 말할 수는 없소. 백성들은 그저 과인이 인색하다 생각하겠구려." 맹자가 말했습니다. "실은 매우 간단합니다. 대왕께서는 소만 보고 양은 보지 않으셨습니다. 양을 보셨다면 대왕께서는 그 역시 차마 그러하지 못하는 마음이 들었을 것입니다. 이런 불인지심이 바로 '인'입니다是乃仁術也. 이처럼 사랑하는 마음이 있으면 왕도를 실현하고 천하를 통일할 수 있습니다是心足以王矣."

이 이야기가 설명하는 것은 세 가지입니다. 첫째, 인仁은 무엇보다 불인지심, 즉 차마 다른 이가 이유도 없이 해를 당하는 것을 보지 못하

---

1 사형이 확정돼 형 집행을 앞두고 있는 사형수를 트럭 등에 태워 거리를 돌며 죄목과 판결 내용을 여러 사람에게 알리는 것.

는 마음입니다. 이런 불인지심은 다른 사람에게 쓰일 수도, 소나 양 같은 동물에게 쓰일 수도 있습니다.

둘째, 이런 불인지심 또는 측은지심은 도덕의 기초이자 마지노선입니다. 사람은 생존하기 위해 어쩔 수 없이 '차마 그러할 수 없는 일'을 해야만 할 때가 있습니다. 예를 들어 동물을 도축하는 것도 이에 해당합니다. 마오쩌둥 역시 누군가 좋은 일을 하는 것은 조금도 어렵지 않지만, 평생 그저 좋은 일만 하고 나쁜 일을 하지 않기란 어렵다고 했습니다. 대대수의 사람이 나쁜 일은 하지 않고 좋은 일만 하며 살아가는 것이 어려운데 대체 무슨 근거로 상대가 좋은 사람인지 나쁜 사람인지 판단합니까? 맹자는 그가 불인지심이 있는지를 살펴야 한다고 했습니다. 이런 마음만 있다면 인자가 될 희망이 있습니다. 맹자는 제 선왕에게 양을 놓아주라고 요구하지 않았습니다. 오히려 다시 한 번 '그런 마음이면 족하다'고 긍정적으로 말했죠. 이것이 바로 마지노선이며, 그렇기에 희망적입니다.

셋째, 불인지심 또는 측은지심을 마지노선으로 삼는다면 우리는 완벽한 도덕적 체계, 심지어 도덕적 사회를 건설할 수 있습니다. 소 한 마리가 부들부들 떨며 '죄 없이 사지로 끌려가는 것'이 제 선왕과 무슨 관계가 있습니까? 자기와 관계가 없는 일인데 소리를 높이고, 관계가 없는데 '불인지심'을 갖다니요. 이에 대한 해석은 단 한 가지입니다. 제 선왕이 자신을 생각했다는 것이죠. 그 순간 선왕은 자신 역시 소처럼 아무 이유도 없이 억울하게 살해당하면서도 변명도 하지 못하고 고립무원의 상태가 되면 어떨까, 아마도 눈도 못 감고 죽을 것이란 생각을 했을 것입니다. 그래서 소를 놓아주라고 명령했습니다.

제 선왕이 정말 그런 마음이었을까요?

──── 분명히 그럴 것입니다. 그러나 스스로 그런 자신의 마음을 자각하진 못했겠죠. 그리고 그렇게 많은 생각을 하지도 않았을 테고요. 그저 일순간 본능적으로 불인지심을 느꼈을 것입니다. 그러나 그것이 바로 측은지심입니다. 이른바 측은지심이란 사실 동정심, 연민의 정 같은 것입니다. 이런 동정과 연민의 정이 있어야 내가 하고자 하지 않는 일을 남에게 시키지 않겠죠?

'서도'라는 것은 사실 타인을 자기처럼 생각하는 것입니다. 자기가 비통하고 우울하길 원하지 않는 것처럼 타인 역시 그런 감정을 느끼지 않길 바라는 것입니다. 그래서 사람에게 불인지심만 있다면 그는 입장을 바꿔 생각할 줄 알고, 이심전심 타인을 이해할 능력이 생깁니다. 그런 능력이 있으면 이것을 미루어 저것을 알고, 자신을 미루어 남을 알게 되죠. 또한 어떤 한 가지 일, 한 사람에 대한 불인지심을 전 세계, 전 인류에 대한 마음으로, 나아가 온 세상을 위한 '인애'로 넓혀갈 수 있습니다.

정말 그렇게 할 수 있을까요?

──── 네. 맹자는 모든 사람이 측은지심을 가지고 있다고 했거든요 惻隱之心, 人皆有之. 예를 들어 어린아이가 눈앞에서 당장 우물에 빠지기 일보직전인데 어느 누가 어린아이를 구하기 위해 달려가지 않겠습니까(6장 참고).

20

의로운 일에
어찌 주저함이
있으리

"정의는 진리와 같아 결코 언제나
일정한 사람의 손에 있는 것이 아니다.
어느 누구도 독점권을 가질 수 없다."

인仁은 경지를 추구하는 것이며, 의義는 행위의 준칙이다.

의는 한 자루의 칼, 그것도 양날의 칼이다. 다른 사람에게도, 자신에게도 향하고 있다. 나쁜 사람을 죽일 수도 있지만 좋은 사람도 다치게 할 수 있다. '충의'만을 강조하면 종종 시시비비를 따지지 않게 된다. 또한 '협의俠義'만을 강조하면 종종 법제를 지키지 않는다.

진리와 진리, 정의와 정의도 때로 충돌할 수 있다. 인류가 도덕적이며 정의로워야 하는 까닭은 결국 인간의 행복을 위해서이다. 개인과 모든 사람의 행복을 위해야 한다. 그렇기에 인성을 위반하는 것은 분명

'허위 도덕'이다. 정의는 진리와 같이 반드시 누군가의 손에 있어야 하는 것은 아니다. 어느 누구에게도 정의에 대한 '특허권'이나 '독점권'은 없다.

불인과 불의

친친지애를 기초로, 충서지도를 방법으로, 측은지심을 마지노선으로 한 유가의 '인학체계'는 상당히 완성도가 높은 완벽한 이론이겠죠?

────── 인학仁學체계는 완벽한데 사실 도덕체계는 미흡합니다. '인'만 이야기하고, '애愛'만 이야기하는 것은 전면적일 수도, 또한 문제를 해결할 수도 없으니까요. 그렇습니다. 세상에 사랑이 가득 넘치도록 하기 위해 이런 이상은 매우 훌륭합니다. 그러나 안타깝게도 우리 세상은 사랑뿐만 아니라 '한恨'도 있습니다. 또한 삶도 있지만 죽음도 있습니다.

맹자는 "당시 각국의 군주들 중 살인을 좋아하지 않는 자가 거의 없다今夫天下之人牧, 未有不嗜殺人者也."라고 했습니다. 더구나 "땅을 다투느라 사람을 죽여 들판에 가득하고, 성을 다투느라 전쟁을 벌여 죽인 자가 성에 가득하다爭地以戰殺人盈野, 爭城以戰殺人盈城."라고 했고요. 그런 때 끊임없이 사랑 따위를 울부짖는 모습이 조금 웃기지 않습니까? 맹자 역시

"어진 자는 적이 없다仁者無敵."라고 말하긴 했지만 그런 말이 별 소용이 있었겠습니까?

그럼 어떡합니까? 그렇다고 '한'에 대해 이야기해야 합니까?

—— 물론 그렇다고 한을 강조할 수는 없죠. 더더욱 살육을 제창할 수도 없고요. 문제는 현실을 직시하지 않을 수 없다는 것입니다. 사실상 살육도 피해 갈 수 없는 문제죠. 그래서 모순이 발생합니다. 사랑과 원한, 사는 것과 죽는 것, 이 둘의 관계를 어떻게 처리하느냐가 바로 유가가 풀어야 할 문제입니다. 매우 어려운 문제죠. 이 난제를 해결한 것이 맹자입니다.

맹자가 어떻게 해결했나요?

—— 구분을 했죠. 먼저 과잉 살상, 무고한 학살을 반대했고요. 둘째, 어쩔 수 없이 죽여야 할 경우라도 '측은지심'이 있어야 한다고 했고, 셋째, 정말 죽어 마땅한 죄일 경우에만 도리에 합당하다 생각하며 죽이라고 했습니다.

무차별 살인, 학살을 금지하고, 죽여 마땅한 자만 죽이라고요?

—— 네. 여기서 핵심은 마땅한지 아닌지에 대한 판가름입니다. 기준이 필요한 일이죠. 그래서 공자가 '인'에 대해 강조한 후 맹자는 대대적으로 '의義'에 대한 이야기를 했습니다.

인과 의를 함께요? 의로써 인을 보충하는 것인가요?

―――― 그렇죠. 공자는 '성인成仁'을, 맹자는 '취의取義'를 말했습니다. 인은 할 것인가 말 것인가(사랑이나 삶)를 말하지만, 의는 마땅히 그래야 하는가, 아닌가(원한과 죽음)를 강조하고 있습니다.

왜 의가 기준이 됩니까?

―――― '의'라는 글자가 원래 '죽여야 마땅하다'라는 뜻을 담고 있거든요. '의'의 가장 기본적인 뜻은 두 가지입니다. 하나는 '위의威儀'의 의, 또 하나는 '적의適宜'의 의입니다. '위의'의 의儀는 원래 의義였는데 나중에 사람 인人 부수가 첨가된 것입니다. 사람이 하나 있는데 머리에 양의 뿔이 있고, 손에 무기를 들고 있습니다. 이런 형상은 주위를 압도하는 위풍당당함이 느껴지죠. 허신許慎[1]의 『설문해자說文解字』에 보면 '의義'는 "엄숙하고 장중한 용모己之威儀"라 했습니다. 또한 '반드시 나아가 전투해야 한다'라는 뜻도 담고 있죠.
'적의'의 '의宜'는 자형으로 볼 때 고기를 도마 위에 올려놓은 모습입니다. 왜 고기를 도마 위에 올려놓았겠습니까? 당연히 죽이려는 것입니다. 그래서 중국의 고문자학자 룽경容庚과 역사학자이자 문자학자 탕란唐蘭, 문화학자 팡푸龐朴 등 학자들이 모두 '의宜'의 뜻을 '죽여야 한다'의 뜻으로 생각합니다. 다만 후에 살기가 사라지고 '적의適宜', 즉 알맞고 마땅하다는 뜻이 됐습니다.

'위의'와 '적의' 모두 배후에 '살殺'의 뜻이 자리하고 있다는 뜻인가요?

1 허신(許慎): 기원후 30~124, 중국 후한시대 경학자.

———— 아뇨, 그게 아니라 '죽여야 한다'라는 뜻입니다. 따라서 '의'
와 '인'은 정말 큰 차이가 있다고 말할 수 있습니다. '인'은 살리는 것
이 주가 되고, '의'는 죽이는 것이 주가 됩니다. '인'은 사랑을 강조하
지만 '의'는 원한을 강조하고요. 사실 '의'와 관계있는 표현들을 살펴
보면 '큰 의리를 위해 혈육도 저버린다大義滅親', '정의를 보고 용감하
게 행동하다見義勇爲', '의로운 일을 위해 뒤를 돌아보지 않는다義無反
顧', '목숨을 버리고 의로움을 취함捨生取義' 등 모두 그 안에서 말하는
'의'는 '인'으로 대체할 수 없습니다. 따라서 맹자는 '의'를 강조하여
'인학仁學'으로 해답을 찾을 수 없는 문제를 해결했습니다. 즉, 죽어 마
땅한 사람들을 어떻게 할 것인가? 맹자의 관점은 매우 명확합니다.
"죽여야 되는 자는 마땅히 죽여야 한다. 죽여서는 안 되는 자는 절대
죽일 수 없다."라고 했죠. "한 사람이라도 죄가 없는 자를 죽이는 것은
'인'이 아니다殺一無罪非仁也."라고 하여 무고한 사람을 함부로 죽이는
것을 '불인不仁'하다 했습니다. 죽여 마땅한 사람을 죽이지 않는 것은
'불의', 의롭지 않다는 말입니다.

이로써 사랑과 원한, 삶과 죽음의 모순이 해결됐고, 비판적 의식으로
도덕의 문제를 파악했습니다. 따라서 우리는 책을 읽을 때 반만 읽지
말고 전체를 다 읽어야 합니다. 실제로도 선현들은 한 가지 일에 대해
이야기할 때 종종 정반 두 가지 부분을 모두 이야기했습니다. 예를 들
어 공자의 경우, "말을 함께 나눌 수 없는 자와 말을 하는 것與之言은 말
을 잃는 것失言"이라 했습니다. 그렇다면 "말을 나눌 수 있는데 함께 말
을 하지 않으면可與言而 不與之言"요? 공자는 이를 "사람을 잃는다失人."
라 했습니다. '실인'과 '실언' 모두 잘못된 것입니다. 그래서 "지혜로운

자는 사람을 잃지도, 말을 잃지도 않는다知者不失人, 亦不失言."라고 했죠.
마찬가지로 어질지 못한 것, 의롭지 못한 것 역시 모두 잘못된 것입니다.

그렇다면 '인'과 '의'에서 무엇이 더 중요합니까?

──── 모두 중요합니다. 맹자는 '인'을 "사람 마음속의 가장 편안한 집이다仁, 人之安宅也."라고 했고, 의는 "한 사람의 행위에서 가장 바른 길이다義, 人之正路也."라고 했습니다. 사람이라면 좋은 사람이 되어야 하니 이것이 '인'입니다. 길을 걸으려면 또한 정도를 걸어야 하니 이것이 '의'이고요. '인'과 '의'는 어느 것 하나도 부족해서는 안 됩니다.

편중됨은 없습니까?

──── 공자는 '인'에 편중하고, 맹자는 '의'에 편중했습니다. 공자는 '어진 자仁人'를 추종하고, 맹자는 '의사義士'를 추종했습니다. 공자는 '어진 자'가 있어야 애증을 분명하게 구분할 수 있으니 이를 일컬어 "오직 어진 자만이 사람을 좋아할 수도, 싫어할 수도 있다惟仁者能好人, 能惡人."라고 했습니다. 맹자는 마땅히 사랑해야 하는 사람을 사랑함을 '인'이라 하고, 마땅히 증오해야 하는 사람을 증오함을 '의'라 했습니다. 애증과 인의는 모두 마땅한 것인가를 살펴야 합니다.
공자는 '사랑할 수 있는가, 증오할 수 있는가'를 강조하고, 맹자는 '사랑함이 마땅한가, 증오함이 마땅한가'를 강조한 것이죠.
공자의 핵심은 '능력', 맹자는 '당위성'이었습니다. 능력이 되는가의 문제에는 사상적인 문제, 경계의 문제, 수준과 능력의 문제가 포함됩니다. 따라서 공자는 "성현과 인자의 문제라면 내 어찌 감히 될 수 있겠는가若聖與仁, 則吾豈敢."라고 하면서 또 다른 한편으로 "내가 어질기를 원하면 그 어진 성정은 바로 나에게로 오는 것我欲仁, 斯仁至矣"이라 했습니다. '당위성'의 경우 이런 문제들은 존재하지 않습니다. 사람들이 모두 지켜야 하는 것이죠.

'인'은 추구하는 것이고, '의'는 원칙인가요?

—— 그렇습니다. '인'의 그러한 경지를 추구하는 것이고, '의'는 행위의 준칙입니다. 이 역시 '의'로써 '인'을 보충하는 것의 의미 중 하나입니다. 다만 이렇게 생각할 경우 맹자는 기존의 문제는 해결하겠지만 다시 새로운 골칫거리를 안게 되죠.

의는 양날의 칼이다

'의'로써 '인'을 보충하는데 무엇이 골칫거리가 되나요?

—— 대체 무엇이 '의'고 무엇이 '불의'인지, 또는 '마땅한 것'이 무엇이고 '마땅하지 않은 것'이 무엇인지에 대해 종종 명확하게 말할 수 없습니다. '의'의 개념이 모호하고 종류도 너무 많아서죠. 예를 들면 도의, 인의, 충의, 정의, 정의情義, 협의俠義 등이 있습니다. 이처럼 '의'

가 들어간 말을 함께 몰아놓으면 모순적인 문제가 발생하니까요.

맹자도 이런 이야기를 한 적이 있어요. 언젠가 정鄭나라와 위衛나라 사이에 전쟁이 일어났습니다. 두 나라 모두 최고의 명사수를 출정시켰습니다. 그런데 전쟁터에서 나간 위나라 사수는 정나라 사수가 꼼짝도 하지 않는 것을 발견했습니다. 위나라 사수가 물었습니다. "왜 활을 들지 않소?" 정나라 사수가 말했습니다. "오늘 몸이 아파 꼼짝도 할 수가 없소." 위나라 사수는 난처했습니다. 그는 정나라 사수 제자의 제자였거든요. '스승의 스승'이 가르쳐준 무예로 전투가 불가능한 '스승의 스승'을 죽여야 하다니요. 이는 불의한 행동입니다. 그러나 전투를 포기하자니 이는 나라를 배반하는 것으로 역시 불의한 일이었습니다. 결국 위나라 사수는 화살을 뽑아 자신의 마차 바퀴에 화살을 내리친 후 제멋대로 몇 발을 쏜 후 떠나버렸습니다.

이는 표면적으로 보면 잘 해결이 된 것 같지만 사실 그리 낙관적인 상황은 아닙니다. 맹자는 "춘추시대에는 의로운 전쟁이 없다春秋無義戰." 라고 했으니까요. 전쟁 자체에 정의를 따질 수 있는 것이 아니니 전쟁하지 않고 물러나는 것도 별 문제가 없습니다. 그러나 위나라의 정의는 뭐가 됩니까? 그 사수는 그냥 머리를 박고 죽을 수밖에 없었을지도 모르겠네요.

춘추시대 진晉나라에 한 역사力士가 있었는데, 폭군인 진나라 영공靈公이 그에게 조순趙盾을 죽여달라고 했습니다. 알고 보니 조순은 충신이었죠. 자객은 국가의 동량을 살해하는 일은 불충한 일이고, 임무를 완성하지 않음은 불신의 행동이니 두 가지 모두 의롭지 못하다고 생각하고 홰나무에 머리를 박아 자살했습니다. 제가 보기에 위나라 사수는 머리를 박고 죽을 수도 없었습니다. 머리를 박고 죽는 것 역시 의를 배반하고 나라에 반역하는 일이 아닐까요?

먼저 '스승의 스승'을 죽이고 난 후 자신이 자살하면요?

—— 문제가 더 커지죠. 스승의 스승을 죽이는 것은 '사문을 배반하고 스승의 가르침을 저버리는 것'입니다. 본국의 전사(자신)를 죽이는 것은 '나라를 배반하고 적에게 이롭게 하는 행위'이고, 대응능력이 없는 노인을 죽이는 것은 '남의 위기를 이용'하는 것이며, 잘못을 범하고 자살을 하면 이는 '책임 회피'입니다. 일단 이런 일에 부딪치면 '모든 사람에게 사람 노릇을 못하는 인간'이 됩니다.

'의'가 이렇게 엄청난 살상력이 있는 줄은 정말 몰랐네요.

—— '의'의 본래 뜻이 '죽여야 마땅하다'니까요. 칼처럼 살육의 기운을 비켜 갈 수 없죠.

'의'가 칼이라고요?

—— 네. 맹자는 "측은지심은 인이요, 수오지심은 의다惻隱之心, 仁也. 羞惡之心, 義也."라고 했습니다. '측은'이란 비통함과 애잔함, 동정, 연민 같은 것이니 어떻게 해도 다른 사람을 다치게 할 수 없습니다. 그러나 '수오'는 다르죠. '수羞'는 자신이 수치스러운 것이고, '오惡'는 다른 사람을 증오하는 것입니다. 왜 수치스럽고, 왜 증오할까요? 물론 자신이나 다른 사람이 '불의'한 일을 했기에 자신이나 다른 이에 대한 반감을 일으키는 것입니다. 더욱이 이런 반감을 자주 표현이 되죠. 예를

들어 "마음에 정의를 품으면 외모에 드러난다義形於色." 같은 경우죠. 반감의 결과는 통한입니다. 통한의 결과는 책망과 비난이고 심지어 호되게 두들겨 패기도 합니다. '의'를 중요하게 생각하는 사람, 특히 자신이 정의롭다고 생각하는 사람은 절대 '불의'한 존재를 용납하지 못하고 손을 씁니다. 의분을 못 이기고 의로운 행동을 하게 되죠. 예를 들어 길을 가다 부당한 일을 보면 서슴없이 칼을 뽑습니다. 물론 대부분의 경우, 동원하는 칼은 '여론의 칼' 또는 '비판의 무기'이죠. 이것이 바로 수오입니다. '수'는 자신을 찌르는 것이고, '오'는 다른 사람을 향한 공격입니다.

그것이 왜 나쁩니까? 손을 봐줘야 할 때는 봐줘야죠.

―――― 문제는 뭐가 마땅한 것인지, 마땅하지 않은 것인지 확실하게 말할 수가 없다는 것입니다. 손을 써야 할 때는 쓰지 않아 악인을 풀어주어 사악함을 조장하고, 손을 쓰지 말아야 할 때 손을 써서 좋은 사람을 억울하게 하고 무고한 사람을 다치게 하니까요. 정말 어려운 일입니다.

그렇게 어렵지 않을 것 같은데요. 예로부터 '의'에 대해서는 인식이 언제나 같지 않았나요?

―――― 그런 경우도, 그렇지 않은 경우도 있었습니다. 타인에게 해를 가하고 자신을 이롭게 하고, 권력으로 사리사욕을 도모하는 일은 어느 시대, 어느 민족을 막론하고 모두 불의한 일입니다. 반대로 기꺼이 타인을 돕고助人爲樂, 자신의 욕망을 누르고 사회를 위해 봉사克己奉

△하는 것 또한 시대와 민족을 막론하고 모두 미덕으로 꼽힙니다. 이런 인식은 모두 동일하죠. 그러나 명확히 판단을 내릴 수 없는 상황도 있습니다. 예를 들어 배신하고 적에 투항하거나 어둠을 버리고 광명을 찾거나 음험하고 교활한 것, 전쟁에서 속임수를 마다하지 않는 것 등은 입장에 따라 판단도 달라집니다. 문제를 잘 설명해주는 상황입니다.

첫째, '의'는 얼핏 매우 간단한 것처럼 생각되지만 사실 매우 복잡한 개념입니다. 시대와 민족, 계급에 따라 다양한 해석과 의미를 담고 있습니다. 둘째, 어떤 사람이나 일에 '의'라는 말이 붙어 있다고 해서 반드시 옳고 좋은 것은 아닙니다. 위호산威虎山의 토비 좌산조座山雕[2]마저 "강호에 의가 가장 우선"이라고 말했습니다. 그렇다고 그가 긍정적인 평가를 받아야 합니까? 그건 아닙니다.

그렇기 때문에 저는 공자의 '인'은 아무리 강조해도 과하지 않다고 생각하지만 '의'를 이야기할 때는 각별히 조심하여 신중에 또 신중을 기해야 한다고 생각합니다. 지나칠 경우 공포가 되니까요. 어쨌거나 '의'는 한 자루의 칼, 그것도 양날의 칼이기 때문입니다. 다른 사람에게, 그리고 자신에게도, 나쁜 사람을 죽일 때도 좋은 사람에게 상처를 입힐 수 있습니다. 예를 들어 루쉰의 작품 『축복』에 나오는 샹린祥林 아주머니[3]도 결국 '도덕'이라는 이름 아래 죽게 되는 것 아닙니까. 그렇게 본다면 '의'로써 '인'을 보충한다는 것이 어찌 번거로움을 더하는 일이 아니겠습니까? 의협심에서 의로운 일을 하는데 어찌 돌이켜 생각해보지 않을 수 있겠습니까?

의로움에 대해 돌이켜 생각해봐야 하는 것이죠. 여기서 말하는 '돌이켜 생각해보기'는 이성적으로 돌아보고 정리하여 범위를 정하는 일입니다.

인성에 입각한 사회 정의

그렇다면 어떻게 돌아보고, 정리하고, 범위를 정해야 합니까?

──── 먼저 '의'라는 개념을 '정의'의 범주 안에서 생각해야 합니다. 실제로 맹자가 말한 바에 따르면 "정의는 사람이 걸어가야 할 바른 길義, 人之正路也"입니다. 우리가 추상적으로 계승해야 하는 것도 바로 이 정의입니다. 다른 '의', 특히 '충의'니 '협의' 같은 것들은 되도록 제창하지 않는 것이 좋습니다.

충의와 협의는 왜 제창하면 안 됩니까?

──── 충의를 강조하다 보면 종종 시비를 따지지 않기 때문입니다.

2   청대 말기 사람. 이름은 장악산(張樂山).
3   루쉰의 소설 『축복』의 여주인공. 열 살 어린 남자와 첫 번째 결혼을 하고, 반 강제로 두 번째 결혼을 한다. 어려운 환경에서도 언제나 단정한 모습으로 부지런하게 일하지만, 잇단 남편과 아들의 죽음으로 점차 총기를 잃고 미신을 좇게 된다. 그런 그녀의 모습에 사람들은 동정은커녕 가십거리로 삼고 손가락질을 한다. 결국 그녀는 거리로 내몰려 거지로 살다가 죽는다.

또한 협의는 법제를 지키지 않을 경우가 많고요. 이른바 '협俠'이란 '왕법'을 안중에 두지 않습니다. 비정부 무장세력을 조직하여 법망 이외에서 법을 시행하거나 심지어 폭력으로 폭력에 대응합니다.

그러나 그들은 정의를 옹호하지 않습니까?

—— 일괄적으로 모두 그렇다고 이야기할 수는 없죠.『수호전』의 노지심이 주먹으로 관서關西를 진압한 것은 기본적으로 옳습니다. 하지만 무이가武二哥가 원앙루를 피로 물들인 것은 반드시 의로운 일이라고 말할 수 없습니다. 그들이 모두 귀순한 후에는 대부분 '충'만 남고 '의'는 없거나, '의'가 모두 '충'으로 변질됐다고 말할 수 있죠. 이후 방랍方臘을 정벌하고 전호田虎를 토벌할 때는 더더욱 정의라고 할 만한 것이 존재하지 않습니다. 그저 조정의 앞잡이에 불과했을 뿐이죠. 루쉰이 말한 것처럼 결국 노예가 됐다고 할 수 있습니다. 이것이 바로 '충의'의 결과입니다.

정의를 강조하면 '뒤를 돌아보고' 반성하지 않아도 됩니까?

—— 그때도 필요합니다. 자신이 고집하는 것이 확실히 정의인지 확인해야 합니다. 정의란 비록 모든 시대, 모든 민족의 공동 인식이긴 하지만 무엇을 정의라고 하는가에 대해서는 실제 이해가 다양합니다. '정당하여 변할 수 없는 도리天經地義'라는 개념은 사실 매우 의심스럽습니다. 예를 들면 삼강오륜과 같은 개념이죠. 여전히 이런 주장을 한다든가 스스로 정의를 실현하고 있다고 생각하며 득의양양하고, 끊임없이 이를 위해 노력한다면 그야말로 분별없는 행동이지 않

겠습니까? 그럼 어떻게 해야 확정을 할까요? 시대와 함께 나아가며 이성적으로 분석해야 합니다. 예를 들어 군주에 충성하고 나라에 애국하는 것이 과거에는 '정의'였습니다. 지금은 '애국'이 바른 일이지만 '군주에 대한 충성'은 꼭 그렇다고 할 수 없습니다.

시대는 언제나 발전하는데 어떻게 따라가나요?

─── 간단합니다. 사람이 근본이 되어야죠以人爲本. 구체적으로 말하면 그 '의'라는 것이 인성에 부합하나 살펴보는 것도 좋겠습니다. 인류가 도덕적이어야 하고 정의를 실현해야 하는 이유는 결국 인간의 행복을 위해서입니다. 더욱이 각각의 개인, 모든 사람, 모든 이의 행복을 위해서입니다. 행복은 인성에 부합합니다. 인성에 위배되는 행위는 사람을 행복하게 해줄 리가 만무합니다. 인성에 위배되는 것은 모두 '허위 도덕'입니다. 예를 들어 '부모의 명령에 의한 혼인약속' 같은 것이죠. 반대로 자유, 평등, 공정 같은 것은 인성에 부합되기 때문에 영원한 정의입니다. 매우 간단하고 동시에 매우 근본적인 방법입니다. 인성에 입각해야만 의로운 깃발을 높이 쳐들 수 있습니다. 그러나 한 가지 알아야 될 것이 있습니다. 바로 자신이 '정의'이며, 다른 사람은 '불의'라고 생각해서는 안 된다는 것입니다. 정의는 진리와 같아 결코 언제나 일정한 사람의 손에 있는 것이 아닙니다. 어느 누구도 '특허권', '독점권'을 가질 수 없습니다. 그렇게 되면 이른바 '선의충돌'이 생길 수 있습니다. 우리가 정의의 어떤 한 부분을 가지고 있고 다른 사람도 다른 부분을 가지고 있습니다. 우리가 문제의 한 면을 보면 다른 사람은 다른 면을 보고 있습니다. 그 결과 우리와 다른 사

람의 관점, 결론은 다를 수 있습니다.

그럴 때는 어떻게 해야 합니까?

──── 다른 사람의 도리를 많이 생각해봐야 합니다. 자신이 도리와 정의에 맞다고 해서 다른 사람은 도리나 정의가 없다고 경솔하게 판단을 내릴 수 없습니다. 진리와 진리, 정의와 정의는 때로 충돌할 수 있습니다. 그렇기 때문에 걸핏하면 발끈해서 자신의 마음을 얼굴에 드러내 언행을 함부로 하고 다른 사람의 판단을 받아들이지 않는 행동은 금물입니다. 이것이 우리가 주의해야 할 두 번째 부분입니다.

만약 상대방이 확실히 의롭지 못하면요? 예를 들어 힘으로 약자를 능멸하고 전횡을 부리며 세력을 빙자해 타인을 기만하면요?

──── 물론 손을 써야 될 때는 손을 써야죠. 의로운 일 앞에서는 용감하게 행동해야 하니까요. 그러나 법의 틀 안에서 정당하고 합법적인 방식으로 행동해야 합니다. 세상에서 불공평한 일을 목격하거나 자신을 방어하기 위한 경우에도 지나친 행동은 금물입니다. 고대 협객들처럼 야밤에 남의 집에 들어가 머리를 칠 필요는 없지 않겠습니까! 우리가 주의해야 할 세 번째 부분입니다.

정말 의로운 일도 돌아보고 다시 생각해야 합니다. 사실 공자의 '인애', 맹자의 '정의' 모두 추상적으로 계승할 수 있을 뿐, 이성적으로 이를 돌아보고 정리하고 범주를 확정하는 일이 필요합니다. 공자의 '인학 체계' 가운데 중요한 주장이 하나 있는데 바로 '친친상은親親上恩'입니다. "아버지는 자식을 위해 숨기고, 자식은 아버지를 위해 숨긴다父

爲子隱, 子爲父隱, 直在其中矣.＂는 것이죠.

이런 일이 있을 수 있습니까?

──── 물론이죠. 현대 법률에 '증인면제 특권'이라는 것이 있습니다. 즉, 친족인 경우 '불고지죄'가 성립되지 않는 것입니다. 법정에서 친족은 피의자에 대해 유리한 증거를 제공할 권리는 있지만, 불리한 증거를 제공할 의무는 없습니다. 심지어 법정에 출두하지 않아도 됩니다. 이처럼 인성적, 인도적 주장은 받아들이고 있는 현대 법률이 많이 있습니다.

그럼 안 되나요? 왜 문제가 있죠?

──── 문제는 현대사회의 '증인면제 특권'은 공민의 권리, 공자가 말한 '친친상은'은 친족의 의무라는 것입니다. 권리로써, 당사자는 이에 대한 행사 여부를 결정할 자유가 있습니다. 예를 들어 친족이 '불고지'할 수도 있지만 대의를 위해서는 친족도 돌아보지 않을 수 있습니다. 그러나 만약 '친친상은'이 의무라면 이런 자유가 없어지죠. 사실상 유가학설의 문제 중 하나는 바로 '사랑'이 권리에서 의무가 됐다는 점입니다. 이는 자유라는 정의 원칙에 위배되는 것입니다. 아마도 이런 이유 때문에 누군가 공자의 '인'에 그렇게 강하게 반발하고 심지어 '사랑' 같은 것이 필요치 않다고 말합니다. 그렇게 말한 이는 바로 장자입니다.

21 진실하고 자유로울 권리

"만사만물은 모두 평등하고,
사상언론도 모두 평등하다.
더 고귀한 사람,
더 고명한 사람은 없다."

만사만물은 모두 평등하다. 진실하고도 자유롭게 사는 것은 모든 생명체가 동등하게 소유할 권리이다. 어느 누구도 다른 사람보다 고귀하고 고명할 수 없다. 또한 어느 누구도 이를 빼앗을 권력도, 비웃을 자격도 없다.

사상언론 역시 평등하다. 어느 누구도 자신의 장점으로 다른 이의 단점을 비웃을 수 없으며, 어떤 자유로 다른 부류의 자유를 비웃을 수 없고, 어떤 진실로 다른 진실을 비웃을 수 없다.

진실과 자유를 주장해야 관용을 주장할 수 있다. 관용이 없다면 자유도 없다.

도리나 도덕을 이유로 들어 살인하는 것이 칼로 살인하는 것보다 반드시 너그러운 것은 아니다. '붓을 들어 칼과 총으로 삼는 것'은 강권을 상대하는 것이 아닌 한, 매우 공포스러운 것이다.

진실과 자유

장자가 정말 인에 반대하고 심지어 사랑하지 말자고 주장했나요?

──── 노자와 장자 모두 그렇습니다. 앞에서도 말했듯이 노자의 명언 가운데 "천지는 어질지 않으니, 마치 만물을 지푸라기 개 대하듯 하고, 성인은 어질지 않으니, 마치 백성을 지푸라기 개 대하듯 한다." (12장 참고)라는 말이 있습니다. 무론 '천지불인天地不仁'과 '성인불인聖人不仁'은 다르죠. 전자의 '불不'은 '없다'의 뜻이고(천지에는 인애가 없다), 후자의 '불'은 '필요치 않다' 또는 '필요 없다'의 뜻으로, '그럴 필요가 없다' 또는 '그래서는 안 된다'의 뜻이니까요.

장자는 인, 의까지 싸잡아 반대했습니다. 물론 노자도 마찬가지지만요. 그러나 두 사람의 반대가 같진 않습니다. 인의에 관한 문제에 대해 노자는 '도를 잃었다失道'고 생각한 반면 장자는 '참됨을 잃었다失眞'라고 생각했거든요. 노자는 도가 없어지니 덕을 말하고, 덕이 없어지니 인을 말하고, 인이 없어지니 의를 말하고, 의가 없어지니 예를 말했다고 했습니다. 이것이 바로 "큰 도가 무너지자 인의가 있다大道廢 焉有仁義."입니다(13장 참고).

장자의 '참됨을 잃었다'는 말은 무슨 의미인가요?

────── 장자(또는 장자의 후학)가 한 이야기입니다. 공자가 노담老聃(노자)에게 자신이 만든 책을 주 왕실 도서관에 수장하도록 판매를 했답니다. 노담이 공자에게 물었습니다. "이 책의 요점이 무엇인가?" 그러자 공자는 "요점은 인의입니다要在仁義."라고 대답했습니다. 노담이 물었습니다. "그대들의 '인의'라는 것이 인간의 본성에 부합하는가?" 그러자 공자는 부합한다고 대답하며 이를 일일이 해석해주었습니다. 노담이 그의 말을 다 들은 후 장탄식을 했습니다. "당신이 인간의 본성을 흩트리는군요夫子亂人之性."

인의에 대한 이야기를 했는데 왜 인성을 흩트린다고 했을까요? 천지와 만물, 인간 모두 자신의 천성이 있으니까요. 각자 천성에 따라 생활하고 생존하는 것이 좋습니다. 그게 바로 행복입니다. 심지어 최고의 경지라고 할 수 있죠. 인위적으로, 강제로 규정을 만들고 규범하면 오히려 진정한 성정을 어지럽힌다는 것이죠.

규범을 마련할 필요가 없다는 것입니다. 장자는 인간의 본성이 천연적이며 자연적인 것이라고 했습니다. 천연, 자연의 것인데 일부러 무언가를 더할 필요도, 그렇게 할 수도 없다는 것이죠. 들오리 다리가 아무리 짧다고 한들 억지로 잡아당겨 늘릴 수 없습니다. 선학의 다리가 아무리 길다 해도 자를 수 없고요. 둥근 것은 컴퍼스가 필요 없고,

네모난 것은 곡자가 필요 없습니다. 유가는 왜 컴퍼스나 곡자(인의예악)로 사람을 정돈하려 했을까요.

장자가 볼 때 인의예악이 사람을 정돈하는 것이었나요?

―――― 인의예악뿐만 아니라 인의적인 것, 고의적인 것은 모두 재앙이라고 말했습니다. 『장자·마제馬蹄』에 보면 "말은 말굽으로 서리와 눈을 밟을 수 있고, 털은 바람과 추위를 막을 수 있다."라고 했습니다. 배고프면 풀을 먹고, 목마르면 물을 마시고 기쁘면 기뻐 날뛰고요. 이것이 바로 말의 진짜 성정입니다. 그런데 백락伯樂이 와서 자신을 말을 길들일 수 있고, 말에 편자를 박을 수 있고, 고삐를 채울 수 있다고 했으니 이는 말의 3분의 1을 죽인 것이나 마찬가지입니다. 그리고 다시 말을 훈련시켜서 가지런히 걷고 정지하도록 명령하여 말을 순종시킬 수 있다고 했으니 이는 말의 반을 죽인 것이나 마찬가지입니다. 백락이 이렇게 부산을 떨어 말은 올림픽에서 금메달을 따게 됐지만 기쁘진 않았습니다. 생활이 진실하지 않고 자유롭지 않았으니까요. 진실하고 자유로워야 즐겁고 행복하다는 것입니다. 그리고 그것이 바로 장자의 이상 사회이자 인생이 추구하는 바입니다.

진실이란 무엇인가요?

―――― '진실'이란 '솔성率性'입니다. '솔성'이란 다시 말하면 천부적인 것을 받들어 자연을 따르는 것입니다. 예를 들어 매는 하늘을 날아야 하고, 물고기는 물에서 헤엄쳐야 합니다. 간단히 말하면 마땅히 되어야 될 사람이 되고, 마땅히 할 일을 하는 것입니다.

"빈천한 자는 영원히 빈천에 안주해야 하고, 부귀한 자는 영원히 부귀를 누려야 한다."라는 생각은 완전히 장자를 오해한 것입니다.

왜 오해라고 하십니까?

──── 생각해보십시오. 왜 이런 문제를 언급했겠습니까? 고된 삶을 살고 싶지 않아서 아닙니까? 누가 고되게 살고 싶어 하겠습니까? 그런데 그런 사람이 있죠. 묵자가 바로 그런 사람입니다. 묵자는 고되게 살길 원했을 뿐만 아니라 그런 생활을 즐겼습니다. 그건, 그의 진정한 염원이자 자신이 원했기 때문이고, 자신이 그런 생활을 선택했으니까요. 당신이 기쁘지 않은 것은 그런 고된 삶이 다른 사람이 강요한 것이기 때문이죠. 맞지 않습니까? 문제는 고된 생활인지 좋은 생활인지가 아니라 진실한지, 자유 의지에 의한 것인지, 자신이 원한 것인지에 있습니다. 여기서 진실과 자유란 모든 결론의 전제입니다. 따라서 강압적으로 고된 삶을 사는 것은 잘못된 일이지만 강압적으로 좋은 생활을 하는 것도 잘못된 일입니다.

『장자·지락至樂』에 나오는 이야기입니다. 바닷새 한 마리가 노나라에 날아왔습니다. 노나라 군주가 바닷새를 보고 사랑스러워 어쩔 줄을 몰랐습니다. 주안상을 차리고, 음악을 연주하고 행여 부족함이 있을까 걱정이 이만저만이 아니었습니다. 그 결과는 어땠나요? 새는 먹지도 마시지도 않고 사흘 후에 질겁해서 죽어버렸습니다. 사실 진짜 새를 위한다면 자유롭게 생활하도록 대자연으로 돌려보내야 했습니다. 당신이 그 생활을 '고된 삶'이라 생각해도 상관없습니다. 그래서 장자는 다시 한 번 차라리 거북이처럼 진흙에서 굴러다니며, 돼지처럼 우

리에서 꿀꿀대든 아니면 고독한 송아지로 살든 어느 나라의 재상이
되고 싶지 않다고 했습니다.

관용이 없다면 자유도 없다

**그렇다면 장자가 일생 동안 빈곤하게 살지언정 관리로 나가지 않음이
'청렴고결'하기 때문이 아니었단 말씀입니까?**

──── 물론이죠. 장자의 '은거'를 '청렴고결淸高'이라고 말하는 것
은 천박한 이해입니다. 사실 그가 추구했던 것은 진실과 자유입니다.
그가 갈망하던 삶이 그랬습니다. 이런 생활을 지칭하는 말이 소요유
逍遙游입니다.『장자』제1장의 제목이죠.

그 첫머리에는 기이한 이야기가 나오죠. 북해에 곤鯤이란 물고기가
사는데 그 크기가 어마어마했답니다. 수천 리 정도로 길었다죠. 그 물
고기가 새가 된 것이 붕鵬입니다. 붕은 엄청나게 커서 수천 리 크기였
다고 합니다. 붕이 바다에서 날아오르면 회오리바람이 9만 리나 일
고, 파도가 3천 리까지 퍼져나갔대요. 이렇게 곤붕은 6개월 만에 북해
에서 남해로 날아올 수 있었답니다. 그러자 참새와 작은 비둘기, 매미
가 그를 비웃었습니다. "뭐하러 그렇게 오랫동안, 그렇게 먼 길을 가
지? 나뭇가지에 올라가는 것도 힘들지만 그렇게 땅에 내려와 살아도

여전히 기쁘지 않은가?" 장자는 이를 '작은 것과 큰 것의 변론 小大之辯'
이라고 말했습니다.

그렇다면 한 가지 물어보겠습니다. 장자가 이 이야기를 할 때 참새와
비둘기, 매미를 비웃었습니까?

말투로 봐서는 비웃은 것 같은데요?

—— 왜 비웃었죠? 안목이 짧고, 가슴에 큰 뜻을 품지 못하고, 유
치하다고요. 장자가 표현하고자 했던 뜻이 진秦나라 말기 농민반란
지도자인 진승陳勝이 말한 것처럼 "제비나 참새가 어찌 기러기나 고니
의 뜻을 알겠느냐燕雀安知鴻鵠之志."란 말입니까? 그렇다면 장자가 아니
죠. 장자는 관리도 하려 하지 않은 인물입니다. 어찌 그런 위안의 말
이나 지껄이며 사람들의 분발을 일깨우는 이야기를 만들어냈겠습니
까? 하물며 장자의 이상, 주장이 뭡니까? 진실하고 자유롭게 살기 아
닙니까? 그렇다면 참새, 비둘기, 매미가 작은 부에 만족하며 즐거워
하는 것이 진실하지 못하거나 자유롭지 못합니까? 곤붕이 높이 날아
올라 대해를 건너는 것은 '소요유'고 제비나 참새가 가지에서 노니는
건 '소요유'가 아닙니까?

말이 대지를 달려가고, 돼지가 우리에서 꿀꿀거리고, 거북이가 진흙
위를 구르고, 제비와 참새가 나뭇가지에서 흥겨워하는 것 모두 '소요
유'입니다. 모두 타고난 천성대로 자연스럽게 행동한 것이니까요. 모
두 진실하고 자유로우니까요. 장자가 왜 참새와 제비, 비둘기, 매미의
삶을 무시했겠습니까?

그렇다면 장자는 왜 그들을 비웃었죠?

──── 장자는 그들이 '작다'고 비웃은 것이 아니라 그들의 '비웃음'을 비웃었습니다. 진실하고 자유롭게 생활하는 것은 모든 생명체의 권리입니다. 아무도 그런 권리를 빼앗아갈 권한이 없습니다. 또한 그들을 비웃을 자격도 없고요. 큰 것도 작은 것을 비웃을 수 없는데, 어찌 작은 것이 큰 것을 비웃을 수 있겠습니까? 그런데 참새와 비둘기, 매미는 곤붕을 비웃었으니 정말 가소롭죠.

그게 바로 소대지변, '작은 것과 큰 것의 차이'군요?

──── 아닙니다. 장자의 이 말은 '작은 것과 큰 것의 변론'이라고 해석될 뿐입니다. 사실『장자』의 원문에 역시 변별의 '변辨'자가 아니라 변론의 '변辯'자로 적혀 있습니다.

변별의 '변'자로 적혀 있는 것도 있는데 그렇다면 판본이 다른가요?

──── 어떤 판본과 번역이 더 장자의 사상에 근접하게 부합되는지 봐야 합니다. 장자의 주장은 '소요유' 말고 '제물론齊物論'도 있습니다.

'제물론'이 뭐죠?

──── '제齊'는 '가지런히 일제히 같게 하다'라는 것입니다. 다시 말하면 만사만물이 모두 평등하고, 사상언론이 모두 평등하다는 뜻입니다. 누구도 더 고귀하거나 고명한 사람은 없습니다. 그런데 이런 장자가 대소 크기를 구별하겠습니까? 장자는 크든 작든, 아름답든 추하든 상관하지 않습니다. 동량과 보잘 것 없는 풀, 서시와 못난이, 그 모

두 진실하고 자유롭기만 하면 평등하다고 생각했습니다. 모두 같다는 것이죠. 이를 '도통위일道通爲一'이라고 했습니다.

도 앞에서는 만물이 평등하다는 것입니다. 곤붕이든 참새든, 동량이든 풀이든, 서시든 못난이든 모두 생존을 위한 권리가 있고, 모두 자신의 천성과 선택에 따라 진실하게 생존하고 자유롭게 생존할 권리가 있습니다. 그들은 모두 자신만의 생활 방법이 있으며 자신의 장점과 단점을 가지고 있습니다. 그래서 곤붕을 찬미할 수는 있지만 참새를 비웃을 수는 없습니다.

역으로도 마찬가지입니다. 어느 누구도 자신의 장점으로 타인의 단점을 비웃을 수 없고, 어떤 자유로 다른 자유를 비웃을 수 없으며, 어떤 진실로 다른 진실을 비웃을 수 없습니다. 이것이야말로 장자가 곤붕에 관한 이야기를 한 진짜 의도입니다. 그의 주장을 분명하게 아시겠죠?

관용입니까?

—— 네. 관용이죠. 진실과 자유를 주장해야 관용을 주장할 수 있습니다. 관용이 없다면 자유도 없습니다. 지금 이 시점에서 조금 전에 말한 맹자를 다시 한 번 돌이켜보면 뭔가 다른 의미를 깨달을 수 있을 것입니다.

도덕으로 사람을 죽일 수 있다

맹자와 장자는 어떻게 달랐습니까?

—— 자유자재로 소요하는 장자를 유유자적 즐겁게 노니는 나비 栩栩然胡蝶也라고 한다면 의로운 기치를 높이 쳐든 맹자는 마음을 가다듬고 분발하고 있는 '싸움닭' 아니겠습니까.

맹자가 잘 싸웠나요?

—— 잘 싸웠죠. 맹자는 잘 싸우기로 유명했습니다. 그의 학생들조차 대적할 수가 없었으니까요. 공도자公都子라는 맹자의 학생이 이렇게 물었습니다. "밖에서 선생님이 논쟁을 좋아한다고 의론이 분분합니다. 감히 묻겠습니다. 대체 왜 그러십니까?"

맹자는 씩씩거리며 "내가 언제 논쟁을 좋아했냐?"고 말했습니다. "부득이한 것이었다. 지금 상황이 어떠한가. 성왕은 나오지 않고, 제후들은 거리낌이 없고, 사인들은 제멋대로 지껄인다. 양주楊子와 묵적墨子의 주장이 세상에 가득하고, 공자의 학설은 실천되지 않으니 이대로 가다간 어찌 되겠느냐? 내가 나서서 싸우지 않고 어떻게 하겠느냐?"라고 했습니다.

책임감, 사명감인가요?

—— 정의감까지 세 가지가 합쳐진 것입니다. 맹자라는 사람은 거친 사람입니다. 그는 여러 차례 "선지자에게 후지자를 깨우치게 하고,

선각자는 후각자를 깨우치게 한다使先知覺後知, 使先覺覺後覺. 그래야 천하가 태평할 수 있다."라고 말했습니다. "그러니 내가 아니면 누가 일깨우겠는가非予覺之, 而誰也, 지금 세상에 나 말고 누가 할 수 있겠는가當今之世, 舍我其誰也"라고 했죠. 정말 당당하죠. "하늘이 장차 큰일을 그에게 맡기려 한 것天將降大任於斯人也"아닙니까. 사실 맹자가 이처럼 큰 소리를 친 것도 열정이 넘쳤기 때문입니다. 이런 열정을 맹자는 '호연지기浩然之氣'라고 했습니다.

호연지기가 무엇입니까?

—— '정기正氣'입니다. 책임감, 사명감, 정의감이 합쳐서 이루어진 것이죠. 이런 지극히 크고 지극히 강한 '호연의 정기'가 있으니 맹자는 의사義士, 투사일 뿐만 아니라 그야말로 성스러운 투사라고 할 수 있습니다. 그가 뭐라고 양주와 묵적을 욕했습니까? "아버지도, 임금도 없으니 그건 금수가 아닌가無父無君, 是禽獸也." 이것이야말로 성스러운 투사가 아닐까요?

화기火氣도 적지 않았군요.

—— 성질도 있었고요. 이상할 것은 없죠. '기氣'가 충만한 사람이니까요. 이것은 좋을 수도, 그렇지 않을 수도 있습니다. 위대하고 강인한 인격을 형성하여 "부귀하면서도 음탕하지 않고, 빈천하면서도 흔들리지 않고, 폭력 앞에서도 무릎 꿇지 않는富貴不能淫, 貧賤不能移, 威武不能屈"어진 지사, 장대하고 웅장한 대장부가 될 수 있는 것은 장점입니다.

맹자를 보십시오. 하늘이나 사람을 탓하지 않고 권력자에 빌붙어 아부하지 않고 누구 앞에서도 비굴한 적 없이 언제나 당당했습니다. 심지어 그는 사람들에게 이렇게 이야기하지 않았습니까? "제후, 대부들에게 유세를 하려 하는가? 그렇다면 먼저 그들을 멸시하고, 그들의 권세와 지위를 무시하라說大人則藐之. 勿視其巍巍然." 그야말로 위엄 있고 장대한 기골이 두드리면 쩌렁쩌렁 소리가 울려 퍼질 것 같았습니다.

나쁜 점은 무엇인가요?

──── 살벌한 기운, 살벌한 마음을 피할 길이 없었지요. 맹자의 문장을 보면 살기가 번득입니다. 그게 정상이죠. 어쨌거나 '의'란 전투성, 비판성을 담고 있으니까요. 칼, 검 아닙니까? 칼이 칼집에서 나오면 피를 봐야 합니다. 남을 죽이지 않으면 자기가 죽어야 합니다. 여기서 말하는 '살殺'은 도덕적 비난에 불과할 수 있습니다. 그러나 '이치理'나 도덕으로 사람을 죽이는 것이 칼로 사람을 죽이는 것보다 부드러운 방법은 아닙니다. '붓을 들어 칼과 창으로 쓰는 경우' 강력한 권세 앞이 아니라면 이 역시 무시무시한 일입니다.

나쁜 사람을 죽이거나, 비판해도 안 되는 것인가요?

──── 당연히 죽이고 비판해야 합니다. 다만 문제는 누가 그를 비판하고 죽일 자격이 있는가죠. 형사범죄라면 문제는 간단합니다. 법원에서 재판하고 감옥에 보내면 되니까요. 그러나 도덕적, 심미적 문제라면요? 예를 들어 누군가 태도가 불량하다거나 어떤 작품이 저속하다거나 할 경우 누가 재판관이 되죠?

도덕적으로 고상하고 취향이 고상한 사람이 심판하면 안 되나요?

—— 과거에는 그렇게 했습니다. 결과는 어땠습니까? 수많은 '샹린 아주머니'가 피살됐고, 크고 작은 '루쓰魯四 영감'[1]이 높이 고개를 쳐들었다가 얼굴에 핏자국을 묻히지 않았던가요?

어쩌다 그렇게 됐을까요? 직접적인 원인은 '루쓰 영감'들이 모두 '정 인군자'로 자처하며 살아가는데, 전통 중국사회는 특히 '도덕적 사형' 을 즐겨 동원했으니까요. 그래서 '거짓 도사偽道士'들이 '비판의 무기' 를 들었을 때 인정사정이 없었던 것입니다. 발언권을 갖지 못한 무수 히 많은 '샹린 아주머니'가 '침묵의 어린 양'이 될 수밖에 없었죠.

거기엔 맹자의 책임도 있는 것 아닙니까?

—— 있습니다. 맹자의 '호연지기'는 위대하고 강인한 인격을 만 들 수는 있지만 동시에 도덕적인 우월감을 키워 자기도 모르는 사이 에 자신을 '정의의 화신', 심지어 '절대적인 화신'이라 생각하게 만들 거든요. 그래서 자신들 생각에 품격이 떨어지거나, 취향이 저속한 사 람들을 말과 글로 성토합니다. 사실 이런 일은 전제시대, 전제 전통이 남아 있던 시대에나 행할 수 있는 것으로 민주시대, 민주사회에서는 퇴출당할 수밖에 없었습니다.

1인 1표의 선거 입법 시대에 마지막에 승리를 거두는 사람이 곤붕이 겠습니까, 아니면 참새, 비둘기, 매미이겠습니까?

---

1 루쉰의 『축복』이란 작품에 나오는 인물로 지주계급, 지식인의 전형. 보수적이며 완고 하고 봉건사상을 지키며 스스로 봉건제도와 봉건예교의 수호자라 자처한다.

다시 장자로 돌아온 것입니다. 정말 장자를 읽고 이해했다면 '성스러운 투사'가 된다는 것은 분명 '거짓 도사', 심지어 '살인범'이 될 수밖에 없다는 것을 알 것입니다. 장자의 관점에 따르면 만사만물은 모두 평등합니다. 어느 누구도 더 고귀하거나 고명한 사람은 없습니다. 그렇기 때문에 어느 누구도 도덕과 심미에 대한 '재판관'이 될 수 없습니다. 더더욱 '생사여탈'의 권리를 지닐 수도 없습니다.

서양 사람들은 이러한 도리를 알고 있습니다. 그래서 그들은 마지막 '심판권'을 하나님께 맡기죠. 중국인에게는 하나님이 없으니 아마도 역사에 맡길 수밖에 없겠네요.

22

사회를 이끄는
사상적 무기

"전통사회와 현대사회의
근본적인 차이는 바로 인권에 있다.
인권이 없으면 법치가 아니다.
인권이 없으면 민주도 존재하지 않는다."

묵가는 사회에 관심을 가지고 사회적 이상을 남겼으니 바로 평등과
상호이익, 박애이다. 도가는 인생에 관심을 가지고 인생의 추구하는
바를 남겼으니, 바로 진실과 자유, 관용이다. 법가는 국가에 대한 관
심으로 공개, 공평, 공정이라는 치국의 이념을 남겼다. 유가는 문화에
대한 관심으로, 인애와 정의, 자강이라는 핵심 가치를 남겼다.
각자 필요한 것을 가질 수 있으나 다른 한쪽을 경시할 수 없고, 배워
서 이용할 수 있으나 눈앞의 이익과 공명에 급급해서는 안 되며, 널리
알리고 계승할 수 있지만 모든 것을 그대로 따라하면 안 된다.

전통사회는 종법사회이고, 현대사회는 헌법사회이다. 종법사회에서 사람은 '신민'이고, 헌법사회에서 사람은 '공민'이다. 공민은 개체이며, 신민은 집단이다. 공민은 독립적이며, 신민은 의존적이다. 공민은 헌법의 보호를 받지만, 신민은 종법의 제약을 받는다. 모든 공민은 평등하지만, 신민과 군주는 불평등하다.

전통사회와 현대사회를 구분하는 근본적인 기준은 인권이다. 인권이 없으면 법치도 없고, 인권이 없으면 민주도 없다. 인권이 없으면 아무것도 논할 수 없다. 따라서 전통사회는 '사람을 근본으로 한다以人爲本'고 말했지만 '민본'만 있을 뿐, '인본'은 없었다. 혹은 '민본'만 있을 뿐 '민주'는 존재하지 않았다.

민본이란 '백성을 위해 일을 하는 것'이다. 민주는 '백성이 책임지고 결정을 내리는 것'이다. 백성을 위해 일하면 주인은 '군주君主'라 한다. 즉, 주권이 군주에게 있다. 백성이 책임지고 결정하면 주인은 백성이다. 그래서 '민주民主'이다. 즉, 주권이 백성에게 있다.

선진제자 중 누구를 따라야 하는가

선진제자 백가쟁명이 수천 수만 갈래로 중론이 분분하여 어떤 말이 좋은지 판단을 내릴 수가 없습니다. 이처럼 위대한 사상가들의 다양한

관점에 대해 우리는 어떤 태도를 가져야 합니까?

──── 아Q[1]가 한 주장이 있는데 참고가 될 수 있겠네요. 필요한 것으로, 좋아하는 사람으로 택하라! 바로 각자 필요한 것을 택하는 실용주의이죠. 전 반대하는 입장이지만 애석하게도 제 반대는 별로 소용이 없습니다. 대다수 중국인들은 공부와 실천을 결합하는 '학이치용學以致用'을 좋아하니까요. 생각해보십시오. 학문을 할 것도 아닌데 왜 선진제자를 읽겠습니까? 읽고 유용하게 쓰려고 하는 것이죠. 그렇기 때문에 모두 공명과 이익을 초월해 '공부를 위한 공부'를 하라고 요구할 수가 없습니다. 그저 눈앞의 이익에만 급급하지 않으면 좋은 것이죠.

어떻게 학이치용을 합니까?

──── 그건 당신이 무엇을 하려고 하는지를 봐야 합니다. 예를 들어 나라를 다스리고 싶다면 법가를 많이 읽고, 사람 구실을 하고 싶으면 유가를 많이 읽고요. 요구에 따라 선택도 달라지는 것이죠. 왜냐하면 선진제자가 각기 주력하는 바가 달랐으니까요.

무엇이 달랐습니까?

──── 대체적으로 말하면 묵가는 사회, 도가는 인생, 법가는 나라,

---

1 루쉰의 소설 『아Q정전』의 주인공이다. 제멋대로 행동하다가 다른 이들에게 비난을 받거나 매 맞고 심지어 죽음에 이를지라도 스스로 위안하면서 넘어가는, 이른바 '정신승리법'으로 유명하다. 봉건잔재로 인한 중국인의 민족성을 빗대는 말로 사용되기도 한다.

유가는 문화에 관심을 가지고 있었습니다. 관심 분야가 다르니 남긴 유산도 다릅니다. 묵가는 사회 이상, 즉 평등, 상호이익, 박애를 남겼습니다. 도가는 인생이 추구하는 것입니다. 진실과 자유, 관용. 물론 주로 장자가 언급한 것들입니다. 법가는 치국 이념이죠. 공개, 공정, 공평을 남겼습니다. 유가가 남긴 핵심적 가치는 인애, 정의, 자강입니다. 인애는 주로 공자가, 정의는 맹자, 자강은 순자의 개념입니다.

묵가는 '사회주의', 도가는 '개인주의', 법가는 '국가주의', 유가는 '문화주의'입니까?

―――― 따옴표를 넣어 강조하면 그렇다고 말할 수 있습니다. 또한 묵가는 가정을 만드는 아름다운 이상을, 도가는 인생을 이끄는 지혜의 결정을, 법가는 변혁을 마주하는 사상 자원을, 유가는 민심을 응집하는 가치체계를 남겼다고 말할 수 있습니다.

유산이 다르고 취향도 다르니, 우리의 선택도 다르군요?

―――― 네. 그래서 '필요한 것으로 취하라'고 말한 것입니다. 이는 또 자기 취향에 따라 자유롭게 취하는 것이죠. 예를 들어 '의협심을 발휘해서 의로운 일을 할' 사람은 대부분 묵자를 좋아합니다. '세속을 초월한' 사람은 장자를 좋아하고요.

다른 사람이 비판하고 반대할 수 없나요?

―――― 물론이죠. 독서는 순전히 개인의 일입니다. 좋아한다는 것도 순전히 개인적인 일이고요. 우리 모든 공민의 기본적인 권리인데 누

가 개입할 수 있단 말입니까? 건의도 원칙적이어야 합니다. 첫째, 각자 필요한 것을 취하지만, 한쪽을 우대한다고 다른 한쪽을 경시할 수는 없습니다. 둘째, 배운 것을 실제로 활용해야 하지만 눈앞의 이익에 급급해서는 안 됩니다. 셋째, 널리 알리고 계승할 수는 있지만 전체를 그대로 받아들여서는 안 됩니다. 전체를 그대로 받아들이지 않는다면, 그럼 어떻게 해야 할까요?

추상적인 계승입니다. 선진제자의 사상을 그들이 이러한 사상을 내놓을 때의 구체적인 환경과 원인에서 빼내어 그중 합리적인 부분만 계승하는 것입니다. 예를 들어 공자는 '인애'를 이야기했는데, 이는 등급제도를 보호, 유지하기 위한 것이었습니다. 인애 자체는 좋은 개념입니다. 그러므로 우리는 인애만을 취하고 등급제도는 버려야 합니다. 또한 한비는 '공평'을 주장했는데 이는 군주의 독재를 보장하기 위한 거였죠. 여기서도 공평이란 좋은 개념이지만 군주독재는 버려야 하고요. 다시 말하면 선진제자의 소중한 유산을 계승할 때 먼저 그들 몸에 묻어 있는 시대와 계급의 낙인을 떨어버리고 합리적인 핵심과 보편적으로 적용할 수 있는 것만 남기는 것입니다.

그들의 모든 사상을 '추상적 계승'만 할 수 있다고요?

―― 네. 그렇습니다. 파도는 예나 지금이나 다름없지만, 당시 그 밤은 아니니까요. 선진제자가 내놓은 문제, 예를 들어 어떻게 나라를 다스리고, 사람 노릇을 하는가 하는 문제는 여전히 우리를 곤혹스럽게 합니다. 이것이 바로 '예나 다름없는 파도'입니다. 그런데 현재의 나와 당신이 '어제의 이야기'를 되풀이할 수 있나요? 되풀이할 수 없

죠. 그렇다고 또 어떻게 해야 할까요? 아예 그 배에 오르지 않아야 할까요? 아닙니다. 배는 타야죠. 다만 '두 개의 노'를 저어야죠. 바로 전통과 현대, 동양과 서양입니다.

신민과 공민

전통과 현대가 다른 점은 무엇입니까?

──── 다른 점이 많습니다. 사회도 다르고 사람도 다르죠. 전통사회는 종법사회였고, 현대사회는 헌법사회입니다. 종법사회의 사람은 '신민'이고, 헌법사회의 사람은 '공민'입니다. 차이가 정말 크죠.

공민과 신민이 뭐가 다른가요?

──── 공민은 개체, 신민은 집단입니다. 공민은 독립적이며 신민은 종속적입니다. 공민은 헌법의 보호를 받지만 신민은 종법의 제약을 받습니다. 공민과 공민은 평등하지만 신민과 군주는 불평등하고요. 전통사회에서는 당연하다고 여겨지던 말이 있습니다. 천하에 그른 아버지가 없고, 천하에 또한 그른 군부君父가 없다는 말입니다. 이는 결국 군주와 아버지는 언제나 옳기에 사상, 행동에 있어서 신하와 자녀는 언제나 절대복종해야 합니다. 예를 들면 번개와 천둥, 비와 이슬

까지도 모두 군주의 은총이기 때문에 군주가 신하에게 주는 것은 반드시 받아야 합니다. '군주가 하사하는 것을 신하가 감히 받지 않을 수 없다君有賜, 臣不敢不受'라고 하죠. 완전히 인권이란 존재하지 않는 상황입니다.

하사하는 상을 거절할 수 없는 것이 어찌 인권이 없는 것입니까?

―― 거절하는 것, "아니다."라고 말할 수 있는 것은 한 사람의 기본 권리입니다. 생각해보십시오. 누군가 "아니다."란 말도 할 수 없다면 무슨 말을 할 수 있겠습니까? 거절할 권리도 없다면 무슨 일을 자신의 주관대로 할 수 있겠습니까? 한 마리의 개라 할지라도 자신이 싫어하는 것은 먹지 않을 권리가 있습니다.

공민은 인권이 있고, 신민은 인권이 없다는 말입니다. 전통사회와 현대사회의 근본적인 차이는 바로 인권에 있습니다. 인권이 없으면 법치가 아닙니다. 인권이 없으면 민주도 존재하지 않습니다. 따라서 전통사회에서 가장 취약한 것이 바로 인권과 민주입니다.

법가에는 법치의 전통이 있지 않았습니까?

―― 약간은요. 그러나 문제가 컸죠. 최대의 문제는 법가가 주장한 법은 '왕법'이었다는 점입니다. '군왕의 법'이라고 한다면 '인민의 법'은 아니죠. 그래서 그 역시 인권을 보호할 수 없었습니다. 예를 들어 안건을 심판할 때 모든 관리는 당상에 앉고 백성은 바닥에 무릎을 꿇었습니다. 그런 후에 법관이 책상을 거세게 내리치며 호통을 칩니다. "너희 골칫거리 백성들은 무슨 죄를 저질렀는지 모진 고문을 당

하지 않으려거든 이실직고하라!" 아직 재판도 안 했는데 백성이 벌써 죄인이 되어버리는 것입니다. 명明대에는 더욱 비참했습니다. 관리도 인권이 없었거든요. 황제가 기분이 나쁘면 조정 대신들을 오문午門으로 끌고 가 벌건 대낮에 바지를 벗기고 볼기를 때렸습니다. 무슨 사람의 존엄이 있었겠습니까?

결국 인권에 대한 문제군요?

—— 네. 인권이 없으면 어떤 것도 이야기할 수 없습니다. 전통사회에서는 '인간이 근본'이라고 이야기하면서도 '민본民本'이 있을 뿐, '인본'은 없었습니다. 혹은 '민본'만 있을 뿐, '민주'는 없었습니다.

민주와 민본이 어떻게 다른가요?

—— 민본이란 '백성을 위해 주인이 된다'이고, 민주는 '백성이 주인이 된다'는 것입니다. 백성을 위해 주인이 되는 건 역시 군주죠. 따라서 한자로 '군주君主' 아닙니까. 주권이 군주에게 있죠.
백성이 주인이 되면 주인은 백성입니다. 그래서 '민주'고요. 즉, 주권이 백성에게 있습니다. 물론 백성은 나라를 다스릴 수 없습니다. 치국은 역시 정부에 의존해야 합니다. 그러나 민주제도에서 정부의 통치권은 백성이 수여합니다. 정부가 잘못하면 백성이 이를 문책할 수 있습니다. 민주의 관건이 백성의 권한에 있음을 알 수 있습니다.

맹자는 백성에 대한 수권 사상이 있었던 것 같은데요?

—— 맹자의 사상은 하늘과 백성의 쌍방향 수권授權입니다. 이름

은 '천수天授'라고 하지만 실은 '민수民授'(8장 참고)입니다. 당시 사회를 생각하면 대단한 일이죠. 그러나 수권의 방식이 없었고, 문책 제도도 없었습니다. 백성이 불만이 있으면 반란을 일으킬 수밖에 없었습니다. 백성은 도무지 살 수 없을 지경이 되면 위험을 무릅쓰고 장대를 들었습니다. 그렇게 왕조가 바뀌면 사회적으로 치러야 할 대가가 너무 막대했습니다.

선양이란 것도 있지 않았습니까?

—— 선양禪讓 역시 정권의 평화적 교체는 아니었죠. 그저 피가 조금 더 흘렀다는 것뿐입니다. 정권을 받을 수 있는 것은 사실 군벌뿐입니다. 무기가 뒷받침해주니까요. 그래서 중국 역사에 기본적으로 민주의 전통은 없었다고 해야 합니다. 예를 들어 맹자는 '인간이 근본이다'라거나 '백성이 귀하다'라는 주장을 하긴 했지만 '근본'인 백성이 대체 어떤 정치적 권리를 가지고 있었는지는 생각해본 적이 없습니다.

군주가 통치를 잘못하면 백성이 혁명을 일으킬 권리가 있다고 말하지 않았습니까?

—— 엄격하게 말해서 그건 '왕조 교체'죠. 왕조 교체 이후, 백성과 군주의 관계는 이후 가장 개명한 군주의 생각에 맞춰 보더라도 그저 물과 배의 관계였을 뿐, 사장과 고용인의 관계는 아니었습니다. 그렇기 때문에 군주가 불합격이면 백성은 '문책'이나 '해고'할 수 없고, 그저 더 이상 견딜 수 없을 경우에는 기의, 반란, 혁명을 일으킬 수밖에 없었습니다.

묵자는요? 묵자는 인권을 주장했습니까?

──── 묵자는 확실히 '권리 유지'를 주장했죠. 그러나 애석하게도 그는 백성의 생존권과 경제권을 위해 노력했을 뿐, 사상과 언론의 권리를 위해 힘쓰지는 않았습니다. 반대로 그가 볼 때 이는 무조건적으로 통치자에게 주어야 하는 권리였습니다. 그 결과 평등에서 전제정치로 향하게 됐죠.

그밖에 묵자는 또 문제가 있었습니다. 그는 집단의 권리만 주장할 뿐, 개인의 권리를 주장하지 않았습니다. 개인의 권리를 주장하지 않았기 때문에 결과적으로 집단의 권리도 사라져버렸습니다.

양주는 개인의 권리를 주장한 것 같은데요?

──── 애석하게도 양주는 왜곡되어 오해를 받았습니다. 양주가 '요괴화'된 후 민주와 법치는 완벽하게 희망을 잃고 말았죠.

군자는 스스로 강해져야 한다

과학의 전통은요?

──── 그것 역시 희박했습니다. 선진제자 가운데 공자, 맹자, 노자, 장자, 한비 모두 과학에 대해 이야기하지 않았습니다. 흥미도 없었고

요. 그래도 묵자와 순자, 특히 선진제자 가운데 순자는 가장 과학 정신이 뛰어난 사람이었습니다.

묵자도 있지 않습니까?

────── 묵자는 주로 공정기술을 이야기했지만 묵자 역시 자연을 대할 때는 종교적인 태도를 취했습니다. 다른 사람으로는 공자와 맹자가 있습니다. 회피적이었죠. 노자와 장자는 철학적인 태도를 취했고, 오직 순자만이 과학적인 태도를 취했습니다. 「천론天論」에서 순자는 분명하게 요지를 밝혔습니다. "하늘의 운행에는 항상 그러함이 있으니 이는 요 임금이 현군이기 때문에 존재하는 것도 아니며, 걸 임금이 폭군이기 때문에 사라지는 것도 아니다天行有常, 不爲堯存, 不爲桀亡."

무슨 뜻입니까?

────── 자연계에는 나름의 규칙이 있다는 것이죠. 결코 인간의 의지에 따라 변하는 것이 아니며, 통치자가 어떤 사람인가에 따라 변하는 것도 아니라는 뜻입니다. 하늘과 인간을 구분한 것이죠. 하늘은 하늘, 인간은 인간, 자연은 자연, 사회는 사회입니다. 자연은 자연의 법칙이 있고, 인류는 인류의 규범이 있습니다. 자연이 인간을 어쩔 수 없는 것처럼, 인류가 자연을 어찌할 수도 없습니다.

그럼 어떻게 해야 하죠?

────── 그냥 각자 일을 해야죠. 순자는 "하늘은 사람이 추운 것을 싫어한다고 해서 겨울을 그치지 않고, 땅은 사람이 넓고 먼 것을 싫어한

다 해서 광활함을 잃지 않는다 天不爲人之惡寒也輟冬, 地不爲人之惡遼遠也輟廣." 라고 했습니다. 그렇다면 군자가 소인이 시끄럽게 군다 해서 행동을 멈춰야 합니까? 당연히 그렇지 않습니다. 이를 "하늘의 운행은 건실하니, 군자는 이를 본받아 스스로 강해지기 위해 쉼이 없다 天行健, 君子以 自强不息."(『주역·건괘』)라고 했습니다. 『역경』에 나오는 말입니다. 그러나 군주가 왜 스스로 강해져야 하는가에 대해 오직 순자만 해석할 수 있었습니다. 우리는 선진유가의 세 번째 대사인 순자가 공자, 맹자와 차이가 있다는 것을 알고 있습니다. 바로 도가의 사상적 무기를 받아들였다는 것입니다.

도가의 사상적 무기라는 것이 무엇입니까?

―――― 천도로 인도를 말한 것입니다. 도가의 방법이자 순자의 방법이죠. 순자가 도가가 된 것은 아닙니다. 그들은 '천도란 무엇인가'에 대한 인식이 달랐습니다. 도가는 이를 '무위'라고 여겼고, 순자는 '자위自爲'라고 여겼습니다. 도가는 천도가 무위이니 사람도 역시 무위여야 한다고 주장했습니다. 이에 비해 순자는 천도가 자위이니 사람도 자위여야 한다고 생각했습니다. 따라서 천명을 따르기보다는 자력갱생해야 한다고 생각했고, 하늘과 남을 원망하기보다는 분투노력해야 한다고 생각했습니다. 이것이 바로 '하늘의 움직임에 항상 그러함이 있으니 군자는 스스로 강해져야 한다'가 아니겠습니까? 중국적 특색이 농후하죠. 표면적으로 보면 '자연규칙'이고, 사실은 '윤리도덕'입니다.

중국인 특유의 사유방식입니까?

———— 네. 동양과 서양의 차이이기도 합니다. 즉, 서양인은 자연을 중시하고 중국인은 인사人事를 중시하며, 서양인은 과학적인데 중국인은 도덕적입니다. 그래서 서양철학은 '물리학의 후예'이고, 중국철학은 '윤리학의 후예'입니다.

여기에도 수준 차이나 우열이 있습니까?

———— 없습니다. 다만 이익과 폐해가 있을 뿐이죠.

서양인에게 이익과 폐해는 무엇입니까?

———— 그건 서양 사람들 일이니 전 별로 관심 없습니다. 우리에게 좋은 점이 무엇인가도 말할 필요가 없고요.

그렇다면 우리 동양인에게는 뭐가 불리합니까?

———— 범 윤리, 범 도덕적인 부분입니다. 구체적으로 말해 모든 문제, 즉 정치 문제, 경제 문제, 예술 문제, 심지어 과학 문제까지 모두 도덕적인 문제로 간주한다는 것입니다. 예를 들어 문예작품의 '품위'는 아속雅俗의 구분이 있습니다. 그러나 그건 심미적인 판단일 뿐, 도덕적인 판단은 아닙니다. 저속하다고 해서 반드시 덕이 결여되어 있는 것은 아닙니다. 그러나 동양에서는 그것이 도덕적인 문제가 되어 사회에 한바탕 소동이 벌어집니다.

또 있습니다. 무슨 일이 일어나기만 하면 먼저 도덕적인 판단부터 내립니다. 그 후에 사실 판단이 이루어지고요. 심지어 사실 판단 따윈

하지 않는 경우도 있습니다. 또는 도덕적 판단으로 사실 판단을 대신하죠. 예를 들어 도가가 '소극무위'하다고 하면 누군가 바로 펄쩍 뛰며 욕을 퍼붓습니다. 어찌 그리 도가를 폄하하느냐고요. 사실 제가 '소극적'이라고 말한 것은 다만 사실에 대한 판단일 뿐, 가치에 대한 판단은 아닙니다. 더더욱 도덕에 대한 판단은 아니고요. 어찌 폄하할 뜻이 있겠습니까? 이런 경우 모두 과학 정신이 부족하기 때문입니다.

과학 정신에는 어떤 내용이 있습니까?

──── 의심하고, 비판하고, 분석하고, 실증하는 정신입니다. 안타깝게도 본격적으로 이야기하지 못하겠네요. 사실 이 네 가지 정신을 바탕으로 우리의 학술연구와 문화논쟁을 반성하면 문제가 매우 심각하다는 것을 발견할 수 있습니다.

그래서 과학정신으로 보충해야 하는군요?

──── 거기에 법치 정신까지 더해야죠. 법치정신에는 무죄추정의 원칙과 더불어 권리가 우선되고, 절차가 공정해야 합니다. 운영에 있어서는 네 가지 원칙으로 표현됩니다. 확실한 증거, 공정한 입장, 사생활 보호, 인격존중입니다. 좀 더 쉽게 말하면 '천 명을 놓칠지언정 한 사람을 잘못 처형해서는 안 된다', '진상을 놓칠지라도 사생활은 보호해야 한다.'라고 할 수 있습니다. 인권이 없으면 법치도 이루어지지 않으니까요. 물론 거기에 민주정신도 가미해야 합니다. 과학, 민주, 법치만이 현재 우리의 세상을 구원하는 길, 강국으로 나아가는 길입니다.

그래서 우리가 사상문화유산을 계승할 때 반드시 전통과 현대, 동양과 서양을 함께 살펴야 하는 것이군요?

—— 맞습니다. 그래야 '두 개의 노'를 저어 피안의 세계로 항해할 수 있습니다.

○   춘추전국春秋戰國시대는 기원전 770년, 주周 왕조가 뤄양洛陽
으로 천도한 후부터 시작된다. 진晉나라가 한, 위, 조나라로 분열(기원
전 403년)된 시기까지를 춘추시대, 이후 진시황이 중국을 통일할 때까
지를 전국시대라고 부른다. 봉건제도가 해체되면서 기존 강자와 새
로운 강자가 수없이 뒤치락엎치락거린 약육강식과 하극상의 시대이
자, 극심한 사회 혼란 속에서 새로운 가치와 질서를 찾기 위해 수많은
사상가들이 출현했던 백가쟁명, 백화제방百花齊放의 시기이기도 했다.

사회 불안에서 비롯되었다고는 하나 사실 백가쟁명은 봉건 절대군
주제라는 삼엄하고 획일화된 동토를 뚫고 피어난 '백화百花', 즉 온갖
꽃들의 모임이다. 가장 참혹하고, 가장 혼란스러운 시대에 온갖 꽃들
이 난무했다는 것은 어찌 보면 모순적이기도 하다. 하지만 한때 억눌
림이 있으면 튀어 오름이 있는 것처럼, 끝이 있으면 다시 시작이 이루
어지는 것처럼, 자연스럽고 당연한 일인 것 같기도 하다. 그렇다면 지
금 다시 제자백가를 들먹이고, 춘추전국시대를 돌아봄은 우리 사회
가 또 다른 불안과 혼란 속에 잠겨 있다는 방증이 아닐까? 분명 우리
가 살고 있는 21세기가 정치, 사회, 경제적으로 해체를 극명하게 보여

주는 것 같지는 않다. 그럼에도 불구하고 제자백가의 사상이 여전히 우리들에게 유효하고 환대받는 이유는 단순히 그것이 고전이기 때문만이 아닌 듯하다. 어쩌면 정치나 경제의 해체보다 더 근본적인 해체, 가치체계의 해체, 진정한 의미의 공동체가 해체되고 있기 때문은 아닐는지. 여러 가지 사회 발전을 위한 패러다임이 발표되고 여전히 연구되고 있지만, 그럼에도 불구하고 우리 사회는 그것이 어떤 체제나 이념을 가지고 있을지라도 모두 한 가지, 즉 사리私利를 향해 달려가고 있는 것처럼 보인다. 진정한 사회적 가치를 위한 소소하지만 끈질긴 노력에도 불구하고 여전히 온갖 구호나 이론들이 우리를 절망이나 좌절로 몰고 가는 것은 그 거대한 사리를 향한 물결이 그만큼 도도하기 때문이 아닌가 하는 생각이 들기도 한다. 분명한 것은 사리를 향한 우리들의 질주가 결국 정치와 경제, 아니 우리 사회 전반의 불안정, 혼란을 야기할 것이라는 점이다.

중국인들은 역사 가운데 가장 화려하고 이상적이었던 시대를 춘추전국시대로 손꼽는 데 주저하지 않는 것 같다. 나 역시 동감한다. 마치 진흙 속에 피어나는 연꽃과 같다는 느낌을 주기 때문이다. 사실 우리는 춘추전국의 사상과 관념을 가깝게 생각하고, 실제로 친근하게 느낀다. 공자나 맹자, 노자나 장자, 묵자와 한비자는 구체적인 사상과 관계없이 누구나 들어보거나 혹 읽어본 적이 있는 고전들이다. 성선설하면 제일 먼저 맹자가 떠오르고 성악설하면 순자부터 생각난다. 그러나 조금, 또는 대충 아는 것은 사실 진짜로 아는 것과 다르다. 게다가 지금의 우리의 삶에 적용되지 않는다면 그것은 죽은 지식일 따름이다. 바로 이런 점에서 이 책은 우리가 춘추전국시대 제자백가 사상을 만나야 하는 이유와 만나는 방법을 제시하는 훌륭한 책이다.

지은이 이중톈의 말대로 선진제자의 사상을 읽는다고 해서, 혹은 이에 대한 토론을 거듭한다고 해서 우리가 직면하고 있는 모든 문제를 해결할 수 있는 것은 아니다. 오히려 그것이 우리의 삶을 방해하거나 훼방 놓을 수도 있다. 더군다나 하나의 가치나 이념이 세상의 모든 잣대가 될 수는 없다. 유가의 인의와 도가의 도덕, 법가의 제도와 법치는 절대적인 진리나 모든 이를 만족시킬 수 있는 요술방망이가 아니다. 우리는 알고 있다. 세상의 언어가 얼마나 의도적인지. 각종 공동성명과 아젠다에 난무하는 정의와 평등, 균형과 조화, 다양성과 공평성, 그러한 것들이 어떤 면에서 그저 구호에 지나지 않음을 모두 알고 있다는 뜻이다. 중요한 것은 분명 구호나 표현이 아니다. '정의란 무엇인가'라는 주제의 강의가 인기인 것은 정의를 진짜 모르기 때문이 아니라 누구나 다 알고 있는 정의를 자꾸만 숨기고자 하는 욕망에 대한 반작용 때문이다. 다시 말해 확인하기 위함이라는 뜻이다. 그래서 사람들은 인기를 통해, 함께 앉아 듣는 이들을 통해, 함께 대화하는 이들을 통해 그것을 확인하게 된다. 언어는 이렇듯 아무리 동일한 것일지라도 이익에 따라 선이 되기도 하고 악이 되기도 하며, 아예 아무것도 아닌 것이 되고 만다. 그렇기 때문에 더욱더 함께 의논하고 대화하는 장이 필요한지도 모르겠다. 하나만으로는 너무나 부족한 시대에 살고 있기에 더욱 그러하다.

이 책은 우리를 이러한 공론의 장, 토론의 장으로 이끈다. 어떤 한 가지만 고집하는 것이 아니라 과연 어떤 것을 지금의 우리가 적절하게 수용할 수 있는가를 조용하게, 때로 신나서 이야기한다. 그러나 이것이 옳다거나 저것이 좋다고 이야기하는 것 같지 않다. 중국 전통사상이란 측면에서 원저는 제목을 『아산지석我山之石』이라 했지만 우리 독자 역시 '타산지석'인 이 책과 더불어 진정한 '아산지석'으로 만들 정신적 문화를 만들어보는 것도 좋을 것이다.

『이중톈, 정치를 말하다』는 이중톈의 저작 가운데 『이중톈, 사람을 말하다』와 자매편이며, 『백가쟁명』의 완결편이라고 할 수 있다. 『이중톈, 사람을 말하다』가 중국인의 지혜에 관한 문화사라면, 『백가쟁명』은 중국사상의 원류로서 춘추전국 시대 유, 도, 묵, 법가의 사상을 탐색하는 지식에 관한 문화사이고, 『이중톈, 정치를 말하다』은 중국의 사상과 지혜, 특히 제자백가의 사상을 지금의 우리 현실에 맞춰 복기하는 반성과 대안의 문화사라고 할 수 있다. 이중톈은 이 책에서 특히 『백가쟁명』을 참고하라는 말을 여러 차례 하고 있는데, 바로 이런 이유 때문이다. 독자 여러분도 참고하시기 바란다.

독자 여러분들에게 이 책이 좋은 '이야기'가 되었으면 한다. 그리고 여러분들의 '아산지석'이 되길 바란다.

제주에서 역자 유소영

옮긴이 유소영

이화여대 중어중문학과와 한국외국어대학교 통역대학원 한중과를 졸업했다. 중국 양주대학교 한국어과 외국인 교수를 지냈으며, 현재 제주대학교 통역대학원에서 중국어를 가르치고 있다. 역서로는 『마교사전』(한소공), 『개구리』(모옌), 『중국문화기행』(위치우위), 『중화를 찾아서』(위치우위), 『몸:욕망과 지혜의 문화사전』(샤오춘레이), 『손자병법의 탄생』(웨난), 『샛별』(커윈루), 『안녕, 나의 어린시절』(펑슈에친), 『지구가 감춰놓은 29가지 비밀』(리나), 『가족』(루쉰 등) 등이 있다.

이중톈, 정치을 말하다

초판 1쇄 | 2013년 4월 15일

지은이 | 이중톈
옮긴이 | 유소영

발행인 | 김우석
제작총괄 | 손장환
편집장 | 원미선
책임편집 | 박근혜
디자인 | 권오경 성희재
저작권 | 안수진
마케팅 | 공태훈 김동현 신영병 김용호 이진규
홍보 | 이수현
제작 | 김훈일 박자윤 임정호

펴낸 곳 | 중앙북스(주)
등록 | 2007년 2월 13일 제2-4561호
주소 | (100-732) 서울시 중구 순화동 2-6번지

구입문의 | 1588-0950
내용문의 | (02) 2000-6172
팩스 | (02) 2000-6120
홈페이지 | www.joongangbooks.co.kr
페이스북 | www.facebook.com/hellojbooks

ⓒ 이중톈, 2013

ISBN 978-89-278-0428-4 03910